Teamwork Development Training

团队精神拓展训练

主编◎刘传青
副主编◎陈雄鹰　房宏君　张爽

天津大学出版社
TIANJIN UNIVERSITY PRESS

图书在版编目（CIP）数据

团队精神拓展训练 / 刘传青主编；陈雄鹰，房宏君，张爽副主编. -- 天津：天津大学出版社，2022.6（2024.6重印）
ISBN 978-7-5618-7227-7

Ⅰ. ①团… Ⅱ. ①刘… ②陈… ③房… ④张… Ⅲ. ①企业管理－组织管理学 Ⅳ. ①F272.9

中国版本图书馆CIP数据核字(2022)第111642号

TUANDUI JINGSHEN TUOZHAN XUNLIAN

出版发行 天津大学出版社
地　　址 天津市卫津路92号天津大学内：邮编（300072）
电　　话 发行部：022-27403647
网　　址 www.tjupress.com.cn
印　　刷 北京盛通数码印刷有限公司
经　　销 全国各地新华书店
开　　本 185 mm×260 mm
印　　张 15.75
字　　数 346千
版　　次 2022年6月第1版
印　　次 2024年6月第2次
定　　价 40.00元

前　言

当今世界处于百年未有之大变局，以大数据、人工智能、云计算及物联网等新技术引领的科技革命浪潮催生了诸多新业态与新模式。2019年末，突如其来的新冠肺炎疫情的暴发引发了世界之变，全球经济重心和政治格局在悄然发生重大变化。很多国家都在用经济实力争夺国际话语权，很多组织或团体也以提升竞争实力来谋求更大的生存与发展空间。在此背景下，全球国际经济贸易摩擦频发，一个突如其来的细微的市场变化就可能使今天还平安无事的团队明天就面临覆灭。美国掀起对华为公司的无端打压，激发了华为上下员工的自强不屈精神，唤醒了国人支持国货的热情，掀起了国人的爱国热潮。可以说，团队的建设，组织的强大，国家的发展，让华为即使面对此等局面，也鼓足勇气去应对。

在新冠肺炎疫情全球肆虐的情况下，中国的疫情防控取得了举世瞩目的成绩。人心齐，泰山移。新冠肺炎疫情发生以来，在以习近平同志为核心的党中央坚强领导下，举国上下齐心协力，谱写出一曲曲共克时艰的战“疫”之歌，涌现了一幕幕感人事迹：武汉火神山医院从方案设计到建成交付仅用10天，被誉为“中国速度”；广大医务工作者团结一致，义无反顾、日夜奋战，各级党组织和广大党员、干部冲锋在前、顽强拼搏……在疫情面前，中国人民紧密团结，风雨同舟，被称为“中国精神”。

“中国精神”可以说无时无刻不在激励着我们，譬如：2021年10月16日，神舟十三号载人飞船成功入轨，开启了为期6个月的太空之旅，这是中国航天系统团队协作的成果与壮举，让国人再次感受到“特别能吃苦、特别能战斗、特别能攻关、特别能奉献”的载人航天精神；东京奥运会上，中国女排未能出线，但是女排姑娘们的拼搏努力，让国人再次感受到“祖国至上、团结协作、顽强拼搏、永不言败”的女排精神……

无论是大至一个国家，还是小到一个公司、球队，甚至是一个班组，只要能有效地激发团队中每一个成员的潜力，凝心聚力、相互协作，从而塑造并发扬团队精神，在攻克艰难任务时就会起到事半功倍的效用。在社会专业分工越来越细、市场竞争越来越激烈的当今时代，团队精神的培养比以往任何时候都更为紧迫和重要。

团队精神必须培养，也完全可以培养。团队精神拓展训练融合了教育学、心理学、管理学、社会学、体育运动学等多门学科的知识体系，通过在各种自然和人工环境中所设计的新鲜、巧妙、刺激的训练项目，能够帮助受训者释放生活、学习和工作中积累的压力，促进心理平衡；有效认识和激发自身潜能，增强自信心和感染力；培养自我控制能力，从容应对压力与挑战；强化探索精神与创新意识，培养进取心；强化竞争意识，把握时机;提升面对复杂情况的分析、判断及决策能力;学会更好地与他人进行沟通与协调,优化人际环境;完善人格,培养毅力、勇气、责任心、荣誉感和积极的价值观,增强和培养团队的凝聚力和竞争力。拓展训练项目丰富多彩,可帮助受训者培养良好的兴趣和爱好,更多地主动接触社会,进而较好地克服孤僻、忧郁等当代社会中常见的心理问题,正确面对和管理自己的情绪,有效协调人际关系,扩大社会交往范畴,提高社会适应能力。

本书主要内容分为理论篇、拓展篇和实践篇,共三篇十章。其中,理论篇包括团队精神概述、团队精神的理论基础和团队精神的构成要素共三章;拓展篇包括拓展训练概述、拓展训练与团队学习、团队精神拓展训练必备技能、团队拓展训练常用项目和大学生团队精神拓展训练与课程思政共五章;实践篇包括团队精神的经典案例和团队精神拓展行业代表人物和组织共两章。本书将专业理论知识与拓展实践训练有机融合起来,系统地阐述了团队精神和拓展训练的理论知识体系,并将团队精神的思政要素融入拓展项目中,达到润物无声的课程思政教育目的。本书与时俱进,收录了彰显团队精诚合作、奋勇拼搏的女排精神、华为精神、火神山速度和中国空间站创新建设等典型案例,解读案例体现出的团队精神,通过这些鲜活的案例激发大学生的团队协作意识、努力拼搏精神和爱国爱家情怀。

本书可作为大学生团队精神拓展训练的实训教材,也可作为社会组织进行团队精神建设的参考资料。

本书是集体智慧的结晶,参与本书编写工作的有刘传青、陈雄鹰、房宏君、张爽、刘霞。本书第一、四章由房宏君编写,第二章由张爽编写,第三章由陈雄鹰编写,第八、十章由刘霞编写,第五、六、七、九章和附录由刘传青编写。

本书在编写过程中,得到了行知探索董事长曲向东先生、北京大学拓展与户外研究中心主任钱永健副教授、陶冶户外创始人吴大圣先生、陶冶户外形象大使——“中国刀锋战士”潘俊帆先生、北京联合大学体育部周海涛副教授、北京合声聚力有限公司经理杨美玲女士、北京倍浪舍有限公司岳婷女士和贺英杰先生等的大力支持,使得本书得以按期成稿,在此表示衷心感谢!同时感谢天津大学出版社各位编辑的支持和帮助,使得本书能够如期顺利出版。

编者们致力于编写一本系统的、通俗易懂的,能够体现团队精神理论知识体系、时代背景特征和拓展实训应用性的高校教材。然而,由于编者水平、经验和时间有限,书中难免会有错误与疏漏之处,在此衷心希望广大读者批评指正,使本书更臻完善。

编者

2022 年 1 月 24 日

目　　录

第一篇　理论篇

第一章　团队精神概述

中国有句俗语:人多力量大。它说明了人数与力量的关系。其实这句话是值得商榷的,在一个群体或组织中,经常出现分歧、内耗等现象,其效果就不是“1+1 ≥ 2”,而是“1+1<2”。正如俗语所说“一个和尚挑水吃,两个和尚抬水吃,三个和尚无水吃”。究其原因,主要是一个群体或组织如果没有共同的目标、没有团队精神,就很难形成合力,也就不能构成一个团队。而一个团队之所以能够达到“1+1>2”的效果,主要是团队精神的作用。

第一节　团队及团队精神的概念

一、个体、群体和团队的概念

1. 个体和群体

个体就是单个人,是自然人独立的存在。个体比较自由,个体价值、创造性、能量的发挥,往往才能最大限度地体现集体能量。

群体是指由两个以上的人所组成的相互依存、相互作用的集合体。群体仅仅是个体在数量上的集合,群体的成员的特点是有共同的目标,成员对群体有认同感和归属感,群体内一般有结构和共同的价值观等。群体的劣势是如果群体成员的水平过于参差不齐,他们彼此之间难以和谐地相互作用,生产效率得不到应有的提高。就如“木桶理论”,群体的绩效由木桶的最短板所决定。与此相反,如果群体成员过于整齐划一,难以听取不同意见,或有意见也不说,这样群体的优势和群体智慧也很难得到充分发挥。

尽管群体之间在类型、大小、性质、规模等方面千差万别,但所有群体都有下面几个特征。

1)成员之间具有共同的群体目标与利益

任何一个群体都必须具有群体目标(group aim),群体内有相互协作与配合的组织保证,群体内每一个成员有着共同的志向,并为实现群体目标而做出自己的努力。通常,群体目标是群体中个体无法独自实现的,如果个体能够独自实现,这样的个体就没有参与到群体中。

2)成员都具有群体意识

群体中每个成个成员都能意识到自己是群体的一员,意识到其他成员的存在,并与他们相互影响,建立起相互依存的关系与情感,群体成员之间会经常进行必要的交流与沟通。

群体的成员资格有助于建立积极的社会认同，有利于形成一体化的思想。几个人或更多人集合在一起，若彼此在心理上没有联系，那么这几个人就称不上是群体，只能说这几个人是一堆人或一群人。

3）成员之间能够密切协作和配合

一般群体内部要有分工，有一定的组织结构。群体中的每一个成员都在群体内占有一定的地位，扮演一定的角色，执行一定的任务。例如，一个公司群体有董事长、总经理、销售人员、技术人员等，他们各司其职。

4）群体要满足各成员的归属感需要

归属感是个体自觉归属于所属群体的一种情感需要，在心理上有依存关系和共同感。有了这种情感，个体就会以实现这个群体的目标为准则，进行自己的活动、认知和评价，自觉地维护群体的利益，并与群体内其他成员在情感上产生共鸣。

2. 团队

团队是指一种为了实现某一目标而由相互协作的个体所组成的正式群体，是由成员和管理层组成的共同体，它合理利用每个成员的知识和技能协同工作，不断解决问题，甚至能够主动预见问题、防范问题，从而达到共同的目标。团队的构成要素总结为5P，分别为目标（Purpose）、人（People）、定位（Place）、权限（Power）和计划（Plan）。团队和群体有着根本性的区别，群体可以向团队发展。根据团队存在的目的和拥有自主权的大小可以将团队分为三种类型：问题解决型团队、自我管理型团队、多功能型团队。

团队形式并不能自动提高生产率，一些研究揭示了高效团队的有关特征，主要有以下几点。

1）清晰的目标

高效的团队对所要达到的目标有清楚的认识，并坚信这一目标包含着重大的意义和价值。而且，这种目标的重要性还激励着团队成员把个人目标升华到团员目标中去。在有效的团队中，成员愿意为团队目标做出承诺，清楚地知道团队希望他们做什么工作，以及他们如何共同合作，最后完成任务。

2）相关的技能

高效的团队是由一群有能力的成员组成的。他们具备实现理想目标所必需的技术和能力，而且有相互之间能够良好合作的个性品质，从而出色地完成任务。后者尤其重要，但却常常被人们忽视。有精湛技术的人并不一定就有处理群体内关系的高超技巧，而高效团队的成员则往往兼而有之。

3）相互的信任

团队成员间相互信任是高效团队的显著特征，每个成员对其他成员的品行和能力都确信不疑。我们在日常的人际关系中都能体会到，信任是相当脆弱的，需要花大量的时间去培养，而且它很容易被破坏。信任一旦被破坏会很难恢复，修补或重建的成本很高。

只有信任他人才能换来被他人信任，不信任他人只会导致不被他人信任。所以，维持团体内成员间的相互信任，需要引起管理层足够的重视。

3. 团队与群体的区别

根据当代团队动力学的主要代表人卡特莱特和赞德的解释，群体就是互有关系且互相依赖到一定重要程度的人的集合。关于团队，威廉姆斯认为，团队首先是一个群体，在此基础上，其成员具有高度的相互依赖性和共同性。

国内学者同样认为，团队是由更具有自主性、思考性和合作性的个体组成的群体。由此可见，作为同样由个体组成的集体，群体所涵盖的范围更广，而团队则是建立在群体基础之上的子集。关于群体和团队的具体区别，威廉姆斯用了四个维度来进行区分：期望、沟通、过程和亲密程度。

一是在期望维度上，威廉姆斯认为团队的成员在参与、贡献、合作和支持方面有着较群体成员更高的期望值。

二是在沟通维度上，威廉姆斯认为团队成员对沟通框架的要求比群体成员更高，并且团队成员也需要更快捷的沟通渠道。

三是在过程维度上，威廉姆斯认为团队成员的相互依赖性更强，但是在管理上的要求却要低于群体中的成员。

四是在亲密程度维度上，威廉姆斯认为与群体中的成员相比，团队成员间的亲密程度更高，虽然较高的亲密程度并不一定能够保证更高的效率和更好的结果。①

二、团队的基本内涵

关于什么是团队，学者们还没能从团队本质的层面去揭示它，其定义都属于特征描述式的定义。而大家对于成熟的团队会表现出哪些特征，看法也不尽相同。正因如此，到目前为止，还没有统一规范的团队的定义。关于团队具有代表性的描述主要有以下几点。

团队角色理论创始人梅雷迪思·贝尔宾认为，团队是指有限的一些人为了共同的目标而在一起工作，每个人分担不同的角色，有独特的贡献。同时，他还认为一个组织很好的团队，规模不应太大，那样会使团队角色重复或产生角色间的竞争和团队运转不良的现象。

美国管理学教授斯蒂芬·P. 罗宾斯认为，对团队的定义应建立在与群体的定义进行区分的基础上。群体是指两个或两个以上相互作用、相互依赖的个体，为了实现某一特定目标而组成的集合体。它可以是正式的，也可以是非正式的。而团队就属于正式群体，它是一种为了实现某一目标而由相互协作的个体组成的正式群体。在团队中，团队成员的共同努力能够产生积极的协同作用，团队成员协作的结果是团队的绩效水平远大于成员个

① 汉克·威廉姆斯：《群体与团队管理》，北京，中国人民大学出版社，1997。

体绩效的总和。可是在群体中不存在积极的协同作用,其绩效仅是每个成员个体绩效的总和。①

当然国内的一些学者也提出了自己的观点。尚水利认为"团队是一些才能互补并为负有共同责任的统一目标而奉献的少数人的集合。其重要特点是团队成员间在心理上有一定联系,彼此之间相互影响。"② 虽然大家对于成熟的团队应该具有哪些特征还没有形成一致的看法,但一个成熟的团队至少应该具有以下几个方面的特征:明确而共同的目标、适度的规模、互补的技能、较强的凝聚力等。

基于上述分析,可以把团队描述为:团队是由多个个体组成的有共同理想目标,愿意共同承担责任、共享荣辱,在团队发展过程中,经过长期的学习、磨合、调整和创新,形成主动、协作、奉献且有创意的团队精神,从而不断解决问题,达到共同目标的群体。

三、团队精神的概念和内容

1. 团队精神的概念

"团队精神"是人类社会共有的精神现象。其含义历来表述不一,就一般而言,它是指一个团体为了实现某一特定目标,通过主动调节团体内部的矛盾和行为,从而呈现通力合作和一致对外的精神面貌。各个国家又因政治制度、历史传统和文化背景等不同,表现出对团队精神的理解领悟和诉求方式不尽相同,从而呈现出明显的差异性。

2. 团队精神的内容

1)团队精神的核心——协作、互补

团队精神强调的不仅仅是一般意义上的合作与齐心协力,因为这最多带来"1+1= 2"的效果,要发挥团队的优势,其核心在于大家工作上的沟通,利用个性和能力差异,在团结协作中实现优势互补,发挥积极协同效应,带来"1+1>2"的效果。社会学实验表明,两个人以团队的方式相互协作、优势互补,其工作效果明显优于两个人单干时的效果总和。

2)团队精神的境界——奉献精神

在团队成员对团队事务的态度上,团队精神表现为团队成员在自己的岗位上"尽心尽力","主动"为了整体的和谐而甘当配角,"自愿"为团队的利益放弃自己的私利。这在日益提倡个性化,讲究个人能力的今天,绝不是一件说做到就能做到的事。

3)团队精神的组成——忠诚与民主

日本社会在强调忠诚、社会责任的东方群体本位文化的底蕴上,吸收西方民主管理思想,形成了日本企业经营成功的关键——团队精神。而欧美国家缺乏东方传统文化,但它们在个体本位文化的传统上,强调民主,通过调动个人的积极性、创造性,同时吸收

① 付立红:《基于贝尔宾团队角色理论的和谐团队建设新路径探索》,载《产业与科技论坛》,2012,11(2),212~213页。

② 尚水利:《团队精神》,北京,时事出版社,2005,6页。

东方文化中强调忠诚与社会责任的做法，也培育出了有其文化特色的团队精神。可见，不管是东方的团队精神，还是西方的团队精神，它都包含两方面的内容——忠诚与民主。

4)团队精神的外在形式——团结向上的精神风貌

团队总是有其明确的目标，实现这些目标不可能总是一帆风顺的，因此，具有团队精神的人，总有一种强烈的责任感，充满活力和热情，为了确保完成团队赋予的使命，和同事一起努力奋斗，积极进取。

5)团队精神的基础——和谐的人际关系和良好的心理素质

没有和谐的人际关系，很难有人与人之间的真诚合作；没有良好的心理素质，也很难做到相互宽容、乐于奉献、积极进取。因此，在团队精神的教育过程中，要把团队精神的教育与人际关系、心理素质教育紧密结合。

四、中国特色的团队精神

1. 团队精神在我国的发展和表现

古语中有“人心齐，泰山移”的说法，我们也常说“团结就是力量”。团队精神是我们战胜工作中诸多困难的强大精神力量，使我们有勇气排除万难，甚至可以把“不可能完成”的任务完成得相当出色。如果一个组织没有团队精神，即使有着一群非常优秀的成员，也很难完成组织交付的任务。一个没有团队精神的企业很难在竞争如此激烈的今天立于不败之地；一个没有团队精神的民族也很难昂首挺胸地走在世界的前列。孟子曰：“天时不如地利，地利不如人和。”在我们上幼儿园时，老师告诉我们要团结同学；当我们走出校园走向工作岗位时，父母嘱托我们要团结同事。但在现实生活中，某个人因人缘不好而丧失了晋升的机会；某个公司因内部不和谐而出现亏损甚至倒闭，这样的例子时有发生。或许有人说，那些能力很强的人才是决定团队成败的关键所在，而自己只是一名普通员工，只要做好自己的本职工作即可，至于团队精神则有无皆可。事实上，团队是由人组成的，大家有共同的目标和共同的利益，团队里的每个人都担负着团队生死存亡、兴衰成败的责任，因此无论职位高低都必须具有很强的团队精神。团队精神可以外化为所有员工共同遵守的行为准则和价值观，让人感受到的是一个组织的向心力和凝聚力，团队精神的发挥可以使得优秀的团队更优秀。

公元前389年，秦军为夺取被魏占领的河西地区而动用50万大军攻魏，面对秦军的大规模进攻，名将吴起请魏武侯派5万名没有立过功的步兵，由自己亲自率领，激励军队保持高昂士气，一举击败50万秦军，取得了辉煌的战果。这场著名的以少胜多的战役充分说明了人多不一定力量大。在高科技应用于军事战争的今天，有团队精神的军队才能够攻无不克，战无不胜，因此团队精神的培养在现代社会要比在刀剑相争的时代更为重要。在各个国家用经济实力争取话语权的今天，在各大团队用增强经济实力来谋求更大生存空间的今天，一个突然而至的市场变化就可能使昨天还是平安无事的团队面临灭顶之灾。作为一个团队的领导，要能够激发团队成员的潜力，形成一种合力，从而达到事半功倍的效果。群体不能简单地等同于团队，团队是拥有一个共同目标，是能够用最理想的状态来面对和解决所遇到的任何问题和困难的群体，群体不具备高度的战斗能力。而一个有高度竞争力、战斗力的团队，必须有团队精神。就是说，团队与群体是不一样的，群体可以因为事件而聚集到一起；而团队则不仅有着共同的目标，而且拥有共同的团队精神。建设一个团队并不是一件容易的事。联想集团提出过“项链理论”：对团队而言，一个个人才就像一颗颗晶莹圆润的珍珠，团队不但要把最大最好的珍珠买回来，而且要有自己的“一条线”，能够把一颗颗零散的珍珠串起来，串成一条精美的项链；如果没有这条线，珍珠再大、再多也是一盘散沙，这条线就是能把众多珍珠串联在一起，为了共同目标而努力的团队精神。人活着需要精神的力量，一个团队的生存和发展也需要精神的力量。迈克尔·乔丹有句名言：“一名伟大的球星最突出的能力就是让周围的队友变得更好”。可以说是乔丹和他的队友成就了芝加哥公牛队的辉煌。“金无足赤，人无完人”，人不可能做到十全十美，但每个人都有自己的长处。常言道，三个臭皮匠顶个诸葛亮，集体的力量是强大的，单靠个人的力量是很难做成事的。当一个组织内部进入了一种和谐、协调合作的状态，所形成的内聚力会使得整个组织获得稳步发展，呈现出一种欣欣向荣的状态。

团队精神必须培养，也完全可以培养，在专业分工越来越细、市场竞争越来越激烈的今天，团队协作精神比以往任何时候都更为重要。对于一个经济组织来讲，团队精神可以使其获得长期的盈利和可持续发展。在培养团队精神的过程中，团队领导起着至关重要的作用，一个能够成功打造团队精神的领导才是成功的领导。我们都知道刘邦和项羽的故事，刘邦得天下后，与群臣论得取天下之道时，说：“夫运筹帷帐之中，决胜千里之外，吾不如子房（张良字子房）；镇国家，抚百姓，给饷馈，不绝粮道，吾不如萧何；连百万之军，战必胜，攻必取，吾不如韩信。三者皆人杰，吾能用之，此吾所以取天下者也。项羽有一范增而不能用，此所以为我擒也。”后人把刘邦得天下归因于刘邦组建了一支优秀的团队。在当今时代也一样，优秀的领导的最大贡献在于组建并统帅一支由拥有不同专业知识及特殊技能的成员组成的具有强大战斗力与高度协作精神的团队，不断培养个人的集体荣誉感和归属感，在组织内部形成一种强大的向心力，不断挑战更高的工作目标，创造更大的绩效。我们经常听到“领导艺术”这个词，领导不仅仅要有能力，还要有领导的艺术。一个成功领导者，不仅是团队思想的传播者，有善于把握高度抽象信息的逻辑思维能力，更要有清晰的行动思路，使所有员工清晰地了解组织的愿景、使命和不同阶段的目标，有一种在组织内部营造良好的沟通氛围，培养所有员工的使命感和责任感。如果一个领导能够做到这些，那么向心力和凝聚力也悄然在组织中形成。有团队精神的员工才能自发增加工作的内容，完成的工作量远远超过领导的预期。团队所依赖的是由个体成员的共同贡献而得到的集体成果，一个有着团队精神的组织是成功的组织，一个有着团队精神的组织才是在各种困难和挑战面前立于不败之地的组织，是真正有竞争力的组织。[①]

2. 团队精神的中国特色

首先，马克思主义人学思想中的"劳动协作思想"为我国的团队精神提供了直接理论支撑。从人类社会生产的样态形式及其历史进程看，生产力的发展必然促使社会行业门类分工的出现，而复杂的工艺流程和系统化工作编制必须进行特定的劳动协作。"许多人在同一生产过程中，或在不同的但互相联系的生产过程中，有计划地一起协同劳动，这种劳动形式叫作协作。"[②]"任何新的生产力，只要它不是迄今已知的生产力单纯的量的扩大，都会引起分工的进一步发展。"[③]这种分工所导致的主体异质性使得各主体不再是单一的或同质的，而是作为一种必要的关系性存在，也就是说，关系性存在成为人类最主要的生存方式或生活方式。尤其是在全球化及科学技术高速发展的今天，世界各国成为一个相互依赖且相互作用的共同体，以通信、信息和电子技术等为代表的科技革命超越了人类活动的时空界限，团队精神也就日益成为当代社会人显性的生存样态。

其次，中国传统儒家文化更是蕴涵着"人本主义""群体主义""和谐主义"等朴素的团队观念。

人本主义——团队精神的理念缘起。管仲在中国哲学史上最早提出："夫霸王之所始也，以人为本，本理则国固，本乱则国危。"孔子则更加重视和强调人的价值："天地之性，人为贵。"孟子在君与民的关系问题上认为："民为贵，社稷次之，君为轻。"

群体主义——团队精神的内容本色。儒家的"礼"代表国家、民族、社会利益，"克己复礼"就是要求个人行为符合整体利益。儒家把集体的公共利益称为"义"，而将个人的私利称为"利"，"君子喻于义，小人喻于利"。儒家的"忠"则指对集体、他人、事业、职守的无限忠诚，直接衍变为现代社会忠于组织、社会、职工、顾客、职守的精神等。

和谐主义——团队精神的方法传承。孔子的学生有子（有若）提出"和为贵"的命题，荀子则倡导"和则多力"的见解，孟子也明确表达"天时不如地利，地利不如人和"的观点。孔子则直接提出两条基本原则："己欲立而立人，己欲达而达人""己所不欲，勿施于人"。当然，中国传统儒家文化所强调的人的价值、人与群体的关系、和谐的价值等都是以劳动者对统治阶级的服从为前提的，它们主要是为维护封建等级制度和封建君主制度服务的，故有其阶级局限性。

最后，西方文化在自然科学中强调人利用自然产生技术并促进其发展，在这一点上是有别于传统的东方文化的，反衬出东方文化着重"天人合一"的理念。这里的"天"应作为自然解。中国传统文化推崇《易经》这部经典著作，《易经》主要讲阴阳相合而成统一的太极，古人认为太极是宇宙最原始的秩序状态。"天人合一"就是这个宇宙观的一种说

---

① 郭丰香：《关于团队精神》，载《商业文化》，2012，1，32页。

② 中共中央马克思恩格斯列宁斯大林著作编译局：《马克思恩格斯文集》，北京：人民出版社，2009，378页。

③ 中共中央马克思恩格斯列宁斯大林著作编译局：《马克思恩格斯文集》，北京：人民出版社，2009，520页。

法。古人一向反对“天人对立”，反对无止境地用功利主义态度片面地改造自然来满足人的需要，而主张人尽可能地适应自然。这种文化差异同样体现在团队精神上，可表现为西方崇尚个性、注重个体能力发挥等，而东方文化则注重人与自然的和谐、人与人的和谐。

其实，从源起的角度看，从社会有分工和协作开始便逐渐产生团队精神。现代团队精神创意于20世纪60年代初，由日本企业协会最早提出。随后西方国家在行为科学的推动下，在经济发展的过程中接受了团队精神并有了新的发展。我国的团队精神兴起于中国现代化的起飞阶段，其兴盛既有其深刻的社会背景，更有现实的直接动力。一方面，20世纪70年代末中国改革开放政策的实施和社会主义市场经济目标的确立，开启了中国社会结构从传统向现代转型的变迁趋向。随着就业、人事、医疗、住房、养老等体制改革的日趋深入，社会成员正经历着“单位人”与“社会人”的互变，人们在社会心态上也出现并接受了团队归属不过是另一种形式的单位归属的重要观念变化。另一方面，经济增长和社会发展导致人的需求层次不断上升。随着中国从匮乏型社会向富裕型社会迈进，社会成员在温饱问题得到解决之后对高层次的精神文化生活的追求，尤其是对具有重要社会价值的各种目标活动的追求自然而然也就呈现增长之势，其中具体表现在团队精神的兴起。当然，团队精神作为一种独特的社会文化形式，反过来在社会运行层面也发挥了其特有的社会教化、整合、动员和参与等功能，来促使其所处经济社会良性发展。

总之，我国的团队精既有人类共有的一般意蕴，又具有自己的特色，它是一般和特殊、共性和个性的统一体。它发端并兴起于改革开放之后，涉及中国的社会结构转型、社会文化变迁和社会心理嬗变等诸多因素的影响，呈现出其固有的历史必然性。①

第二节　团队精神的本质

一、团队精神是一个组织的共同价值观

关于团队精神的本质，不同的学者有不同的认识。有的学者认为，在人们习惯的意识中，经常会把团队精神当作一个文化问题。其实不然，团队精神首先是一个组织问题，然后才是一个文化的问题。从根本上说，它是一个组织的共同价值观问题。

价值观是基于人的一定的思维感官之上而做出的认知、理解、判断或抉择，也就是人认定事物、辨别是非的一种思维或取向，从而体现出人、事、物一定的价值或作用；在阶级社会中，不同阶级有不同的价值观念。组织的共同价值观体现这个组织应该追求什么和什么是应该为之奋斗的。团队精神是从团队而来的，是团队基于生存与发展的需要而形成的。在很多场合，我们把企业精神等同于团队精神，把企业价值观等同于团队价值观。美国著名管理学家彼得•圣吉在其著作《第五项修炼》中提出“企业共同的愿景”，即一个

① 韩迎春：《不能以“团队精神”取代“集体主义”》，载《马克思主义研究》，2015(12)，128~134页。

企业必须有一个所有成员共同的目标。这个目标能够引导大家共同去奋斗和努力。这种提法的合理性在于明确了企业目标是企业形成团队精神的核心动力。可见,团队目标是评价团队行为的直接价值标准,而团队中每个成员的行为目标则是评价的终极标准。也就是说,每个团队成员的行为是团队精神价值的源泉。团队精神的动力,最终取决于团队目标和团队成员的行为这二者及二者的关系。

二、团队成员的行为心理

根据现代心理学原理,基于组织发展目标而形成的规范体系与团队成员的行为心理规律越是相适应,这种规范体系的生命力越强,就意味着团队精神的动力越大。可见探求团队精神动力源的逻辑起点应是:团队成员的行为心理规律是什么,团队的发展目标是什么,二者的关系是什么。为此,认同团队中每个成员都具有彼此平等的人格和利益诉求是最根本的前提。

首先,任何一个组织的诞生都是基于成员彼此存在共同的需求,或者说是共同的利益。人群和组织其实就是一个利益共同体,相同的利益要求是一个组织产生的首要前提。否则任何组织都不可能产生,团队精神就更无从谈起了。团队的目标必须是成员利益的综合体,能够代表团队中大多数成员的利益。为此,团队必须首先理顺团队成员之间的利益关系,让每一个成员都明白团队的目标是什么,自己在为这个目标奋斗的过程中将会得到什么利益。可见,一个团队要想吸引人,就要使被吸引的人乐于奉献并积极地工作,使这些人形成一个有效的群体,形成团队精神。因此组建团队的第一任务就是要确立一个目标,这个目标既是团队对每个成员的一种利益吸引,也是对成员行为方向的一种界定。

其次,必须对团队成员的行为心理规律有一个科学的认识,这是团队精神得以产生的源泉。在现实中,人们往往对此观点理解不一。有人认为,人性是自私的,不可能有为他人和为集体奉献的行为,因而他们会把团队精神理解为冷冰冰的金钱关系和赤裸裸的利益关系。有人虽然认为人性是自私的,但却认为通过教育或奖罚手段,人可以以团队的利益为目标,因此他们认为,团队精神意味着每个成员都应该放弃自己的利益,大公无私,一心一意地为团队的目标而努力。有人则认为,人性本无善恶,关键要看团队如何引导,就犹如一片沃土,收获什么要看播什么种子。人虽然利己的时候多,但也有利他的冲动。因此他们认为,团队应该将利己和利他紧密结合起来,这是团队精神的最佳内在结构和价值取向。对团队成员行为心理规律的认识不同,不同团队的团队精神就大相径庭,在此基础上形成的组织形式和结构也不相同。一个团队的行为规范越是接近人的行为心理规律,就越容易激发团队成员的活力,成员也就越容易遵守规则,就越容易形成期望的团队精神。

最后,必须营造公平公正的氛围,创建公平公正的机制,以保证团队成员得到公平公正的待遇。一种精神的形成需要有一种积极健康的机制来维系,使遵从符合团队精神的共同行为规范的成员能够得到高的回报。反之,如果善良的行为被压抑或受打击,高尚的行为也就注定会惨遭夭折。这些机制,既有利益方面的,也有精神方面的。

三、团队精神的原动力

团队精神的原动力是每个团队成员的需求和欲望。现代心理学大师、美国著名心理学家亚伯拉罕·马斯洛(Abraham H. Maslow)认为,基本需求至少有五种,扼要地说,就是生理需求、安全需求、归属感、尊重和自我实现。而这些基本需求是互相联系的,并排列成一个优势层次。这意味着,最占优势的需求支配着意识,将自行组织、提取、充实有机体的各种能量,占优势的需求则被减弱,甚至被遗忘或否定。但是,当一种需求被充分满足时,另一优势(更高)的需求就会出现,转而支配意识生活,并成为行为组织的中心,因为已满足的需求不再是积极的推动力。[①] 即人是有所求的动物,这不仅说明需求是人的行为原动力,实际上,任何组织的原动力也来源于组织内每个成员的需求,团队精神同样如此,其原动力也是成员的需求。这也说明,团队精神的激发必须从人的需求出发来研究人的需求,千方百计满足人的需求。而能满足人的需求的是利益,不论这种利益是物质的还是精神的。也就是说,必须重视团队中每个成员的实际利益,不能一味唱高调。在组织行为规范设计上,必须从团队成员的思想道德觉悟的实际出发,有层次、有区别地设计行为规范。

从行为的表层动力看,团队精神来源于团队成员的行为目的。一般说来,原动力都是利己的,因为基本需求的本质特性是利己为己。这样看来,行为目的越是与行为原动力的本质一致,则行为的动力越大,反之则越小。团队精神虽然表现为以组织目标为个人行为目标,成员之间互助友爱、团结协作,但从本质来说,它是以每个成员的利己行为目的为前提和基础的。如果一个团队的领导认识不到这一点,以为团队的目标一定与成员的行为目标一致,不研究成员的需求,不想方设法去满足成员的基本需求,自以为是地认为团队的目标高于一切,可以涵盖或忽略成员个体的基本需求或利益,以无私奉献作为评价每个成员行为的唯一标准,那么,可以肯定地说,这个集体的团队精神是不会持久的。哪怕这位领导有较高超的领导能力和领导艺术,都会在成员基本需求与利益的最终计较面前败下阵来。这是人类几千年来认同的基本游戏规则,谁违背了规则,谁将受到惩罚。

总而言之,团队精神的动力在于团队成员利益和需求的最终满足,在于团队的行为规范和目标能够尽可能地与其成员的思想道德觉悟实际相符合。这样,团队精神才有了坚实的价值规范基础,便有可能从一开始就踏上正轨,并逐步形成所期望的团队精神。

---

① 马斯洛,林方:《人的潜能和价值》,北京,华夏出版社,1987,176页。

第三节　团队精神的作用和价值

有一句俗语叫作“人多力量大”，然而在团队中，并不一定得到“1+1>2”的效果，德国科学家瑞格尔曼的“拉绳实验”就验证了这一点。在实验中，参与测试的人员被分成四组，各组人数分别为一人、二人、三人和八人。瑞格尔曼要求各组用尽全力拉绳，同时用灵敏的测力器分别测量拉力。测量结果有些出乎意料：二人组的拉力只为单独拉绳时二人拉力总和的95%；三人组的拉力只为单独拉绳时三人拉力总和的85%；而八人组的拉力则降到单独拉绳时八人拉力总和的49%。

团队把人们组织起来，就是要发挥团队的整体实力，使团队整体实力大于成员个体实力之和。而“拉绳实验”却告诉我们“1+1<2”，即整体实力小于成员个体实力之和。这一结论向团队的领导者提出了问题。

在一个团队中，只有每个成员都最大限度地发挥自己的实力，并在共同目标的基础上协调一致，才能发挥团队的整体实力，甚至产生使整体大于各部分之和的协同效应。那么，到底是什么因素影响了团队的整体绩效呢？是什么原因导致“人多不一定力量大”呢？

现代社会是一个高度专业化和复杂化的社会。可以断言，不懂得合作的人，是无法取得成功的。张瑞敏被称为“中国第一 CEO”，然而在他成功的背后却同样离不开优秀的海尔团队。1994 年 4 月 8 日下午两点，一位德国的经销商打来电话，要求海尔集团必须在两天内发货，否则视订单为自动失效。而要在两天内发货就意味着当天下午这位经销商所需要的货物就必须得装船，而那时正是星期五下午两点，如果按海关、商检等有关部门下午五点下班来计算的话，发货时间只有三个小时，按照一般程序，要做到准时发货几乎是不可能的。

那么，如何将不可能变为可能呢？此时，海尔人卓越的团队精神显示出了巨大的能量，他们采取齐头并进的方式，调货、报关、联系船只同时推进，大家全身心地投入工作，抓紧每一分钟，确保每一个环节顺利完成。当天下午五点半，这位经销商接到了海尔方面货物已经发出的消息，他非常吃惊，从吃惊再转为感激，还破了十几年的惯例向海尔写了感谢信。

海尔集团神奇般地崛起和茁壮成长，不仅得益于领军人物张瑞敏的个人能力，还得益于张瑞敏麾下的每一位员工的努力。海尔集团的企业价值观为：人的价值高于物的价值，共同价值高于个体价值，共同协作的价值高于独立单干的价值，社会价值高于利润的价值。而这种价值观确保了海尔能够最大限度地调动员工的积极性，使员工的满意度达到最高，从而奉献出最好的产品。

一、团队精神的作用

1. 团队精神强化了团队的凝聚力

很多人都听过《天鹅、狗鱼、虾拉车》的故事吧？天鹅一心往天上冲，虾子使劲倒着拖，狗鱼直向水里跑。尽管它们三个热情高涨，奋力争先，可车子依旧停在原地未动。团队成员之间不和谐、彼此没有团队精神，不仅不会把事情办好，还很可能把事情搞得更糟。企业为员工的发展搭建舞台，与员工保持良好的协作关系，充分发挥员工的个人潜能和智慧，把员工个人发展的理想与企业不断壮大的愿景紧密结合，由此，企业助力员工成才，员工促进企业发展。

2. 团队精神对团队成员产生事半功倍的激励作用

作为团队建设的一部分，建设团队精神能帮助团队成员展现潜在才能，把先进典型作为行为标杆，向先进典型看齐，取长补短，达到团队合作的最佳效应。

比尔·盖茨曾经说过，微软着力营造一种氛围，让员工觉得“我不但拥有整家公司的全部资源，同时还拥有能使自己大显身手的机会与空间。”微软认为：每个人都有自己的梦想，但能使梦想变成现实的，则是微软。员工在这种氛围中，创新思维不断涌现，个人潜能得以充分发挥。

3. 团队精神对团队成员具有自我约束的积极作用

在团队精神的作用下，成员彼此之间产生了精诚团结、同舟共济的合作行为，大家自觉维护集体荣誉，关心团队兴衰，规范自己的言行，团队精神对成员实现自我约束具有积极作用。

如果我们不能自我克制，那么多数情况下受伤的还是我们自己，甚至会影响大局。倘若我们能不断反省，无疑会把自己推向一个新高度。

4. 团队精神对提高团队整体效能有着不可替代的作用

团队精神使团队成员能够最大限度地发挥自己的实力，对提高企业的整体效能有着不可替代的作用。在微软公司，数以百计的百万富翁（甚至身价过亿）每周工作 60 个小时。匪夷所思的是，他们并没有获得高额加班费。正好相反，在加班这方面，微软公司甚至被人们嘲以“吝啬”。有人大惑不解：为什么这些有钱人在主要产品推出前会加班上百个小时？他们为何要如此拼命工作？追根溯源，在微软落地生根的团队意识和凝聚人心的意识完全超越了渺小的自我。

二、团队精神的功能

1. 目标导向功能

团队精神能够使团队成员齐心协力并朝着一个目标努力。对团队的个人来说，团队要达到的目标即是自己必须努力的方向，从而使团队的整体目标分解成各个小目标，在每个成员身上都得到落实。

2. 团结凝聚功能

任何组织群体都需要一种凝聚力，传统的管理方法是通过组织系统自上而下地提出行政指令，淡化个人感情和社会心理等方面的需求。团队精神则通过对群体意识的培养，通过成员在长期的实践中形成的习惯、信仰、动机、兴趣等文化心理来沟通成员的思想，引导成员产生共同的使命感、归属感和认同感，逐渐强化团队精神，产生强大的凝聚力。

3. 促进激励功能

团队精神要靠成员自觉地向团队中最优秀的成员看齐，通过成员之间正常的竞争实现激励功能。这种激励不是只单纯停留在物质的基础上，而是要能得到团队和团队中其他成员的认可。

4. 实现控制功能

在团队里，不仅成员的个体行为需要控制，群体行为也需要协调。团队精神所产生的控制功能，是通过团队内部所形成的一种观念的力量和氛围的影响，去约束、规范、控制团队中个体的行为。这种控制不是自上而下的硬性强制控制，而是由硬性强制控制转向软性内化控制；由控制个人行为，转向控制个人的意识；由控制个人的短期行为，转向对其价值观和长期目标的控制。因此，这种控制更为持久且更有意义，深入人心。

三、团队精神的价值

1. 团队精神能够培育团队的共同价值观

“弃燕雀之小志，慕鸿鹄以高翔。”团队目标是团队航行的灯塔，是激励成员不断前行的精神动力。团队目标越明确、越具体，效果越好。把目标层层分解到人，让个人目标成为团队目标的一部分，让每个成员都感觉在为团队工作，激发团队动力，最大限度地发挥个人的最大作用。

2. 团队精神能够唤醒团队成员的竞争意识

团队精神能够唤醒成员的竞争意识，推动成员不断提升自我。激情和活力是团队的灵魂，人人都有一种不甘落后及落后为耻的心理，而竞争使成员在成绩上拉开距离，从而激发成员的上进心和创造性思维，同时团队的竞争力也会不断提高。

3. 团队精神能够增强团队的忧患意识

“丢失一个铁钉，坏了一只蹄铁；坏了一只蹄铁，折了一匹战马；折了一匹战马，伤了一位骑士；伤了一位骑士，输了一场战争；输了一场战争，亡了一个帝国”，这就是军事政治领域的“蝴蝶效应”。在团队中，迫在眉睫的危机或亲身体验容易激活团队变革的动力，激发成员敢于创新的动力，最大限度地激励团队取得成功。团队意识使成员的工作热情更高、工作体验更多，从而也使他们有更多机会实现人生价值。

拓展阅读

团队精神四大支柱

古往今来，有团队的地方就一定有团结问题，这既是理论问题，也是实践问题。至于团结的重要性，论述已有很多。团结就是战斗力。军民团结如一人，试看天下谁能敌。既然团结具有如此神力，那么如何更加团结呢？这是事关团队成长、组织发展、事业胜败的关键。增强组织团结，必须铸牢“四大支柱”。

第一大支柱，领导者成为团结的“主心骨”。在团队中，领导者是“头”，是“脑”，是“领路的人”，是“举旗的人”。领导者决定着团队前进的方向和行进的速度。因此，领导者必须思路清晰、目标明确。天行健，君子自强不息。如果领导者意志坚定，态度鲜明，行动果敢，就能感染追随者，向追随者传递力量，并激发追随者的潜在力量。如果领导者心无定向，态度暧昧，迟疑犹豫，追随者将六神无主，团队也将处于崩溃的边缘。如果团队的“一把手”心猿意马，必将导致人心涣散，群龙无首，谣言四起。这时，团队的“老二”，甚至“老三”将可能乘机而上，填补缺位，由此直接威胁团队的既有运作，导致团队分裂，直至最终解体。

第二大支柱，管理者成为团结的“定影剂”。严格地讲，正式组织中的“一把手”是领导者，其余各副职及以下是中层，属于管理者。领导者的职责是“做正确的事”，管理者的职责是“把事做正确”。领导者是组织的灵魂，管理者要“跟得紧”，要摆正自己的“位置”，不“掉链子”。要自觉维护领导者的权威，领会领导者的意志和意图，执行领导者的决定，补位而不越位，用权而不擅权，谋政而不篡政。管理者跟进，必然带动追随者跟进，各显其能，各尽其责。如此，团结大局可造。不团结，往往“祸起萧墙”，从“高管层”内部纷争起始，由核心向外围逐步扩散，持续“发酵”。内耗严重，人人自危，明哲保身，只问人不问政，必将导致政事荒废，发展受阻，组织产生危机。

第三大支柱，跟随者成为团结的“防滑剂”。这里所说的“跟随者”，是指工作在组织核心的人员，领导身边的人员，包括文秘、司机等。这些人常与领导者“近距离接触”，比较了解领导者的喜怒哀乐，了解领导者所处理的政务要事，甚至熟悉领导者的内心世界。因此，在增强组织团结中，跟随者具有非常重要的作用。跟随者大多经过精挑细选，具有较高素质，更要谨言慎行，为事业尽力，为领导尽心，他们口风紧，作风硬，无缝隙，不说不利于团结的话，不做不利于团结的事。

第四大支柱，文化气场成为团结的“催化剂”。团结不仅是一种态度，还是一个人的品质，更是一种工作能力，一种组织文化。一个衰败的组织，必然缺乏团结的文化基础，人人小肚鸡肠，蝇营狗苟，各自为政，风言风语，传谣信谣，彼此顾左右而言他，谋人不谋事。一个兴盛的组织，一个朝气蓬勃的组织，必然具有团结干事的文化氛围，彼此信任，彼此欣赏，心往一处想，力往一处使，信心足，心气顺，干劲大，谋事不谋人，一心一意求发展。

不同的组织需要彰显不同的组织文化特色，但要形成团结文化却是组织建设的共同要求。

“主心骨”“定影剂”“防滑剂”和“催化剂”是一个组织团结的“四大支柱”。虽然“四大支柱”的功效有所不同，但他们共同支持着组织团结的局面。“四大支柱”缺一不可，组织建设必须铸牢“四大支柱”。

资料来源：巨人拓展网站，http://chinateamwork.com/html/knowledge/1115246213.html

第二章 团队精神的理论基础

团队精神涉及管理学、心理学、组织行为学、教育学等多种学科，正是相关学科的成熟知识在团队精神理论研究及实践中的应用，才使得团队精神理论丰富，建设实践也有理有据。例如，管理学是团队精神的核心内涵，以及分工协作、领导等方面研究的重要基础；心理学既是团队对成员个体发展影响研究的基础，也是组织心理影响相关研究和应用的基础；组织行为学、教育学等为团队精神的拓展训练提供了理论基础。本章就构成团队精神的重要理论基础分别进行简单阐述。

第一节 现代组织理论

一、现代组织理论的概念

现代组织理论是20世纪60年代以来形成和发展起来的组织理论，它是在古典组织理论和行为组织理论的基础上，为了适应科学技术的进步、人员素质的提高和整个外部环境的巨大变化而发展起来的系统权变性的组织理论。现代组织理论的中心思想是把组织的运行模式看成开放的理性模式，认识到组织的外部环境对组织内部结构和管理起着决定性的作用，组织内部结构和管理方式要服从整体战略目标。这种组织理论强调组织是社会组织，强调组织的生存价值、社会作用和性格特征，强调人是组织的中心。这种理论的主要特征是把组织中人的行为作为分析对象，把决策作为主要认识对象，认为人的需求要有意义，所以需要积极强化人的需求，但又要节制人的需求。组织领导者的首要任务是塑造和培养成员的共同价值观，提高组织战略，领导者的权威主要靠领导者的影响力，而不是靠命令。组织对其成员实行贡献与报酬平衡的原则。

现代组织理论是我们认识团队外部环境对团队的作用、团队中个人行为的作用、团队中领导者权威的作用等的理论基础。

二、现代组织理论代表性的理论流派

在现代组织理论中，代表性的理论流派有社会系统学派组织理论、决策学派组织理论、经验主义学派组织理论、机械式和有机式组织理论、霍曼斯组织理论、“交叠群体”组织理论、权变组织理论。

1. 社会系统学派组织理论

社会系统学派的创始人巴纳德（Chester Barnard）提出，任何组织都包含三个要素：协

作的意愿、共同的目标和信息沟通。组织由个人组成，没有协作意愿就不可能协调组织活动，而共同的目标是成员产生协作意愿的前提。信息沟通使成员的目标和意愿形成相互联系，组织通过信息沟通来认同共同目标的协作系统。社会系统学派的主要内容可归结为以下几点。

（1）"诱因与贡献平衡"论。个人作为组织的成员，必须对组织有所贡献。而组织则应向他提供报酬，即诱因。由于个人目标同组织目标可能不一致，巴纳德提出"效能"和"效率"两个概念。效能是指该组织向成员提供诱因，使其获得满足的程度。个人效率是协作效率的基础。个人目标是否得到满足，直接影响组织的绩效，因此他把诱因视为组织的"平衡力量"，但这种"平衡"不是静止的。个人的需求不断变化，组织的管理部门就要在诱因方面做出相应的变化，以求得新的平衡。这种动态的平衡是组织赖以生存和不断发展的条件。

（2）"权威接受"论。命令只有得到个人同意才具有"权威性"。为此，就需要做到使个人理解命令的内容，使他认为该命令同组织目标和个人利益是一致的，并能在精神和智力上遵守这个命令。为了使一个组织能够在这种独特的权威概念下运行，巴纳德又提出了有关权威的问题。

（3）注重信息沟通。构成组织的基本要素是合作的意愿、共同的目标和信息沟通。而信息沟通是实现前两个要素的条件和基础。巴纳德在强调管理部门必须建立、强化信息沟通职能的同时，还突出了"非正式群体"作为信息沟通又一渠道的重要性。"非正式群体"不仅能加强成员之间的情感联系，还能在相当大的程度上保护成员的个人利益。

（4）关于经理的职能。经理作为信息沟通的中心和组织成员协作的协调人，应当具有三项主要职能：一是维持组织的信息沟通；二是管理、培训、激励组织成员；三是确定组织目标。此外，还有决策和授权职能。经理履行上述职能，使组织各要素和各系统之间互相配合，协调发展，能够确保组织正常运行，并取得良好的组织效益。

2. 决策学派组织理论

诺贝尔经济学奖获得者赫伯特·西蒙（Herbert A. Simon）是决策学派的主要代表人物，他的组织理论是以决策论为基础的。西蒙认为决策贯穿于管理的全过程，管理就是决策。一个单位的组织结构的建立必须同决策程序联系起来。组织划分的各个部门必须以决策的类型作为依据。西蒙在组织理论中提出一个重要的观点，他认为在当代社会中职能的重要性将越来越大，而等级地位的重要性将越来越小。学习型组织的出现已经印证了西蒙的观点。

1）关于组织的层次和等级结构

西蒙把组织看作三层。最下层从事基本的操作过程，在生产型组织里，即是指从事原材料加工，生产产品和储存、运输产品。中间一层从事程序化决策制定过程，控制日常生产操作和分配。最上层则从事非程序化决策制定过程，这一过程要对整个组织进行设计和再设计，确定基本目标，并监督其实施。决策过程的自动化和电子计算机等先进技术的运用不会改变这三个基本层次的结构，而只能使各层次间的关系更清楚、明确。复杂组织不仅分层次，而且分等级，也就是说，这些组织被分成小单元，小单元又被分成更小的单元，这样依次细分，形成金字塔式的分层等级系统。

2)关于集权和分权

尽管在第二次世界大战后的20年里，美国大企业中出现过一种分权运动。人们发现，把有关生产某种产品或某组相同产品的活动集中到一起，并把大量的决策分散到经营这些产品的部门中去，就能更有效地进行管理，但同时也会出现过多集权的现象。这表明集权和分权两者并不矛盾，它们都为组织发展所必需。集权和分权问题也是同决策过程密切相关的。有关整个组织的决策必须是集权的，因为下级人员由于地位、职责的不同，在认识角度、信息来源，以及知识、经验等方面都有可能受到限制，不及高层领导那样具有更全面的认识、更丰富的信息、更多的经验和知识等条件，从而不会像高层领导那样做出更适合于整个组织的决策。所以，各级管理者的决策要同他们的信息来源和职位相适应。但另一方面，由于个人的认识能力是有限的，即使是高层领导者也不可能“洞察一切”。因此必须实行适当的分权，让各级管理者参与决策。特别是对于复杂的、具有多种因素的问题，个人难以同时了解和分析其各个方面，就更需要把它分解开，由不同的专业部门分别研究，才能做出较为合理的决策，但这又必须实行分权。

3)关于直线与参谋的关系

传统组织理论坚持只有直线管理人员有权直接指挥和做决策，而参谋人员只有建议权和咨询权，不能直接做出决策，以维护指挥系统的统一性。但西蒙认为，这一原则也有缺陷。因为如果这一原则贯彻到底，在有些领域可能会发生有指挥才能且能够胜任的人不能做决策，而不能胜任的人却来做决策的矛盾。为了解决这个矛盾，西蒙提出两个建议：第一，下级人员可以接受几个上级的命令，但如果这些命令互相发生冲突，那么下级人员就只能服从于其中一个上级的命令，这就是所谓的“狭义的指挥统一”；第二，某个单位在某一个特定的领域内具有全权。在某领域内拥有全权，也就是在这个领域内，其发出的命令其他组织必须服从，即所谓“权力的分工”。这两条原则既可单独使用，也可结合使用。

3. 经验主义学派组织理论

彼得·德鲁克(P. Drucke)是经验主义学派的最主要代表人物。经验主义学派重视对组织结构的分析和系统研究，该学派认为战略决定结构，决定组织目标并决定组织中关键的业务活动内容。组织结构的设计就是为了保证这些业务活动的实施并取得成效。组织结构的设计原则有利于决策、职责明确、具有一定的适应性和稳定性等。德鲁克认为，传统组织理论越来越不能满足现代组织的要求。因此他提出了六个不适应的方面：①法国著名管理学家法约尔和通用汽车首任CEO斯隆都是以制造业作为研究对象的，而今天面临的挑战是大型组织往往并非从事制造业,即大金融商和大零售商等,这些非制造业组织逐渐成为发达经济的重心;②斯隆创立的通用汽车公司的组织模式本质上是针对单一的产品、技术和市场,而现今典型的市场情况是多种产品、多样化技术和市场,因此,这里存在着通用汽车公司未曾遇到过的、复杂和多样化组织的问题;③通用汽车公司没有把主要注意力移向国际市场,因此它未能成为跨国公司,而那些关注文化、国家、市场和政府的公司中的许多都已经成为跨国公司;④像通用汽车公司那种单一产品、单一技术的公司不十分关心信息处理,而多产品、多技术的公司和跨国公司,则必然设计出有利于处理大量信息的组织结构;⑤通用汽车公司的员工有 4/5 是体力劳动者或事务性雇员,现今组织遇到的基本问题与当时通用汽车公司需要面对的不同,现在的问题都是同知识工人和知识性劳动相关的;⑥通用汽车公司比较重视管理,却不大重视创业,而今天更需要创业和革新精神。

为了弥补法约尔和斯隆的组织理论和模式之不足,德鲁克提出了组织结构的五项设计原理:法约尔的职能制、斯隆的联合分权制、工作队组织、模拟性分权制、系统结构。德鲁克指出,新的信息技术不仅将改变组织的工作,还会进一步改变组织的结构。企业,特别是大型企业的唯一出路就是转变为以信息为基础的组织。

4. 机械式和有机式组织理论

伯恩斯(T. Burns)与史托克(G. M. Stalker)研究了英国的 20 多家工业公司,发现处于急剧变动环境中的公司的组织结构与处在稳定环境中的公司的组织结构是不同的,由此提出了机械组织与有机组织的概念。机械组织的结构以高度专业化、集权和垂直沟通为特征,每个职务的角色权力、义务和技术方法都有明确的规定,高层管理强化层级结构,控制、职权与沟通分等级、分层次实施,注重垂直之间的沟通。机械组织的主管部门依靠发出指示和决定来实现管理,并强调作为组织成员的条件是服从上级和对公司忠诚。有机的组织结构以工作没有明确界定、自我控制、横向沟通为特征。在有机组织中,个人的任务由组织的总任务和目标来决定,由一个控制、职权与沟通组成的网状结构来协调;组织内注意横向沟通,地位不同的成员之间的沟通采取协商而不是以命令的方式进行,沟通的内容主要是信息和劝告,而不是指示和决策。

伯恩斯与史托克把所选取的涉及多种产业的 20 家公司所面对的环境划分为从稳定到不易预测五种不同的类型,再将每种环境与有关公司的组织结构联系起来做比较研究。他们发现,处在稳定环境中的公司的组织结构和管理形式带有明显的"机械性"。其有正规的职务说明,有定型的组织结构,大家按计划进行工作,包括高层经理也在规定的方案架构内执行工作,谁都知道应该做什么,应该向谁报告工作。而处于剧烈变动环境中的企业(如电子工业企业),因技术发展极快,其组织结构和管理形式则极富有弹性。它们往往设计多种方案以适应不同的变化,工作界限不十分明确,并且有意避免过分明确地划分公司的领导与参谋的责任;经理人员交往增加,特别是加强了横向沟通。在最不易预测环境中的企业（如电子产品开发公司），员工的工作几乎都是在和主管、同事、下属商讨之后才确定的，高层领导不再附加任何说明；每个人都清楚地了解共同目标，并且为此而努力，很少需要指导和监督；这种普遍的自我控制的组织结构能够较好地适应迅速改变的环境。

伯恩斯和史托克经过研究，把适应不同环境的不同组织结构划分为两类：机械组织结构和有机组织结构。在实际生活中，"机械的"和"有机的"常常是一个连续体的两端，而处于这两个极端的情况是较少的，应根据环境的变化和组织的特点来选取适合的组织结构类型，才能取得良好的效果。

5. 霍曼斯组织理论

社会学家霍曼斯（George Casper Homans）把系统理论应用于对组织问题的研究，创立了一个社会系统的模式。他认为，任何社会组织都处于物理的、文化的、技术的环境中。物理环境，是指工作场所、设施的布局和环境气候等；文化环境，是指社会和组织的价值观、目标、规范等；技术环境，是指社会组织为完成任务所具备的知识、技术手段等。三种环境影响并决定着社会组织中人们的活动和相互作用。而人们在进行活动和发生的相互作用时，彼此之间和人与环境之间产生了一定的情感。这些由环境所决定的活动和相互作用而产生的情感就是霍曼斯所说的外部系统，即社会系统。霍曼斯的社会系统模式有五个关键因素：①活动，即系统中人们的工作活动；②相互作用，指人和人相互之间的沟通和交往；③情感，指系统中人们的价值观、态度和信念，包括相互之间积极与消极的情感，这些都是在活动、相互作用的过程中表现出来的；④行动，正式组织或群体中所明文规定的活动；⑤行为，指在所要求行为之外的一些行为，即属于内部系统及非正式组织中的行为。

霍曼斯认为，活动、相互作用和情感这三方面是相互依赖的。其中一个因素发生变化，其他两个因素也会相应地发生变化。例如，人们彼此之间交往越频繁，情感就会越强烈，交往也会越多。同时，随着人们交往次数的增加，不仅会产生新的情感，还会产生新的行为规范和新的态度，并产生新的活动方式。

外部系统与内部系统即正式组织与非正式组织，彼此相互依赖。一个系统的变化会引起另一个系统的变化。在正式组织中，人际关系（相互作用模式）的变化会引起非正式组织的变化。例如，调整机构和人员会打破原来所形成的小圈子。内外两个系统又是与外部环境相互依赖的。环境的变化必然会引起正式组织和非正式组织的变化。人们在非正式组织中的议论和活动，也可能产生技术革新等创造性的活动，促使技术环境发生变化，导致重新设计劳动设施（物理环境的变化），以及在工人和管理人员之间形成新关系（文化环境的变化）。

6."交叠群体"组织理论

利克特（Rensic Likert）认为，组织是由互相关联而发生重叠关系的群体组成的系统。

这些互相关联的群体是由位于几个群体交叠处的个人来形成联结的。这个人便被称为“联结针”(Linking Pin)。这种承担“联结针”角色的人既是本单位的领导人,又是上级组织的一个成员。通过他把本级组织同上级组织连接起来,起到了承上启下的作用。利克特后来在模式中加上了横向的联系,使组织的沟通、协调更为顺畅。

利克特指出,在联结针结构中,所有群体必须同样有效,因为整个联结针结构的强度决定于其中最弱的联结针的强度,为了防止群体的链锁断裂,他又提出设立附加的参谋小组和特别委员会作为补充。除了组织内部有关群体要用联结针来连接外,整个组织同环境之间也需要依靠在组织与环境之间占有重要地位的关键人物来起联结针的作用,从而使组织与环境较好地互相协调。利克特的模式打破了传统组织理论所提出的“一人一个职位,各部门之间严格划分界限”的观念,指出了管理人员不能只完成本职位的工作,还要在各部门之间、人与人之间起联络作用,特别是在上下级之间起联络作用,以增强内部沟通和协调,提高组织效率。

7. 权变组织理论

权变组织理论认为不能用单一的模型来解决所有组织设计问题,只能提出在特定情况下有最大成功可能的方案,因而其有别于古典组织理论、行为组织理论和系统理论。该理论强调组织的多变性,并力图了解组织在变化着的条件下和特殊的环境中发展的情况,其根本目的在于提出最符合具体情况的组织设计和管理行为。该理论注重实践,鼓励人们应用各种不同的模型,包括古典模型和现代模型,只要这种模型适合环境情况就行。于是,在服从组织的总目标的前提下,同一组织的各个部门可以采取不同的组织设计,完成各自的目标。可见,权变组织理论实质上就是主张从实际出发,具体问题具体分析,然后找出合适的办法来解决问题。所以,权变组织理论要求依照工作的性质和人员的特殊要求来确定组织的模式,使任务、人员和组织彼此相适应。

系统的观点能使我们全面地理解组织的整个过程,而权变的观点又能使我们不局限于某一种僵硬的模式,使我们知道世界上并没有一种简单的、普遍的组织设计和管理原则。因此,现代组织理论不但反映了各子系统之间的协调关系,而且具有一种应变的观点,要求组织与其环境之间,以及各子系统之间协调一致,更为具体地强调子系统之间关系的特点和模式,从而提出具体的组织设计方案和管理原则。组织理论的发展演变过程也就是向着系统和权变观点转变的过程。这种以系统权变方法为主的现代组织理论是科技发展的结果,也是为了适应新形势的需要。

三、现代组织理论的主要观点

现代组织理论同古典组织理论和新古典组织理论具有根本的区别,在研究组织的方法上有了新的突破。现代组织研究的基本观点主要有以下七个方面。

1. 组织比较研究

研究者通过组织间的比较研究，发现组织间存在的共性和差异，从而提高组织学的理论化程度。组织比较研究主要有同类型组织之间的比较、不同类型组织间的比较、属于不同文化圈的组织间的比较等。

2. 发展理论

发展理论主要研究关于组织改革的过程和战略，从而使组织学具有浓厚的实用科学性质。

3. 管理科学

管理科学强调组织的经济和技术方面，强调包括数学和统计学在内的科学方法，强调系统论方法和计算机技术，并为克服不确定性而制订合理的方案。其目的在于要达到组织效率的最大化。

4. 行为科学

行为科学把重点放在组织中的人及其心理上，并重视经验研究方法。这种立场影响了关于组织结构的研究方法，从而促进了与官僚制不同的或相反的组织改革研究。

5. 行动理论

对于行动理论，社会科学的研究对象与自然科学的研究对象完全不同，社会科学研究的是人及其行动。因此，这是具有反实证科学倾向的理论。

6. 系统方法

这里所说的系统，是能与环境超系统划分明确界限的一个有组织的、由两个或两个以上相互依存的部分所组成的整个单位。系统方法的基本观点是整体大于部分之和。另一个重要的观点是把组织看作是一个开放的系统。这一方法为组织研究提供了整体的或宏观的方法论基础。

7. 权变方法

权变方法首先是由行为科学家墨尔斯（John J. Morse）和罗尔茨（Jay W. Lorsch）提出来的。这一观点的基本思想是：在组织与其环境之间以及在各分系统之间都应保持一致性，不存在适合于一切情况的、唯一正确的组织设计和管理方法，或者像古典组织理论所主张的那些普遍适用于组织设计和管理的原理和原则。权变方法所要揭示的是适合于具体情况的组织设计和管理方法。

第二节　激励理论

激励理论有很多种，几乎都可用于分析团队的激励。有代表性的理论有如下几种。

一、需求层次理论

美国心理学家亚伯拉罕·马斯洛从人类动机的角度提出需求层次理论,该理论强调人的动机是由人的需求决定的,而且人在每一个时期,都会有一种需求占主导地位,其他需求处于从属地位。

马斯洛需求层次结构(图 2-1)是心理学中的激励理论,包括人类需求的五级模型,通常被描绘成金字塔内的等级。从层次结构的底部向上,分别为:生理需求(食物和呼吸等)、安全需求(工作保障)、情感与归属需求(社交需要)、尊重需求和自我实现需求。这五种阶段需求可分为不足需求和增长需求。前四个等级通常称为缺陷需求(D 需求),而最高级称为增长需求(B 需求)。需求是由低到高逐级形成并得到满足的。

在马斯洛看来,一个饥肠辘辘的人,他的目标就是找到食物果腹;一个缺乏安全感的人,他对生命的追求是安全;情感与归属、尊重需求也一样,得不到满足就会有缺失;“自我实现”是“少有人走的路”,只有那些低级需求真正得到满足的人才容易走上追求自我实现之路。

图 2-1　马斯洛需求层次结构

1. 需求的层次

1)生理需求

生理需求(Physiological needs)指人类维持自身生存的最基本要求,包括饥、渴、衣、住、性、健康方面的需求。生理需求是推动人行动的最强大的动力。未满足生理需求的特征:什么都不想,只想让自己活下去,思考能力、道德观明显变得脆弱。例如:当一个人极需食物时,会不择手段地抢夺食物。

2)安全需求

安全需求(Safety needs)指人对安全、秩序、稳定,及免除恐惧、威胁与痛苦的需求。未满足安全需求的特征:感受到身边事物的威胁;觉得这世界是不公平或是危险的;认为一切事物都是危险的;变得紧张;焦虑、彷徨不安、认为一切事物都是"恶"的。

3)情感与归属需求

情感与归属需求(Love and belonging needs)指人要求与他人建立情感联系,以及隶属于某一群体并在群体中享有地位的需求。这一层次的需求包括两个方面。一是友爱的需求,即人人都需要伙伴之间、同事之间的关系融洽或保持友谊和忠诚;人人都希望得到爱情,希望爱别人,也渴望接受别人的爱。二是归属的需求,即人都有一种归属于一个群体的需求,希望成为群体中的一员,并相互关心和照顾。第二种需求属于较高层次的需求。缺乏情感与归属需求的特征:因为没有感受到身边人的关怀,而认为自己没有价值活在这世界上。例如:一个没有受到父母关怀的青少年,认为自己在家庭中没有价值,所以在学校广交朋友,无视道德和理性地、积极地寻找朋友或同类,为了让自己融入社交圈中,帮别人做坏事,甚至吸烟、搞恶作剧等。

4)尊重需求

尊重需求(Esteem needs)属于较高层次的需求,如:成就、名声、地位和晋升机会等。尊重需求既包括对成就或自我价值的个人感觉,也包括他人对自己的认可与尊重。无法满足尊重需求的特征:变得很爱面子;用积极的行动以获得他人认同;很容易被虚荣所吸引。例如:有人利用暴力来证明自己的强悍;努力读书让自己成为医生、律师来证明自己在社会中的价值;富豪为了自己的名利而拼命赚钱或是捐款等。

5)自我实现需求

自我实现需求(Self-actualization needs)是最高层次的需求,指人希望最大限度地发挥自身潜能,不断完善自己,完成与自己能力相称的一切事情,实现自己理想的需求。马斯洛提出,为达成自我实现需求所采取的途径是因人而异的。自我实现的需求是指努力发挥自己的潜力,使自己越来越成为自己所期望的人物。缺乏自我实现需求的特征:觉得自己的生活被空虚感、无意义感占据着,要证明自己在这个世界存在的意义。

2. 需求层次之间的关系

马斯洛认为,需求的产生并由低级向高级的发展是波浪式地推进的,在低一级需求没有被完全满足时,高一级需求就产生了;而当低一级需求的高峰过去了但没有完全消失时,高一级需求就逐步增强,直到占有绝对优势。低级别的需求基本得到满足以后,它的激励作用就会降低,其优势地位将不再保持下去,高级别的需求会取代它成为推动行为的主要原因。有的需求一经满足,便不能成为激发人们行为的起因,于是被其他需求取而代之。

3. 追求更高层次的目标

一个人可以有自我实现的愿望，但要达到自我实现的境界，成为一个自我实现的人，却不是能轻易办到的，这种人只是少数而已。人的最高需求即自我实现就是以最有效和最完整的方式表现自己的潜力，获得最佳体验。

马斯洛需求层次理论对我们来说的最大意义就在于，人在满足了基本需求之后，就要去实现更高级别的需求和目标。

二、双因素激励理论

双因素激励理论，又称双因素理论（Dual-factor theory）或赫茨伯格激励因素－保健因素理论（Herzberg's motivation-hygiene Theory）。该理论由美国的行为科学家弗雷德里克·赫茨伯格（Fredrick Herzberg）提出。双因素理论是他最主要的成就，在工作丰富化方面，他也进行了开创性的研究。

20世纪50年代末，赫茨伯格和他的助手们在美国匹兹堡地区对200名工程师、会计师进行了调查访问。访问主要围绕两个问题：在工作中，哪些事项是让他们感到满意的，并估计这种积极情绪持续的时间；哪些事项是让他们感到不满意的，并估计这种消极情绪持续的时间。赫茨伯格以这些问题的回答为材料，着手研究哪些事情使人们在工作中感到快乐和满足，哪些事情造成人们不愉快和不满足。结果他发现，使员工感到满意的都是属于工作本身或工作内容方面的；使员工感到不满的，都是属于工作环境或工作关系方面的。他把前者叫作激励因素，把后者叫作保健因素。

1. 激励因素

激励因素包括工作本身、认可、成就和责任，这些因素涉及对工作的积极感情，又和工作本身的内容有关。这些积极感情和个人过去的成就、被人认可以及担负过的责任有关，这类因素的改善，或者使这类需要得到满足，往往能给工作者以很大程度上的激励，有利于充分、持久地调动工作者的积极性；即使不具备这些因素和条件，也不会引起他们太大的不满。

2. 保健因素

保健因素包括组织政策和管理、技术监督、薪水、工作条件以及人际关系等。这些因素涉及工作的消极因素，也与工作的氛围和环境有关。也就是说，对工作和工作本身而言，这些因素是外在的，而激励因素是内在的，或者说是与工作相联系的内在因素。

从不同的角度来看，外在因素主要取决于正式组织（如薪水、组织政策和制度）。只有组织认可其高绩效时，才能得到相应的报酬。而诸如出色地完成任务后的成就感之类的内在因素则在很大程度上属于个人的内心活动，组织政策只能产生间接影响。例如，组织只有确定了高绩效的标准，才可能影响个人，使他们认为自己已经相当出色地完成了任务。

3. 激励因素与保健因素的比较

尽管激励因素通常与个人对他们的工作积极感情相联系，但有时也涉及消极感情。而保健因素却几乎与积极感情无关，只会带来精神沮丧、脱离组织、缺勤等结果。图 2-2 体现了双因素理论的主要内容，成就占使员工非常满意的因素的 40%，而在使员工非常不满意的因素中则占 10%。

赫茨伯格认为，满意和不满意并非共存于单一的连续体中，而是截然分开的，这种双重的连续体意味着一个人可以同时感到满意和不满意，它还暗示着工作条件和薪水等保健因素并不能影响人们对工作的满意程度，只能影响对工作的不满意程度。

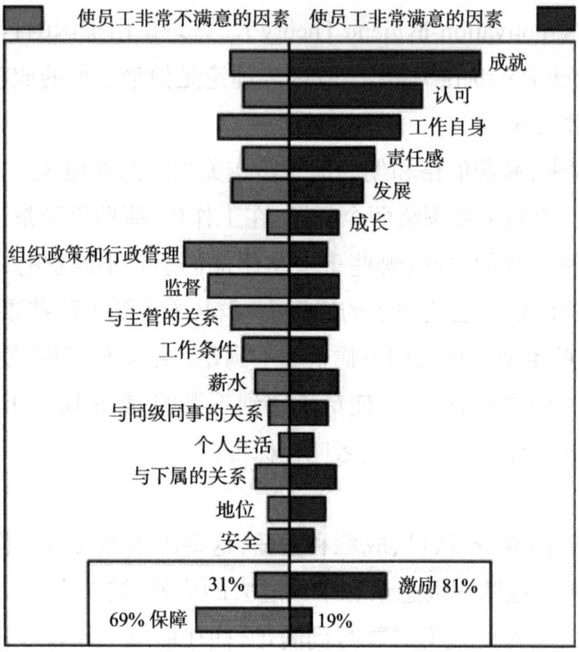

图 2-2 双因素理论调查统计

4. 对双因素理论的争议

赫茨伯格的双因素理论同马斯洛的需求层次理论有相似之处。他提出的保健因素相当于马斯洛提出的生理需求、安全需求、情感需求等较低级的需求；激励因素则相当于受人尊重的需求、自我实现的需求等较高级的需求(图 2-3)。当然，他们的具体分析和解释是不同的。但是，这两种理论都没有把“个人需求的满足”同“组织目标的达成”这两点联系起来。有些西方行为学家对赫茨伯格的双因素理论的正确性表示怀疑。他们做了许多试验，也未能证实这个理论。赫茨伯格及其同事所做的试验，被有的行为学家批评为是他们所采用的方法本身的产物：人们总是把好的结果归结于自己的努力，而把不好的结果归结于客观条件或他人身上。问卷没有考虑这种一般的心理状态。另外，被调查对象的代表性也不够。事实上，不同职业和不同阶层的人，对激励因素和保健因素的反应是各不相同的。实践证明，高度的工作满足不一定能产生高度的激励。许多行为学家认为，不论是有关工作环境的因素或工作内容的因素，都可能产生激励作用，而不仅使员工感到满足，这取决于环境和员工心理状态等多种条件。

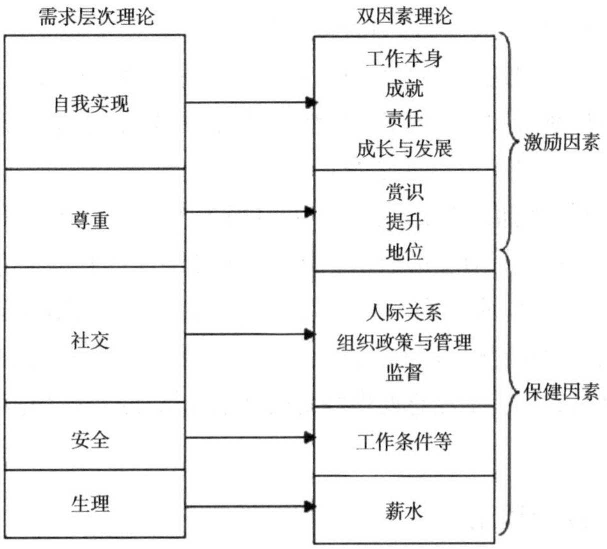

图 2-3　双因素理论与需求层次理论的关系

5. 双因素理论的管理应用

根据赫茨伯格的双因素理论，在调动员工积极性方面，可以采用以下两种基本做法。

1）直接满足

直接满足，又称工作任务以内的满足。它是一个人通过工作所获得的满足，这种满足是通过工作本身和工作过程中人与人的关系得到的，它能使员工学习到新的知识和技能，产生学习兴趣和热情，使员工具有光荣感、责任心和成就感。因而它可以使员工得到内在激励，产生极大的工作积极性。对于这种激励方法，管理者应该予以充分重视。这种激励措施虽然所需的时间较长，但是员工的积极性一经激起，不仅可以提高生产效率，而且持久，所以管理者应该充分注意运用这种方法。

2）间接满足

间接满足，又称工作任务以外的满足。这种满足不是从工作本身获得的，而是在工作以后获得的。例如晋升、授衔、嘉奖或物质报酬和福利等都是在工作之后获得的。其中福利方面，诸如工资、奖金、食堂、托儿所、员工学校、俱乐部等，都属于间接满足。间接满足虽然也与员工所承担的工作有一定的联系，但它毕竟不是直接的，因而在调动员工积极性上往往有一定的局限性，常常会使员工感到与工作本身关系不大而满不在乎。研究者认为，这种满足虽然也能够显著提高工作效率，但不容易持久，有时处理不好还会产生副作用。

双因素理论虽然产生于资本主义的企业管理，但却具有一定的科学性。在实际工作中，借鉴这种理论来调动员工的积极性，不仅要充分注意保健因素，使员工不至于产生不满情绪；更要注意利用激励因素去激发员工的工作热情，使其努力工作。如果只顾及保健因素，仅满足员工暂时需求，是很难创造出一流的工作成绩的。

双因素理论还可以用来指导我们的奖金发放。我国企业常将奖金作为一种激励因素，但是必须指出，在使用这种激励因素时，必须与企业的效益或部门及个人的工作成绩挂钩。如果奖金不与部门及个人的工作成绩相联系，一味地“平均分配”，久而久之，奖金就会变成保健因素，奖金再多也起不了激励作用。

双因素理论的科学价值，不仅对做好奖励工作具有一定的指导意义，而且对如何做好人的思想政治工作提供了有益的启示。既然在资本主义的管理理论和实践中，人们都没有单纯地追求物质刺激，那么在社会主义条件下，就更不应把调动员工积极性的希望只寄托于物质鼓励方面；既然工作上的满足与精神上的鼓励能更有效地激发员工的工作热情，那么在管理中，就应特别注意处理好物质鼓励与精神鼓励的关系，充分发挥精神鼓励的作用。

三、弗鲁姆的期望理论

弗鲁姆的期望理论，又称“效价—手段—期望理论”，是美国著名心理学家和行为科学家维克托·弗鲁姆（Victor H. Vroom）于1964年在《工作与激励》中提出来的激励理论。

1. 弗鲁姆期望理论概念

弗鲁姆期望理论是从下列两个前提展开的。

（1）人们会主观决定各种行动所期望的结果的价值，所以，每个人对结果的期望各有偏好。

（2）任何对行为激励的解释，不但要考虑人们所要完成的目标，也要考虑人们为得到偏好的结果所采取的行动。弗鲁姆认为，当一个人在结果难以预料的多个可行方案中进行选择时，他的行为不仅受其对期望效果的偏好影响，也受他认为这些结果可能实现的程度影响。

弗鲁姆认为，人总是渴求满足一定的需要并设法达到一定的目标。这个目标在尚未实现时，表现为一种期望，这时目标反过来对个人的动机又是一种激发力量，而这种激发力量的大小，取决于目标价值（效价）和期望概率（期望值）乘积的大小。

用公式表示为

$$M = V \times E$$

其中：M 表示激励（Motivation）或激发力量，是指调动一个人的积极性，激发人内部潜力的强度；V 表示目标价值（效价，Valence）；E 表示期望值（Expectancy）。

效价是心理学概念，是指达到目标对于满足个人需要的价值。对于同一目标，由于个人所处的环境和需求不同，其需要的目标价值也就不同。同一个目标对每一个人可能有三种效价：正、零、负。效价越高，激励力量就越大。某一客体如金钱、地位、汽车等，如果个体不喜欢、不愿意获取，目标效价就低，对人的行为的激发力量就小。例如幼儿对糖果的目标效价就要大于对金钱的目标效价。

期望值是人们根据过去经验判断的自己达到某种目标的可能性，即能够达到目标的概率。目标价值的大小直接反映人的需要动机的强弱，而期望概率反映人实现需要和动机的信心。如果个体相信通过努力肯定会取得优秀的成绩，期望值就高。

上述公式说明，假如一个人把某种目标的价值看得很大，估计能实现的概率也很高，那么这个目标的激发力量也更强。经发展后，期望公式表示为

动机 = 效价 × 期望值 × 工具性

其中，工具性是指能帮助个人实现的非个人因素，如环境、快捷方式、任务工具等。例如：战争环境下，效价和期望值再高，也无法提高人的动机性；企业良好的办公环境、设备、企业文化，都是吸引人才的重要因素。

2. 期望模式

怎样使激发力量达到最佳值，弗鲁姆提出了人的期望模式。

个人努力→个人成绩（绩效）→组织奖励（报酬）→个人需要

在期望模式的四个因素中，需要兼顾以下几方面的关系。

（1）个人努力和绩效的关系。这两者的关系取决于个人对目标的期望值。期望值又取决于目标是否合适个人的认识、态度、信仰等个性倾向，以及个人的社会地位，别人对他的期望等社会因素。即两者关系由目标本身和个人的主客观条件决定。

（2）绩效与组织奖励的关系。人们总是期望在达到预期成绩后，能够得到适当、合理的奖励，如奖金、晋升、提级、表扬等。组织的目标，如果没有相应的有效的物质和精神奖励来强化，时间一长，积极性就会消失。

（3）组织奖励和个人需要的关系。奖励要适合不同的人的不同需要，要考虑效价。要采取多种形式的奖励，满足各种需要，最大限度地挖掘人的潜力，有效地提高工作效率。

（4）需要的满足与新的行为动力之间的关系。当一个人的需要得到满足之后，他会产生新的需要和追求新的期望目标。需要得到满足的心理会促使他产生新的行为动力，并对实现新的期望目标产生更高的热情。

3. 弗鲁姆期望理论的应用

弗鲁姆的期望理论，对于有效地调动人的积极性，做好人的思想政治工作，具有一定的启发和借鉴意义。因为期望理论是在目标尚未实现的情况下研究目标对人的影响。一个好的管理者，应当研究在什么情况下使期望大于现实，在什么情况下使期望等于现实，

以更好地调动人的积极性。

在思想政治工作中,应该充分地研究目标的设置、效价和期望概率对激发力量的影响。不同的人有不同的目标,而同一个目标,对不同的人也会有不同的价值。只有具体问题具体分析,才能真正调动每个员工的积极性。

1)目标设置

根据弗鲁姆的期望理论,为了使激发力量达到最佳效果,首先应当注意目标的设置。心理学认为,恰当的目标能给人以期望,使人产生心理动力,从而激发热情并产生积极行为。为此,在设置目标时,必须考虑以下两个原则。

第一,目标必须与员工的物质需要和精神需要相联系,使他们能从组织的目标中看到自己的利益,这样效价就大。

第二,要让员工看到目标实现的可能性极大,这样期望概率就高。

此外,在设置目标时,还应该考虑以下几点。

(1)要考虑组织目标和员工个人目标的一致性。目标既有组织目标,又有个人所追求的目标。从根本上说,组织利益与个人利益是一致的。但是,由于员工需要的差异性,个人往往会有自己的具体目标,因此组织目标与员工个人目标既有一致性,又有差异性。管理者要善于使员工的个人目标与组织目标结合起来,使组织目标能够包含员工更多的共同需求,使更多的员工能在组织目标中看到自己的切身利益,从而把实现组织目标的过程看成是与自己休戚相关的事。

(2)要考虑目标的科学性。一般来说,目标应该带有挑战性,应适当地高于个人的能力。但要注意,切不可使目标过高,以免造成心理上的挫折,失去取胜的信心;也不可使目标过低,以免鼓不起干劲,失去内部的动力。

(3)要考虑目标的阶段性。组织的总目标,往往使员工感到"遥不可及",应该将总目标分成若干个阶段性的小目标。一方面,小目标易于实现,从而提高员工的期望概率;另一方面,小目标便于通过信息反馈检查落实,从而实行有效的定向控制,逐步将员工导向既定的总目标。

(4)要考虑目标的可变性。目标设立以后,一方面要认真执行,另一方面要根据情境的变化,对目标做适当的修正或调整,使之更加符合变化了的主客观条件,更好地激励人们。当然,也应注意不要轻易频繁地调整目标。因为过于频繁的变化,容易降低目标在人们心目中的效价和期望值。所以,在一般情况下,应该维护目标的严肃性。

2)效价的作用

同样的目标在不同人的心目中,往往会有不同的效价,这主要是由人的理想、信念、价值观不同造成的,同时也与人的文化水平、道德观念、知识能力、兴趣爱好以及个性特点有关。要全面地理解"效价"的作用和意义,企业和员工不能单纯地只看目标的价值"对自己有没有好处"或"对企业有没有好处",还应该看到目标的价值对社会有多少贡献。如果对效价的理解仅仅局限于“对自己有没有好处”，很容易使人走上追逐个人名利的道路。如果对效价的理解只是“对企业本身有没有好处”，企业就无法实现社会价值。

3）期望值的估计

期望值的估计，即对实现目标可能性的估计。对期望值的估计应该恰如其分。估计过高会盲目乐观，若不能实现，容易受到心理挫折；估计过低容易悲观泄气，会信心不足。

对期望值的估计，人与人之间也存在着很大的差异，这主要与一个人的兴趣、愿望、知识、能力和生活经验等因素有关。一般来说，如果目标符合社会发展规律，又不脱离当前的实际，实现的可能性就大。在这种情况下，就要设法提高员工的“期望值”，鼓舞士气，增强信心。相反，如果目标违背社会发展规律，就要劝说和引导员工降低“期望值”，直至放弃这个目标。

为了实现组织目标，作为管理者或领导者，既要设法提高目标在员工心目中的效价，又要设法提高员工对目标的期望值。除此之外，还应该采取切实可行的措施，建立有效的保证体系，只有这样，才能从总体上提高实现目标的可能性。

第三节　行为学理论

一、行为学概念

行为学是研究动物个体和动物社群为适应内外环境变化所做出反应的学科。行为学研究工作环境中人的行为，其理论基础包括人类学、社会学、心理学、伦理学、政治学、历史学、生理学、生物学、社会心理学等，是一门综合性学科。

行为是生命的特征，而生命由躯体和灵魂组成。躯体是生命组成的有形因素，属于医学和生命科学研究的范畴。意识是生命组成的无形因素，属于行为学研究的范畴。意识不能脱离躯体，躯体没有意识就失去了生命。人的意识包含性格和知识两大要素。性格是先天赋予的行为本能，包括欲望、情感、智力和体能等方面；知识是后天通过学习所获得的行为依据，包括习俗、技艺、科学文化知识、思想、理念等方面。每个人先天赋予的性格和后天学习所获得的知识都不会完全一样，所以每个人都有自己的行为特征，也就是每个人所特有的个性。在意识的两大要素中，与性格相比较，知识具有主导的地位。一个有丰富知识的人可以克服性格上的许多弱点，使自己的行为有理性和有预见性；而有知识盲点的人，性格也相对有盲点，或大胆鲁莽或胆怯畏缩，行为就只能由自己的性格来主导。

在同一社会群体之中，由于成员有相同的习俗和文化，他们的个性之中会有较多的共同点，因此就形成了社群成员某些行为的共同特征。对于一个民族和国家来说，这些行为的共同特征是这个民族和国家的民族性和国民性。

人必须生活在环境之中，环境既包括自然的环境，也包括社会的环境，和自己身体的环境。可以将上述三种环境统称为人的生存空间。所以人的行为要受到生存空间（即环境）的制约。由此可见，意识和环境是决定人类行为的两大要素。而一切行为的后果，或者改变自己以适应环境，或者改变环境以适应自己，又或者兼而有之。不能适应者就会被淘汰。

二、行为学的基本观点和规律

1. 行为学的基本观点

（1）人的性格是由遗传基因决定的，除了遗传工程学的方法之外，其他办法都不能将其改变。

（2）人的意识是可以塑造和改变的，因为意识之中最重要的组成部分是通过学习所获得的知识。

（3）人必须控制自己的行为，以适应所生存的环境（包括自然的、社会的和自己身体的环境），与环境和谐共处。

2. 行为规律

（1）在特定的环境之中，具有特定个性的人，有特定的行为表现。

（2）在相似的环境之中，具有相似个性的人或相似共性的群体，有相似的行为表现。

（3）任何一种行为，都会相应产生一种以上的后果。任何一种控制行为的行为，也都会相应产生一种以上的后果。而任何一种行为的后果，都有其自身固有的演化规律，与行为者和实施控制行为者的主观愿望无关。

三、行为控制方法

人类控制自己行为的方法可以分为两个大的层面，其一是自我控制，其二是社会群体控制。

1. 自我控制

自我控制的主要目的是使自己能与其他社会成员和谐相处。自我控制的办法称为“修养”，包括自学、自省、自律等方面。而社会群体控制的主要目的不但要使社会成员彼此之间能够和谐相处，还要使人类社会与自然环境之间也能和谐相处。对社会群体行为的控制又称“统治”。统治的办法十分复杂，可以归纳为以下四个方面。

1）教育

教育是获得知识的主要途径和塑造意识的首要工作，也是控制社会行为、把握社会发展的根本办法。

2）律制

律制是社会群体为了适应生存环境而必须共同遵守的行为规范和准则。其内容包括典籍明定规则和非典籍明定规则两大部分。典籍明定规则是指各种规范、章程、条例、制度、纪律、政策、指示、法令、法律、宪法等，还有民事交往中的合同、契约，国际交往中的申明、备忘、协议、条约等。它们都是用文字对所要限定的行为做出明确规定，其条款得到国家和社会的保障，对社会成员的行为有强制性的约束能力，违反者要受到制裁和惩罚。其中，国家法律和社会制度则是最重要的两种限制社会成员行为的典籍明定规则。

非典籍明定规则是指风俗、习惯、伦常、礼貌、道德、信义、“识做”等。虽然它们不受任何法律的保护，违反了也不会受到制裁和惩罚。但是如果你不尊习俗、不守伦常；没有礼貌；背信弃义、不尊重朋友；无道德；玩世玩物不“识做”人，那么你将会被世人所蔑视，失去他人对你的尊重，最终将会沦为社会的弃儿。所以这种非典籍明定的行为规则，对于每一个人的行为，同样具有强大的约束能力。“识做”一词是广东话，是指一种约定俗成的行为抉择原则的统称。例如：礼貌待人原则、尊老爱幼原则、办事合情理原则、因果是非原则、公平交易原则、利害相较原则（两利相权取其重，两害相加择其轻）等。为人处事都要遵守这些常规的行为准则，否则别人就会觉得你不“识做”人。因此就会遭人白眼，到处碰壁，得不到他人的尊重、同情、谅解和帮助。

3）谋略

谋略是谋者为了控制某些局部的社会群体行为，而设计和有意布置的一种局部环境条件，其中包括虚假的信息和强力的手段（也包括战争行为）。谋略是短期局部控制群体行为的一种常用方法，施谋者通常要利用某些条件才能达到目的，如欲望、感情、环境、信息等。谋略是一种最普通、最常用的短期行为控制方法，现代社会的每一个管理者，都必须能够施展谋略。而现代谋略的学问已经发展得十分可观，形成了有众多专家学者参与的大学问。

4）信仰

这里的“信仰”一词，并非专指文化、政治和宗教的信仰，而是泛指一种在社会中普遍存在的现象。信仰是对某种文化思想、意识形态和价值观念，以及对某位领袖人物、某些特别事件（如战争）和某种特殊物体（如圣像），产生的一种深信不疑，无限崇拜的现象。仔细研究和分析在社会中普遍存在的“信仰”现象，可以发现它同时包含“信任情感”和“思想理念”，这两种性质完全不同，而又不可分离的组成部分。

一方面，“信仰”指的是一种文化思想理念，如宗教信仰、政治信仰、文化信仰等。信者所信奉的都是一种可以用来判断是非对错，抉择行为取舍的思想、意识、理念或价值观念。信仰对于信者的思想和行为有指导和约束的实际作用。不论在哪一个国家、哪一个社会和哪一个时代，这种能够约束社会成员行为的思想理念，都是必不可少的。有一些思想理念对民族团结、国家统一和社会进步的影响深重而久远。有一些思想理念，虽然存在的时间短暂，信奉的人也不多，可是影响力极大。

另一方面，“信仰”指的又是一种信任的情感，如绝对忠诚、无比爱戴、终生景仰、无限崇拜等，说的也是一种深信不疑和绝对信任的事实，但是指的却是一种对人、对物、对信念的信任情感，而非思想观念。这种对民族、对国家、对领袖、对主义、对信念、对宗教、对神灵，甚至对图腾的信任情感，也同样是一种可以约束信者行为的东西。它们对于每一个国家、每一个社会也都是绝对不可以缺少的，因为它们是国家统一、民族团结、社会安定的必要条件。

"信"是一种先天赋予的情感，它与喜、怒、哀、乐无异。"信仰"是"信"情感的一种情绪化的表现形式——对某人、某事、某种思想和理念深信不疑。而情感是会变化的，这种变化甚至可以通过人为操纵加以实现。至于思想、意识和价值观念，更是人们自己创造出来的东西，而且可以修改和发展。由此可见，通过"信仰"来控制社会的行为，是可以用人为操纵的办法加以实现。千万人同一信仰，便会形成统一行动的巨大力量，所以信仰是对群体行为控制的最高层次的方法。但是，信与不信是一回事，所信孰真孰假是另一回事，二者之间完全没有直接的关联。所信属真可以形成惊人的社会建设力量，所信若谬则可以变为骇人的社会破坏力量。这就是"信仰"带来的正反两面。采取任何一种行为，又或者实施任何一种控制行为的行为，都会带来相应的后果，而每一种后果都有其自身的演化规律，利弊与实施者的主观愿望没有内在的必然联系。特别像教育、律制、信仰、战争这样一些具有深远影响和严重社会后果的控制行为，其后果究竟怎样？十年、二十年后我们的社会会变成什么样子？五十年、一百年后社会又会变成什么样子？这些问题或许会成为社会的重大隐忧。为国家的根本利益考虑，应当建立一整套完善的社会行为后果的研究、监测和预警机制，以便预知发展动向，及时做出调整与修正，如此便能防患于未然。

2. 社会群体控制

社会群体控制简称"社群控制"，是指以一定文化为基础，社会群体依靠共同价值和群体规范引导与约束其成员的一种社会控制方式。

社群控制主要包括以下几方面的内容。

（1）组织文化是社群控制的基础，对组织及其成员具有导向与规范作用，这就使得建立在组织文化基础上的社群控制具有其他控制方法所不具备的优势。

（2）授权赋能是社群控制的必要条件。实行社群控制，就必须充分信任成员，对成员进行授权赋能，给予成员必要的决策权，相信他们会从团队的利益出发处理问题。

（3）建立自我指导型团队。即在团队内重建激励机制，强化责任感和团队精神，实行建立在相互尊重、高度自觉基础上的自我控制。

由于社群控制是一种充分授权与高度自觉的控制，每个成员都能随时独立自主地处理各类问题。因此，团队完全可以实行真正的实时控制，保证在任何时候、任何情况下都处于有效控制之中。

四、组织行为

组织行为学的理论体系大量借鉴了相关学科的有益成果，它把组织及其成员的行为作为研究对象，并根据对象组织化程度，划分为以下四个研究层次。

1. 对个体行为的研究

个体是构成组织的最基层的单位，是组织的“细胞”。从人自身的角度看，人又是组织的主体，每个人都具有其独立的人格，认识个体是了解组织行为的基础。对个体行为的研究，包括对人性的认识，对个体心理因素中知觉、价值观、个性和态度的认识，对人的需要的认识及对有关激励理论的研究。

2. 对群体行为的研究

群体是组织的基层单位，在组织中存在着大量的非正式组织，群体行为对组织行为有着重大影响，组织行为学要对群体的功能、分类、压力、规范、冲突、竞争等方面做专题研究。

3. 对行为规律的研究

对行为规律的研究指应用组织行为学相关理论对组织设计、组织变革和组织发展进行研究。

4. 对社会环境的研究

对社会环境研究指把组织作为一个开放系统，研究组织与社会的交换关系、社会环境和文化对组织行为的影响等。领导行为也作为一个重要内容得到比较深入的研究并形成了众多的领导理论。

第四节　其他学科理论基础

一、团队精神的哲学依据

马克思主义哲学中有关“人的全面发展思想”“劳动协作思想”以及“集体主义思想”是研究团队精神重要的哲学基础。

1. 马克思主义关于人的全面发展的思想

矛盾是事物发展的源泉和动力，社会的发展离不开个体的内在需求，人的全面而自由的发展是马克思主义关于社会发展的终极价值目标，而这一目标的实现必须依靠生产力的发展和科学技术的进步，只有当生产力达到高度发达，社会分工消失，人与人之间实现了真正意义上的平等，共产主义社会目标才能得以实现。

马克思指出“只有在集体中，个人才能获得全面发展其才能的手段”。这种个人自由是“建立在人全面发展过程中的自由”。在培养大学生团队精神的过程中，要充分考虑每一个学生的个性差异和特长优势，“以人为本”，根据不同学生的特长、爱好有侧重地加以培养，让大学生自由的天性得到充分施展；在团队建设中，形成自由、民主、平等、快乐的生活和学习氛围，并妥善处理好团队成员之间的人际关系，通过协同配合、优势互补，提升大学生的团队意识，提高当代大学生的人格魅力。

2. 马克思主义关于劳动协作的思想

从人类社会的发展历程来看，随着生产力的发展、科技的进步、劳动工具的不断革新，社会分工导致了工作流程日益复杂化和多样化，为了解决这一难题，劳动协作被当作解决问题的希望，由此劳动协作成为团队精神的核心内容。

在《1844 年经济学哲学手稿》中马克思写道：“劳动是人在外化范围之内的或者作为外化的人的自为的生成”，“企业员工在同一工作流程或者彼此区分但又存在内在联系的工作流程中，按照预定目标集体工作，协同配合的工作形式就叫作劳动协作。”劳动协作使单个劳动者的工作能力成倍提升，不仅提高了劳动者的劳动技能，也强化了劳动竞争意识，人在生产工具的帮助下，工作效率达到了一个新的高度。这一点与新形势下培养团队精神提倡的劳动协作有着异曲同工之妙，为团队精神的培养提供了理论依据。

劳动协作可以创造出比个体简单相加更大的价值，即“1+1>2”效应。同时，劳动协作能够整合组织资源，激发群体竞争力，缩短劳动时间，能够在紧要关头投入大量劳动力，完成单个个体难以完成的劳动任务。

从马克思的劳动协作思想中可以看出，劳动协作整合了群体力量，提高了工作效率，使组织整体的劳动力大于组织中单个劳动力之和。

3. 马克思主义关于集体主义的思想

有人说，集体主义强调集体利益高于个人利益，个人利益必须服从集体利益，因而在一定程度上抹杀和扭曲了人的个性与特长，而团队精神则认为要充分发挥人的个性和创造性，所以团队精神与集体主义是相互矛盾的。事实上，这是对集体主义的歪曲和误解。

人只有在集体中才能充分展示出自己的个性和才华，只有在集体中才能最大限度地发挥自己的聪明才智，只有在集体中才能与他人相互合作、共同进步，集体给予人发展的空间，人只有在集体中才能得以生存和发展。“单个的人如果脱离了集体，就只能是孤立的存在，而这种现象在现实生活中是不可能出现的，每一个人都生活在集体之中，任何一件事情的完成都离不开他人的影子”，个人是集体的有机组成部分，集体离不开个人。“集体主义并不是展示个人自由天性的障碍，相反，它在一定程度上不自觉地担任了人特有个性全面发展的条件和树立良好交往关系必不可少的前提，是推动个性自由和全面发展的手段”。

由此我们可以得出，集体主义不但不会抹杀个体的个性和创造才能，还积极鼓励个人利益与集体利益保持一致，其实质就是要确立一种协调群体关系的利益原则，实现个人利益与集体利益的和谐一致。社会主义核心价值观告诉我们，当个人利益与集体利益相互抵触时,个人利益应以集体利益为重,这是实现社会和谐、法制健全、生态良好的大势所趋。

二、形成团队精神的心理要素

团队是人的集合体。在现实工作中,有些人偏好单枪匹马,有些人喜欢协同作战。这种个体的差异来源于人格特质的不同。著名的“五大”人格理论证明:在组织情景下,用人际相容性、情绪稳定性、责任意识、外向性和开放性五种人格特质能有效预测个体的工作绩效。其中,人际相容性、情绪稳定性和责任意识是形成团队精神的三个重要心理要素。

1. 人际相容性

人际相容性高的人友好、协作、乐群、信任、宽容、适应能力强,通常和蔼可亲、容易与人相处、亲和力强;对人对事不吹毛求疵、不斤斤计较;乐于接受别人的批评,能宽容别人的过失。人际相容性低的人自私、以自我为中心;倾向于对他人持怀疑与讥讽的态度;专为自己打算,对别人不信赖,不愿与别人分享;宁愿单独行事,不愿与人合作。

2. 情绪稳定性

情绪稳定性高的人稳健、自信,不易焦虑、不偏激、不傲慢。当事情变坏时,不泄气、不轻言放弃;在工作中很少感到沮丧压抑;即使面对巨大的工作压力,也能有条不紊地开展工作。情绪稳定性低的人冲动、急躁、焦虑、偏激,通常不易应付工作中的挫折,在高压力的工作情景中会焦虑不安、难以适应,难以与他人和谐共处。

3. 责任意识

责任意识强的人做事尽责、有始有终、追求完美、成就动机强。这类人一般比较善于调整自己的节奏以便按时完成任务,不轻易承诺,一旦承诺则说到做到 。与人协作时,不敷衍塞责。责任意识低的人往往随便承诺、缺乏责任感,不敢承担责任、成就动机低。

人际相容性是团队协作的基础,它影响了成员间协作的程度。团队存在的基础是因为团队工作比单个的个体独立工作更有效,而这种有效性必须以协作为纽带。情绪稳定性是团队协作的润滑剂,积极稳定的情绪能鼓舞士气,调节气氛。责任意识是团队成员持续承诺的前提条件,只有人人恪守职责,才能推动团队持续发展。

三、团队精神与企业文化

1. 团队精神是形成企业文化的重要因素

人们把归纳或总结的思想、观念、概念与法则等称为理念,企业经营理念的创新离不开团队精神,离不开企业文化。著名管理学家约翰·科特曾经说过:“只要你是成功的公司,你就会有一种文化,不管你是否想要。而没有企业文化的是那些长期以来不断失败的公司。”海尔集团也认为,企业文化不是一个企业发展将很好、发展到一定的高度时才需要的一种奢侈品，而是每个企业都应该有的必需品。企业文化可以从三个层次来理解：物质文化、制度规范文化、精神文化。

（1）物质文化表现为有形的、占有一定空间的、具有一定使用功能的具体商品。所谓物质文化只不过是根据形态对文化的一种表述，实际上商品是一种文化的凝结。一些具体的商品也是一样，如果没有服务客户的观念，那么生产起来可能就不够认真，可能就会生产出一些次品；即便有服务客户的观念，如果生产组织方式不合理的话，也可能会因为员工有不满情绪而生产出次品。所以，从一个角度说，商品是文化的载体，是文化的凝结。

（2）制度规范文化表现为企业的规章制度。没有规矩，不成方圆。制度建设很重要，制度重于技术，一个良好的制度能够鼓励人们进行科学与技术的创新。相反，一个不良的制度会降低人们创新的积极性。制度作为一种意识形态，既是一个软环境，同时也是一个硬环境，因为人们不敢违反制度。导向好的制度会得到好的结果，而导向不好的制度必然会导致坏的结果。所以，要在一个组织中形成团队精神，必须要有相应的制度保证。如果制度不能对形成团队精神起到一种导向作用，就不可能形成真正的团队精神。这里还需强调的是，建设好了制度，还要有一个完善的运行机制，只有良好的运行机制，才能保证制度的执行不是浮于表面，否则无论制度多么严谨，执行不利的话，同样会导致不良结果。

（3）精神文化是以观念形态表现的文化内容，包括价值等最高层次的内容。精神文化是企业文化中最核心的部分。对于一个国家还是一个企业，儒家思想、道家思想等精神层面的东西比建筑等实物性的东西有着更为深远和持久的影响，而团队凝聚力则是团队精神的灵魂。

2. 团队凝聚力是企业文化的核心

正如我们所熟知的“木桶原理”，一个木桶的容量多少是由木桶中最短的那块木板的长度决定的，而团队行动的速度有多快，并不取决于团队中走得最快的那个人，而取决于走得最慢的那个人。

团队凝聚力是团队对其成员的吸引力和成员之间的相互吸引力，包括向心力和内部团结两层含义。当这种吸引力达到一定程度，而且团队成员资格对成员个人和对团队都具有一定价值时，就形成了一个具有高凝聚力的团队。

高凝聚力团队具有以下特征：团队成员归属感强，愿意参加团队活动并承担团队工作中的相关责任，维护团队利益和荣誉；成员之间信息沟通快，互相了解比较深刻，关系和谐，并具有民主气氛。团队凝聚力是维持团队存在的必要条件，如果一个团队丧失凝聚力，团队就像一盘散沙，这个团队就难以维持下去，并呈现出低效率状态。而团队凝聚力较强的团队，其成员工作热情高，做事认真，并有不断的创新行为。因此，团队凝聚力也是实现团队目标的重要条件。要着力于培养团队成员整体搭配的团队默契，努力使团队成员懂得彼此之间相互了解、取长补短的重要性，创造出高于个人智慧的团队智慧，创造出不可思议的团队绩效。

企业与文化是一种共生的形态，有企业就有相应的企业文化，只不过有些人认识不到这一点而已。那些优秀的企业家不仅认识到了这一点，而且他们清楚地知道，要建设一个好企业，就要创造一种不同于其他企业的优秀的、独特的文化，企业的核心竞争力是别人无法模仿的独特的团队精神。

拓展阅读

学习型组织的创建

一、系统思考：学习型组织的基石

系统思考就是站在全局的、历史的、发展的高度，按照科学发展观的要求，用全面、协调、可持续和统筹兼顾的方法，对问题进行全面、准确地分析和把握。

系统思考是“看见整体”的一项修炼。它是一个架构，能让我们看见相互关联而非单一的事件，看见渐渐变化的形态而非瞬间即逝的一幕，可以使我们敏锐察觉属于整体的微妙“搭配”。系统思考所要训练的正是一种“整体、动态、本质”的搭配能力。第一，要整体地思考问题，从整体上做出符合客观实际的判断和结论；第二，是要动态地思考，要认识到变是绝对的，不变是相对的；第三，要思考本质，本质是事物的根本的内在联系，本质常常被假象所掩盖，“只有拨开迷雾才能见到太阳”，因此要抓住事物的本质，必须做好“拨云驱雾”的工作，即透过现象看本质。

整体涉及的是相关性和普遍联系性。整个世界是一个相互依赖的整体。全球相互依赖就是全球化。在印度北部，有几亿人缺水。他们缺水是因为从喜马拉雅山上流下的融水几年前已经大量减少，冰川在萎缩。而大量使用化石能源，会使全球变暖！

我们以二氧化碳为例来探讨这个问题。根据世界资源研究所对气候分析工具CAIT2.0进行更新的数据可知，1850年全球年二氧化碳排放量为19 800万吨，2011年达到3 227 400万吨，增长了162倍。目前，人类活动产生的二氧化碳排放已达到历史峰值。全球二氧化碳的历史增长数据也揭示了排放的有关趋势和驱动因素，如人口增长、经济发展、能源消耗等，是一项更为全面、客观的记载。那么，我们面临的问题是如何降低二氧化碳排放量，以及能把二氧化碳浓度稳定在一个什么样的位置。目前，有很多人将减少二氧化碳排放量寄托于技术。诚然，如果从技术领域入手，提高能源利用率、降低污染率，确实可以解决一些问题。但技术提高的速度能否快于二氧化碳排放量上升的速度？全球的GDP增长速度很快，商品消费规模越来越大，所以二氧化碳排放量很快会增长上去。在这种情景下，如果只依靠技术，而不考虑GDP增长，环境污染问题依旧无法解决。

50年前或100年前，可能还没必要从多方面考虑环境问题，但是面对越来越严重的环境污染，我们必须运用系统思考的方法，整体地、动态地、全面地考虑环境污染问题。如果大家只关心未来五年赚多少钱，我觉得就不必谈系统思考了，也不可能有系统思考。

实质上，二氧化碳问题要想得到解决，就必须运用系统思考，让全世界的人民都明白其严重性，并达成共识，从整体上谋求解决方案，而不是空谈技术改进。

二、系统思考和组织学习的关系

大家知道，支撑组织学习的能力有三个要素：共同愿景、心智模式和系统思考。这就好比三条腿的板凳，缺一条腿都无法正常使用。如果大家都不知道怎么系统思考，那么就没有学习型组织，怎么贴标签都没有用。

在一个组织里面最关键的学习单位是团队。在工作中如何学习，在什么地方学习，以及在什么时间学习，这些条件都非常重要。另外，重视组织学习，一开始时就要制定培训计划，把个人引入培训计划中，让他们学习更多的模式和组织要素。

当然，这只是一个起点。系统思考是用于长期发展和长期计划的，所以要做到系统思考就必须有长远的愿景。个人愿景仅仅是自己短期内想达到的目标，而得到共识的长远愿景，是对大家长期有利的愿景。有些人对系统思考有了一些理解，但是这并不意味着这个系统里有了组织思维。尽管你了解了系统中的组织思维，但那是处在工作的背景下。如果你走出工作的背景，走出工作团队后，只注重学术方面的理解，而没有考虑到市场、运作、质量、产品关系或公司面临的实际问题，那就没有真正地学会系统思考。每个组织都有不同种类的和谐模式，这就是为什么要在企业中建立共同愿景并改善心理素质和思维方式。基于共同愿景的和谐，是个人在整体环境下的和谐和统一。

三、创建学习型组织的五大战略步骤

1990 年，《第五项修炼——学习型组织的艺术与实务》一书出版后，美国麻省理工学院终身院士、复旦大学教授杨通谊先生就开始积极向国内各界推荐。“发展学习型组织”是个很大的话题，需根据我国的具体情况来探讨，要以如何把最好的学习型工作或方法引入我国，如何将中国最好的学习型组织和经验带到国外为切入点。

中国是个有很大潜力的发展中国家，在这种背景下如何建立学习型组织并将其与国家的战略设定结合起来，怎样将学习型组织变得更加系统化，怎样使学习型领导在学习型组织中不断成长、发展以至推进整个组织的发展，这些问题都需要在组建学习型组织之前反复思考、深入分析。

（1）重新定义学习。真正的学习是能够正确地思考、感知和行动。彼得·圣吉是 21 世纪最成功的思想家之一，他所认为的学习型组织是指相互合作的一个团队，大家能够不断自发地加强个体和团体的能力，创造他们最渴望的绩效。

首先要在应对挑战、处理问题的过程中学习。当挑战或变化出现时，要在第一时间预测出这些挑战或变化将会对企业或组织内部产生何种影响，判断其将会对企业的哪个部门、哪个关键点发生作用。同时，要想方设法争取让组织内每个人都参与进来。在参与的过程中，需要获得一些管理方面的知识来解决这个问题，在运用管理知识、方法来解决问题、应对挑战的过程中，大家都会持续学习，获得感悟，因此组织很自然地成为学习型团队。如果将这些知识感悟传达并移植到其他部门或者其他团队当中，那么其他团队或者部门也会获得这方面的知识和感悟，这样一层层推展开来，使得整个组织或者企业成为很好的学习型组织，整个组织的学习能力会获得提高和发展。

（2）将学习型组织活动与企业的战略相结合。中国的大部分企业都是学习型组织，因为不学习就无法生存。问题在于如何才能学得更快、更好、更有效，如何把学习型组织跟商业运作结合，企业战略和绩效如何挂钩。学习型组织包含很多深层次的问题，不能简单地理解为老总让我们做学习型组织我们就做，搞几次培训，拍几张照片，停留在学习的表层。成为学习型组织的动机和动力来自改进绩效，从提升企业员工层面开始，进而提升企业内部运营能力、市场综合能力，再到提升财务综合能力，最终促进企业可持续发展。

近年来，中国经济飞速发展，在发展的过程中，企业不但有发展经济的任务，还要肩负社会责任。为了在财务上获得健康的现金流，不得不考虑客户和市场，考虑是否有合理的流程和最大化使用资源的能力来支持市场发展，学习有效与否是能否合理地设计好最有效的流程和合理使用资源的基础。所以，学习型组织是造就更多的高素质人才的基础，也是支持企业整个发展方向的基础。同时，通过学习达到绩效管理的合理化，在这个过程中客户获得效益，企业也获得发展，客观上对社会效益也有正面影响。

要从战略系统和运营的角度去考虑如何提高胜任力和领导力。通过小组和团队之间互相交流学习来提高员工的岗位胜任力，也可以引入终身学习和自我发展的系统，通过知识的管理来选择最有效的知识，实践于整个工作改进过程。或者考虑绩效系统，通过绩效系统改进来提高效率，同时还可以改变企业的文化。很多老板说：“看了半天的学习型组织材料，总觉得对我的工作没有任何实际的帮助。”提出这类问题的人，可能已是学习型组织的一部分，但没有将这些部分更好地跟企业的发展战略联系在一起。

江汽集团可以算是学习型组织的模范。江汽集团非常积极地组织员工学习，但最初并没有将之称为学习型组织，只是针对企业工作绩效有针对性地进行学习和改进，希望员工能学得更好、做得更好，通过学习增加员工的胜任力，这便是最初的学习目的。之后江汽集团逐渐步入了学习型组织的正轨。通过缔造学习型组织激活人力资源这一最活跃的要素，以学习力的提升带动企业战略决策能力、创新能力、资源整合能力、执行力和应变能力的全面提升，演绎企业从小到大、从弱到强的发展历程。

（3）衡量学习型组织的产出。学习的效果通常需要通过一个客观的标准来衡量。一般在学习之前需要做一个测评，通过测评结果判断需要提高的内容，这样才能知道如何改进，做到有的放矢。也可以通过学习前和学习后的测评，来衡量学习型组织的真实效果。要测评学习型组织的学习能力,首先是考虑其在战略过程中对绩效的意义,同时通过对绩效的考评来看待学习型组织是如何支持战略发展的。有很多企业对建立学习型组织非常有兴趣,但理解得不够透彻,以为组织学习就是给大家多做一些培训和施加学习。

(4)构建共同愿景。彼得·圣吉常说,激发大家的热情,把企业发展的方向和个人的工作生活结合在一起有两个重要的方法:一是产生共同的愿景;二是个人资源的培养。把这两项实施于发展学习型组织,首先要将共同愿景植入企业当中,进而将整个愿景与各个层级结合在一起,跟企业战略结合在一起,并将这些观念导入学员的思想。在这个过程中,可以让个人与企业一起理解共同愿景,学员也可以根据企业大方向和总体愿景勾画自我愿景,从而使个人与企业产生共识。

在我国,组建学习型组织的最大挑战就是如何将个人的学习跟企业的发展统一起来。企业想提高员工的素质,首先要让员工学习自我超越,让员工清楚地认识到如何将个人和企业的共同愿景、战略发展结合起来。通过个人成长积分卡分析个人成长愿望后,根据分析结果将个人发展目标与企业终极目标结合在一起,与企业共同成长。在这过程中,要帮助员工建立个人学习计划,制订好学习内容,并教授个人成长和组织发展相结合的实用工具。

(5)培养学习型领导。在学习型组织发展和推进过程中,领导是非常重要和关键的人物。很多企业的CEO或者主管说,员工有很多问题,想要对他们进行培训以提高其素质,改进企业的绩效。其实不管是高层领导还是基层领导,他们的胜任力都应提高。作为一个企业领导或者高管,应该通过建立学习型组织,在从上到下的组建过程中帮助自己和员工提高学习能力。同时,领导也应作为一个"标杆"来影响员工,而不是作为旁观者只关注下属的提高。企业领导可以尝试成为农夫型领导,像农夫一样把学习型组织栽培到企业当中去。要使学习型组织健康发展,领导需要拥有五个方面的重要能力:激励人员的能力、管理流程的胜任力、高效运用资源的能力、良好健康的人际关系和合作关系、自我提升和管理能力,其中最后一点尤为重要。有这样的领导才能促使真正的学习型组织在企业中出现并发展。真正的学习是行动式的学习,而不仅仅是坐在教室里接受培训。

大家常说"好好学习,天天向上",这两句话是学习型组织的精髓。虽然学习型组织是个"舶来品",但在中国落地生根成长得枝叶茂盛之后,中国已经成为世界组建学习型组织的典范,学习型组织在中国还可以变得更有效、更独特。

资料来源:根据彼得·圣吉《第五项修炼——学习型组织的艺术与实务》改编。

第三章　团队精神的构成要素

团队不同于群体，群体可能是一盘散沙，并不能得到“1+1>2”的结果。而一个有着共同目标、超强竞争力和战斗力的团队，就可以达到“1+1>2”的效果，这样的团队是具有团队精神的。而一个有团队精神的团队，离不开团队领导的高效领导，离不开团队规则的约束，离不开团队成员的相互信任和有效沟通。

第一节　高效领导是核心

千军易得，一将难求。领导者的素质在很大程度上能决定一个团队的成败。纵观古今历史，无数的事实都证明了团队领导在团队精神建设中的作用非常重要。

一、团队领导的角色

1. 团队领导是团队的精神领袖

团队领导的世界观、人生观、价值观、利益观等对于建设团队精神具有决定性的作用。团队领导有怎样的精神追求和价值取向，他所带领的团队就会有与之相似或相近的追求和取向。

对于一个团队的所有成员来说，团队领导应该是“教练”，能带领成员同甘共苦、风雨同舟，而不只是“指挥家”。很多领导者都会与团队成员建立师友关系，让团队成员感到他们不是在孤军奋战，而是觉得领导一直与他们站在一起。团队领导要认真听取团队成员的意见，感受成员遇到的问题，陈述自己的想法，分享自己的经验，联络各种资源。当成员成功时为之喝彩，当成员受挫时为之鼓气，当成员困惑时为之指点迷津。总之，领导会以人为本，尽一切努力，最大限度地激发团队成员的积极性，从而提升团队的生产力、战斗力和创造力。

2. 团队领导是优秀的管理者

一个优秀团队的背后往往会有一个杰出的领导，而杰出的领导定然会是一位优秀的管理者。那么，优秀的管理者应怎样来维护团队的规范和建设属于自己的团队精神呢？

俗话说，“没有规矩，不成方圆”。任何一个团队都要有一些制度和纪律。没有制度、没有纪律的团队就会是一盘散沙，那还谈何建设团队精神。一个领导在其管理过程中，最重要的就是要把制度与纪律建立起来，并使之成为团队的行为准则。当团队规模很小时，团队领导可以通过言传身教去管理每一个人；但当团队规模不断发展壮大时，这样的“一对一”是不可能的，此时，用标准来管理团队便成了一项重要的工作。只要这样持之以恒地实行这个共同标准,团队不论多壮大都不会是一盘散沙。

二、团队领导的素养

团队领导除了要做好领导工作,完成自己的职责外,还要具有带领团队所需要的素养。所谓素养,一是素质,二是修养。素质主要侧重于先天禀赋,而修养侧重于后天学习。

一个有素养的团队领导,能极大地改善与团队成员之间的关系,这样不仅可以使团队产生凝聚力,还可以培养出一支具有雄厚实力,并且长期为团队效力的队伍。由此可见,团队精神建设成功的关键不仅仅在于团队成员掌握了多少专业知识或者多少资源,而更在于团队领导素养的高低。

1. 人格魅力

有些人好像有一股强大的磁力,能把很多人吸引到他周围,这就是人格魅力。作为一个团队的领导,如果没有人格魅力,即便再出色,他的威信和影响力也得不到有效发挥。团队领导的人格魅力对其管理能力的影响,主要是通过团队领导在管理过程中产生的亲和力和感召力来体现的,让团队成员心甘情愿地为实现团队目标而努力奋斗。只要将这种魅力与团队融合在一起,就可以带动所有可以提升的因素一齐向前,从而影响、感召团队成员。

有案例可以说明这一点,相传拿破仑被流放到一个小岛上,有一次他成功逃出来后,法国国王派大军去捉拿他,拿破仑的随从都劝他快跑,拿破仑却说:“跑什么?我是他们的元帅,他们是我的士兵,为什么要跑?”拿破仑迎着捉拿他的军队走过去,仍然以元帅的气度指挥他们,最后这批军队阵前倒戈反而跟他回到了法国。

要想具备人格魅力,首先对团队成员要有信誉,否则大家都不互相信任,那还何谈去领导他们呢。其次,要做一个有胸怀的团队领导。人不尽完美,总会犯错,要能够接受别人的缺点,宰相肚里能撑船。最后,不要拒绝学习。也许你经验超群,自我感觉良好,殊不知,在今天这样一个竞争激烈、瞬息万变的时代,你只要迷失自我一分钟就可能换来惨痛的代价。

人往往是软弱的,特别是在关键时刻更容易犹豫不定,此时弱者稍遇挫折,就会全线崩溃。所以强者要在关键时刻出来振奋人心,也就是要善于用自己的人格魅力去影响大家,去激发大家的信心。

2. 个人能力

团队领导的个人能力是其个人素养的重要组成部分,也是塑造团队精神的重要保障。一般而言,个人能力包括自身的工作能力、认识环境的能力、自我管理的能力和影响他人的能力。

1)自身的工作能力

(1)前瞻思考的能力。未雨绸缪,有备无患,作为管理者要有远见卓识。团队领导要能提前估计到市场可能的变化并准备应对措施，在危急中迅速采取行动。甚至要能根据一些不太明显的情况来创造机会或避免问题，不能仅把目光停留在市场的表面现象上，要学会透过现象看本质。做领导最重要的能力就是要有远见。而机会在很大程度上就是对有远见者的一种报酬。

领导带领一个团队，凭什么异军突起，走在行业的前列，并能够引领市场潮流而立于不败之地？拥有一支高效率的团队固然很重要，但更重要的是这支团队是否有超前的思考能力。市场是动态的，领导的思想就应该是超前的。

（2）获取信息的能力。信息的获取是团队领导收集反馈、调整计划、协调团队成员间关系的先决条件。团队领导不应该坐等信息，而应该主动去获取信息，如通过定期或不定期与团队成员之间进行交流，建立一个稳定的获取可靠、充分信息的系统。在这个信息大爆炸的时代，我们有时面临的另一个问题不是缺乏信息，而是信息过多、信息质量良莠不齐、难辨信息真伪，领导有面对信息去其糟粕，取其精华的能力也尤其重要。

（3）勇于创新的能力。要想出类拔萃，就要有所创新，只有创新才会有活力，才会开创出一条新路，引领潮流。由于每个团队通常都不一样，我们在参考以往经验的同时必须尝试一些新的方法，一成不变地照搬是不可行的，团队领导可以利用团队成员的经验，用创新性的思路去尝试新的方法和措施。但真正创新的方法并不能简单理解为第一次出现的方法，其他的方法都是复制。可现实是，一些杰出的人往往会有一些惊人的相似，正所谓"英雄所见略同"，创新应该是双赢的结果。

（4）分析问题的能力，是指通过分解问题至可操作的层面来解决问题的能力，用数学的术语叫"化归"。团队领导经常会遇到复杂的情况或问题，这时便需要采用逻辑的、系统的方法去获取信息，把复杂问题分解成若干子任务，把复杂问题的因果关系分解成子任务的内在联系，用多种分析方法得出多个方案，权衡每个方案的价值，选出最优方案。就好比当公司制定任务后，我们便会分析这个任务目标该怎样去完成，怎样将它分解成阶段性目标，然后在一步步达成阶段目标的基础上实现最后的总目标，而每一步又该怎样分工协作，才能够达到最佳效果，这都需要团队领导去思考。

2）认识环境的能力

认识环境的能力就其本质而言是对其所处的工作、生活环境的一种认识和理解能力。提高解读周围环境的能力对于团队领导而言是必不可少的一门技能。可以从以下几方面来注意。

（1）认识组织，是指了解并利用组织内部的权利关系来更好地工作。团队领导对组织理解的程度既与工作年限、经验有关，也与团队领导本人平时对团队的观察、了解有关，更与学习经历、分析能力有关。理解企业文化、了解组织内有代表性的做事方法，是认识组织的有效手段。

（2）了解成员。一个好的领导要知人善任。尺有所短，寸有所长，一个卓越的团队领导一定要善于用人之长，才能让整个团队强大起来。用人之道如同排兵用将，充满智慧。先有伯乐而后有千里马，有些团队领导常会抱怨自己的团队缺乏人才，这只能说明他不是一个伯乐。不论是怎样的人才，首先要明确只有适合的才是最好的。人各有所长就各有其位，一个优秀的团队领导所要做的就是把人才放在合适的位置上，在这位置上，他们的优势会得到充分的发挥，缺点会受到限制。这样从量变到质变，便会产生强大的创造力。

例如，某些项目团队在建设中便运用了优势互补的方法。在组织人才队伍时，按照一定比例“老中青三结合”，互相取长补短，发挥整体优势，使一个团队既能继承优良传统，又能不断开拓创新，持续稳步向前发展。团队中年龄比较大一点的成员大都经验丰富、办事沉稳、威信较高，但对新生事物的敏感性较弱，缺少进取精神；中年人知识和经验积累较多，分析判断能力较强，但精力不如年轻人；年轻人富有朝气，接受新思想和新事物比较快，但缺乏经验，容易浮躁。这样的组合使团队既能够保证经验的传递，又能帮扶年轻人，以老带新，以新促老，相互协作，形成长久良性互动，从而达到一种平衡状态。

（3）了解客户。团队领导作为团队的掌舵者，掌握着航行的大方向，指引着团队的前进目标。只有团队领导清楚地了解客户需求，才能引导团队成员及时建立科学的服务观念而少走弯路。团队领导要始终把寻求达到或超越客户期望作为工作目标。团队领导要能够向客户提供迅捷的服务，承担责任，解决客户的问题。在理解客户需求时，团队领导应从大处着眼，要符合团队发展的远景，这样才能满足客户预期的需求，完成或超越客户期望的目标，并建立与客户长期合作的伙伴关系，赢得客户的信任和尊重。

3）自我管理的能力

自我管理是一种行为、一种行动，它所产生的结果会直接作用在团队成员身上，会对团队的运行效率和质量产生直接影响。自我管理大致包括以下几方面。

（1）清楚自己的心态。团队领导在平时不断受到来自上级领导、下属成员和外部客户以及工作本身的压力。正因为长期处于压力之下，更需要团队领导非常清醒地认识到自己的心理状态，并能进一步控制自己的心态，以防在不冷静的情况下做出不合适的决策。在三国时期，关羽失守荆州，败走麦城被杀，此事激怒刘备，遂起兵攻打东吴，众臣之谏皆不听，诸葛亮也上表谏止，可是刘备把表掷于地上，说：朕意已决，无须再谏。刘备执意起大军东征，最终导致兵败。由此可见，作为一个领导者，切不可让情绪左右自己的决定。

（2）保持高度的自信。自信是指充分相信个人完成一项任务的能力。团队领导不能经常表现出焦虑情绪，遇事不能犹豫不决、举棋不定。要能自信并独立地完成工作，敢于打破常规去争取积极的成果，在必要的时候要敢于表达对他人的不同意见，甚至敢于挑战权威。当然，团队领导也要能够自信地邀请他人挑战和批评自己的工作方法，欢迎他人对自己有建设性的批评。

4)影响他人的能力

影响他人的能力是团队领导必须具备的一种品质,能调动团队成员的积极性,培养有潜质的接班人,创造高效、和谐团队的保障。从具体表现方面来看,有以下几类。

(1)培养成员的能力,主要指关心团队成员个人的发展、个人工作积极性和学习情况。团队领导若常怀以团队成员为本的精神,将极大地激发成员的工作热情、提高成员的工作积极性、促进成员技能水平的发展、提高团队的工作效率,进而顺利完成团队的任务。长远来说,关心成员,可为团队培养更多潜在的接班人,团队领导本人也有机会获得更好的提升机会。因此,一个优秀的团队领导要提供发展机会,制造并使用个人发展机会来培养人才,挖掘他们的潜力。

(2)凝聚和感召成员的能力,是指正面说服、激励他人,使之信服并为完成团队目标而努力工作的能力。团队领导在任务达成过程中会遇到许多不能预见的挑战,在一定程度上会动摇团队成员获得成功的信心。这种信心的动摇会导致成员情绪的波动、工作效率的降低,有时还会导致成员退出团队。团队领导必须具备非常强的说服力和引导力,激励成员面对困难,树立迎接挑战的决心。

第二节　科学制度是基础

制度,或称为建制,是社会科学的概念。用社会科学的角度来理解,制度泛指以规则或运作模式规范个体行动的一种社会结构。这些规则蕴含着社会的价值,其运行表彰着一个社会的秩序。建制的概念被广泛应用到社会学、政治学及经济学的范畴之中。

一、制度的含义

制度最一般的含义:要求大家共同遵守的办事规程或行动准则。

“制度”是一个宽泛的概念,一般是指在特定社会范围内统一的、调节人与人之间社会关系的一系列习惯、道德、法律(包括宪法和各种具体法规)、戒律、规章(包括政府制定的条例)等的总和,它由社会认可的非正式约束、国家规定的正式约束和实施机制三个部分构成。

1. 古典主义制度思想

以往对于制度的理解只局限于组织而言,可是在现代的社会科学分析框架内,今已可指涉及社会上一些非组织形式的规则,如宪法等。在20世纪60年代,旧制度主义在学界非常流行,通常被用于分析政府、组织的实际运作,而这种分析是带有价值判断的,学者通过分析,希望找出一个好的制度。可是在20世纪60年代末,建制的概念遭到实证论、理性选择理论的质疑。

2. 新主义制度思想

直至20世纪80年代，建制的概念在好几位学者的改进下，得以重新活用于社会科学的诠释，被称为新建制主义。新建制主义强调环境如何影响制度的改变，其理论主要对制度的概念做出以下革新。

（1）以往对制度的理解，仅限于以组织作为分析单位，而新制度主义以规则作为建制分析的骨干，因此便不限于以组织为单位。

（2）以往分析制度，只局限于实质上的运作程序与规则，新制度主义则更注重建制内非形式因素对个体的影响，如某组织内群众对领袖的崇拜，便是非形式因素之一。

（3）强调制度之间的差异性。

（4）以往带有价值判断，新制度主义则强调对建制内价值的批判。

（5）以往认为制度是独立运作的，新制度主义则认为制度间是唇齿相依的，如一个政府部门，便受到担当议会角色的建制所监察。

有学者认为新制度主义将所有形式与非形式的规则都列为分析框架，导致几乎所有因素都可以被列入这种分析框架以内，无法解释现象的显著性。

3. 规范性主义制度思想

此派学者认为制度的形成是规范性价值影响的结果。不同的社会有不同的价值，这就会导致制度迥异，而制度亦会随社会的变迁而变化。

4. 理性选择论制度思想

制度的规则会影响个体如何最大化自己的利益。此派学者认为制度提供的环境会令个体采取不同的策略以最大化自身的利益，以达成目的为最终手段。而个体亦可以为了最大化自身的利益而促使建制发生改变，以求达到利益最大化的效果。

5. 历史主义制度思想

历史主义制度思想以历史作为分析框架，认为制度的构成是历史的产物，蕴含历史性的权力分配。不同的历史事件导致建制发生不同程度的改变。

总之，制度即规程，是指在一个社会组织或团体要求其成员共同遵守并按一定程序办事的规程。

二、制度的构成和内容

1. 制度的构成

道格拉斯·诺斯认为，制度是个社会的游戏规则，更规范地讲，制度是为人们的相互关系而人为设定的一些制约。他将制度分为三种类型，即正式规则、非正式规则和这些规则的执行机制。正式规则又称正式制度，是指政府、国家或统治者等按照一定的目的和程序有意识创造的一系列政治、经济规则及契约等法律法规，以及由这些规则构成的社会的等级结构，包括从宪法到成文法与普通法，再到明细的规则和个别契约等，它们共同构成人们行为的激励和约束。非正式规则是人们在长期实践中无意识形成的,具有持久的生命力,并构成世代相传的文化的一部分,包括价值信念、伦理规范、道德观念、风俗习惯及意识形态等因素。执行实施机制是为了确保上述规则得以执行的相关制度安排,它是制度安排中的关键一环。这三部分构成完整的制度内涵,是一个不可分割的整体。

2. 制度的内容

制度也称规章制度,是国家机关、社会团体、企事业单位为了维护正常的工作、劳动、学习、生活的秩序,保证国家各项政策的顺利执行和各项工作的正常开展,依照法律、法令、政策而制定的具有法规性或指导性与约束力的应用文,是各种行政法规、章程、制度、公约的总称。

规章制度的使用范围极其广泛,大至国家机关、社会团体、各行业、各系统,小至单位、部门、班组。它是国家法律、法令、政策的具体化,是人们行动的准则和依据,因此,规章制度对社会经济、科学技术、文化教育事业的发展,对社会公共秩序的维护,有着十分重要的作用。

例如,企业规章制度主要包括劳动合同管理、工资管理、社会保险福利待遇、工时休假、职工奖惩,以及其他劳动管理规定,用人单位制定规章制度时,要严格遵守国家法律、法规的规定,保障劳动者的劳动权利,督促劳动者履行劳动义务。制定规章制度应当体现权利与义务一致、奖励与惩罚结合,不得违反法律、法规的规定。否则,就会受到法律的制裁。

三、制度的特点和本质

1. 制度的特点

(1)指导性和约束性。制度对相关人员做些什么工作、如何开展工作都有一定的提示和指导,同时也明确相关人员不得做些什么,以及违背了会受到什么样的惩罚。因此,制度有指导性和约束性的特点。

(2)鞭策性和激励性。制度有时就张贴或悬挂在工作和活动现场,随时鞭策和激励着人员遵守纪律、努力学习、勤奋工作。

(3)规范性和程序性。制度对实现工作程序的规范化、岗位责任的法规化、管理方法的科学化起着重要作用。制度的制定必须以有关政策、法律、法令为依据。制度本身要有程序性,为人们的工作和活动提供可供遵循的依据。

2. 制度的本质

1)制度以执行力为保障

制度之所以可以对个人行为起到约束作用,是以有效的执行力为前提的,即有强制力保证其执行和实施,否则制度的约束力将无从体现,对人们的行为也将起不到任何规范作用。只有通过执行的过程,制度才能成为现实的制度,就像是一把标尺,如果没有被用来划线、测量，它无异于普通的木条或钢板，只能是可能性的标尺，而不是现实的标尺。制度亦并非单纯的规则条文，规则条文是死板、静态的，而制度是对人们的行为发生作用的、动态的，而且是操作灵活、时常变化的。是执行力将规则条文由静态转变为动态，赋予了其能动性，使其在执行中得以实现其约束作用，证明了自己的规范、调节能力，从而得以被人们遵守，才真正成为制度。制度是在通过其执行力对人们的行为起到规范作用的时候才成为制度的，使其从纸面、文字或是人们的语言中升腾出来，成为社会生活中在人们身边不停发生作用的无形锁链，约束、指引着人们的行为和尺度。无论是正式制度还是非正式制度都须有其执行力，只不过差别在于正式制度的执行力由国家、法庭、军队等来保障，而非正式制度的执行力则是由社会舆论、意识形态等来保障。所以，认清制度所具有的执行力是剖析制度本质的首要条件。

2）制度是交易协调保障机制

从人类的发展历程来看，制度是一个随着集体、社会的产生而产生的概念，旧制度经济学家凡勃伦认为，制度系统的形成是看不见手式的，又是设计式的；新制度经济学就制度起源有契约论说和博弈均衡说，但无论如何制度都是社会的产物。《鲁滨孙漂流记》中也体现了这种制度，他的一切行为都只受自己意愿的支配，不需要也没有执行力来保障任何约束和规范他行为的规则，也就是说制度完全没有存在的必要和意义。鲁滨孙式的生产活动在现实中是不存在的。人们“只有以一定的方式共同活动和相互交换其活动，才能进行生产。为了进行生产，人们相互之间便发生了一定的联系和关系；只有在这些社会联系和社会关系的范围内，才会有他们对自然界的影响，才会有生产。”随着人类社会的进步，经济的发展，人们之间的交换和合作日益增多，在此我们把人们之间的一切交互行为都看作是交易的范畴，即人们之间的交易日益频繁。然而，由于社会分工的出现及细化，交易的多样化和复杂化，以及人们的认知能力的有限性，且生活在一种信息不完全和不对称的环境中，于是在交易的过程中隐瞒、欺诈、偷懒及搭便车等机会主义行为开始出现，另外在复杂交易中各行为主体的意愿发生抵触的情况也时有发生，因此而导致的利益冲突和摩擦致使交易无法顺利进行，这时就要求有一种协调机制来促进交易的实现。最初可能是具有威望的人做出协调或判决，或人们就具体问题达成共识，或以成文的方式规定下来，当再遇到类似的情况时依据前例或既定的原则、方式来处理。这样，渐渐地一系列协调机制便产生了，并以一定形式的执行力来约束各交易主体，消除信息不对称，抑制机会主义行为，维护交易各方利益，以保障交易的顺利进行，而这正是契约论说所描述的制度自然形成的过程，以及制度所起到的作用。因此，我们可以说制度实质上就是一种交易的协调保障机制。

第三节　团队信任是关键

信任是无形的,但又是每个公司在建设发展中必不可少的因素。团队必须要信任自己的领导者,领导者也要信任团队。

在一个相互信任的组织氛围中,团队成员相互爱戴、彼此信任,并积极相互协作去完成组织任务目标,甚至会付出额外的努力去完成更多的任务。一个相互信任的组织氛围能够产生一种凝聚力,并能够激发团队成员尽其所能完成组织交给的任务。由此可见,营造相互信任的组织氛围会促进并维护团队精神的发展与建设。

一、组织信任的内涵

组织信任包括三种情况:组织对成员的信任、成员对组织的信任和成员之间的相互信任。其中,后两者尤为重要。成员之间的相互信任一方面依赖于成员本人的素质、信誉和亲和力,另一方面更多地依赖于成员所处组织的信任度。而成员对组织的信任主要依赖于成员基于主管对群体的决策和行动的认同度、组织的规章制度及其执行情况的整体印象。

二、影响组织信任的因素

1. 影响成员对主管信任的因素

主管与成员之间有着特殊的依赖关系:一方面,成员必须依赖主管来获取各种组织资源;另一方面,主管也需要依赖成员的工作绩效来证明自己的管理能力,而获得成员的信任是提高主管工作绩效的关键。影响成员对主管信任的因素主要有以下几方面。

(1)主管的业务水平和领导能力。这是影响成员对主管信任的首要因素。

(2)主管对成员的态度。主管要有亲和力,对成员友善,给予成员必要的帮助和支持,这样才能获得成员的友情和信赖。

(3)主管的品德。主管只有为人正直、作风正派、重诺守信、言行一致、以身作则,成员才会从心理上认同和佩服他。

(4)主管与成员的融洽程度。主管与成员关系越融洽,越能与成员打成一片,就越能得到成员的信任。

2. 影响成员对组织信任的因素

上面列举的成员对主管的信任只是影响成员对组织信任的一个因素。影响成员对组织信任的其他因素包括以下几方面。

(1)成员价值观与组织文化的匹配度。俗话说,“道不同,不相为谋”。只有成员价值观和组织文化一致,才能志同道合,同心同德,共同奋斗,达到无条件的最高境界。

（2）组织制度的公平度。成员对与个人利益有关的组织制度、政策、措施及其执行公平与否，在很大程度上决定了成员对组织是否信任。

（3）组织对成员的支持度。如果组织能在成员遇到困难或解决问题时提供足够甚至是超出意料的支持，则成员对组织的信任度必定大增。

三、组织信任的形成

由于成员之间的信任主要依赖于组织和成员间的信任，所以，我们要着重了解组织和成员间长期稳定的信任关系与信任氛围的形成。一般而言，组织中人际信任的形成有其一定的阶段性，包括最初的不信任、中期的有条件信任、最终的无条件信任。就好比当一个人刚进入公司，团队和成员之间都未能有更多的了解，只能依靠规章制度来约束彼此的行为，这是初级阶段的信任。有条件信任一般形成于双方开始了进一步的接触，通过了解组织的一些团队文化、团队精神等之后，只要双方没有出现违约、违纪或令对方失望的行为，双方就会逐渐萌芽出较为可靠的信任关系。随着组织和成员的深入接触，组织文化和成员的价值观相互磨合匹配，并且和其他团队成员也有一定的相互合作，如一起拜访客户，此时双方便开始放弃彼此的防御和伪装，信任得到进一步的加强和巩固，进入了基于共同价值观的信任阶段，最终达到无条件信任。因此，组织信任的形成，就是使组织和成员之间从陌生到有条件信任，再到无条件信任的过程。

四、提高组织信任的策略

1. 加强成员价值观的建设

可通过加强成员价值观的建设，提高成员对组织的信任。首先，在招聘时就应将组织的真实面呈现给成员，让成员真实地认识组织，然后通过心理测试和相关选拔，获得成员价值观的相关信息，做到招聘的成员与组织相匹配。其次，在成员技能培训的过程中，也要加强对成员价值观的培养，以便日后形成对组织的信任。

2. 提高成员的组织公平感

首先，建立一套稳定、公正的绩效管理体系，让多劳者多获、能干者多获，一定要杜绝劳而无获、奖罚不公的情况。其次，建立组织内部的沟通对话机制，及时听取建议意见，拉近领导与成员之间的距离，特别是与线下销售人员的沟通。做到有问题能及时、有效地解决。最后，要完善制度建设，使组织的制度从体系、内容上不断完善，也保障制度的执行上做到公平、公正、客观。

3. 提高成员的组织支持感

首先，组织要为成员提供工作所必需的物质支持。其次，要为成员提供市场信息、政策信息等各种信息资源，减少成员工作中的不确定性，降低成员的不安全感，帮助他们快捷、有效地完成目标。再次，为成员提供各种形式的福利措施。最后，对成员给予赞同、尊敬和重视，增强成员的士气和个人成就感，减少其负面情绪。最近轰动全国的深圳某台资工厂员工的连续跳楼事件就是一个值得注意的例子。这些员工在强大的劳动强度和社会生存压力下，心理出现了扭曲乃至处于崩溃的状态，从而做出一些极端举动。该厂在初期没有做好对相关工作给予员工足够的组织支持感，直到后来加强对员工的心理辅导、提高成员工资待遇、缓解员工的工作强度，事态才有所缓和，也算亡羊补牢，为时未晚。

4. 提高管理者的素质

在对管理者进行选拔和考核时，要坚持德才兼备、德先于才的原则，不能仅局限在能力、业绩和技能方面的考核，还要关注对管理者的个人品质、价值观等非智力因素的考核。

在团队中，管理者与被管理者为了工作而争得脸红脖子粗，这是经常有的事，但是不要让这种争辩演化成不可调和的矛盾。美国笛卡尔财政公司主管迪克逊有一次与别人讨论问题时，他无意中说了一句话，引爆了双方积郁在心中很久的"炸弹"，双方在毫无顾忌的情况下说出了各自想说的话，知道了彼此的想法，也拉近了彼此的距离。有摩擦也会有发展，所以，团队成员间即使产生矛盾，只要彼此开诚布公，产生信任，就不会恶性循环。

拓展阅读

狼的十大处世哲学

阿奎利斯·艾克斯总结了狼的十大处世哲学，其中每一条都值得团队领导好好揣摩。

(1)卧薪尝胆：狼不会为了所谓的尊严在自己弱小时攻击比自己强大的生物。

(2)众狼一心：狼如果不得不面对比自己强大的生物，必群起而攻之。

(3)自知之明：狼也很想当兽王，但狼知道自己是狼，不是老虎。

(4)顺水推舟：狼知道如何用最小的代价，换取最大的回报。

(5)同进同退：狼虽然通常独自活动，但却是最团结的动物，没有哪只狼在同伴受伤时独自逃走。

(6)表里如一：狼也很想做一只善良的动物，但它们也知道自己的胃只能消化肉类，所以狼唯一能做的只有干干净净地吃掉每次的猎物。

(7)知己知彼：狼尊重每个对手，狼在每次攻击前都会去了解对手，而不会轻视它，所以狼攻击时很少失误。

(8)狼亦钟情：公狼会在母狼怀孕后一直保护母狼，并养育小狼，直到小狼有独立生存的能力。

(9)授狼以渔：狼会在小狼有独立生存能力时坚决离开，因为狼知道弱肉强食的道理。

图 3-1 狼群

(10)自由可贵:狼不会为了嗟来之食而不顾尊严地向人类摇头晃尾。因为狼知道,绝不可有傲气,但不可无傲骨,所以狼有时也会独自享受自由。

资料来源:小刚,《狼的十大处世哲学》,北京,中国物资出版社,2009。

第四节 有效沟通是保障

沟通是合作的开始,沟通是团队精神的直接表现形式。优秀的团队一定是一个沟通良好、协调一致的团队。沟通也是一个明确目标、相互激励、增强团队凝聚力的过程,沟通带来理解,理解带来合作。一个团队如果没有沟通就没有协作,没有协作就没有效率。

学会积极地与人沟通,凡事采取合作的态度,对于团队协作尤其重要。现实生活中由于我们每个人的工作岗位不同,经常会和不同的人打交道,如果不加强相互间的沟通与交流,不抱着合作的心态,工作起来就有可能处处受阻,无法顺畅。所以要在沟通交流中求同存异、善待对方、增进工作的友情,这样才算是团结的团队,工作起来才会事半功倍。

某国学大师曾说过:“沟通是情绪的转移,信息的传递,感觉的互动……”沟通很重要,而要建立合理的沟通机制,首先需要领导核心具有兼容并包的精神和管理艺术,独断专行的领导是无法建立充分的沟通机制的。其次还需要建立一个科学合理的正式沟通机制。最后还要建立每个成员对团队的认同感,这样可以充分调动他们的主观能动性,从非正式渠道与他们进行沟通。

一、培养兼容并包的精神

1. 要有善于听取内部不同意见的心态

为了创造出一个互相合作的团队氛围,团队领导首先要做的就是善于聆听各方面的看法和意见，要放下架子、俯下身子；下属要直起脖子、壮起胆子，双方坦诚平等地交流各自的思想和看法。作为领导，要尽可能地与成员进行交流，使他们能够及时了解领导的思想，倾听他们的呼声，让他们参与决策，尊重他们的想法、观点、选择和兴趣，求同存异，达成共识。团队领导只有与成员保持畅通的信息交流，才能让管理水到渠成。

善于倾听也是一种能力，拥有这种能力不仅会使成员更能感受到领导的亲和力，还会使他们更加信任领导，紧密地团结在领导周围，否则，就只能做个光杆司令了。而对于那些不仅不去倾听成员意见反而经常责骂成员的领导，这种自负到头来总有一天会使自己被人赶下台。

在倾听成员意见的时候，就算有时觉得不是很对，也有必要坚持听下去，并保持诚恳的态度，耐心地听成员把话说完，然后再去考虑那些建议。当然，能够做到这点对于团队领导来说是有一定难度的，因为倾听必须是被动的，而这又为大多数领导者所不能容忍，也正因为如此，善于倾听的领导才少之又少。一般情况下，人的权利越大、地位越高，就越容易忽视地位微不足道者的言论。但恰恰是他们容易忽略的言论，反而能使他们得到更多。所以作为团队的领导，不仅要懂得耐心倾听，更要重视倾听。

2. 内部不同的意见往往能产生思想的火花

俗话说，"三个臭皮匠，顶个诸葛亮"。群众的智慧是无穷的。只有集思广益、群策群力，将各种想法相互碰撞、相互借鉴，方能产生思想的火花。

每一个成功的团队背后都有一个能人。创业伊始，这些能人可以凭个人的经验、胆识和敏锐的洞察力，为团队赢得一定的生存空间。但随着团队的不断壮大和经营环境的不断变化，这时团队更需要群体的智慧和思想。

由此可见，团队的生存与发展，不能只靠领导者的独断专行。在竞争日趋激烈的社会中，要想继续驰骋，单打独斗显然是行不通的，而是要博采众长、集思广益，这样才能创造出更辉煌的成绩，才能使团队在竞争日益激烈的环境中生存，进而不断发展壮大。

3. 内外兼修－外部沟通同样重要

沟通要渗透到团队的每个方面。沟通不仅要在内部，在外部也要形成良好的沟通，21世纪是一个信息化的时代，只要有一个环节沟通不畅，就可能造成功亏一篑的残局。

在经济全球化和信息化的浪潮下，现代社会中的团队是不能独立存在的，相互之间必定有着千丝万缕的联系。这就要求团队领导不仅仅是团队建设中内部的协调沟通者，同时也必须是团队与外部联系的桥梁和纽带。在一个团队中，外部相关者主要包括上级领导、部门中的其他团队和服务对象。团队领导对外代表着工作团队，维护团队在外的声誉，为团队争取必需的资源，关注团队建设中外部环境因素给团队造成的影响和障碍，为团队发展保驾护航。如果确定出现的问题来自外部，则应及时与之沟通协调，以确保获得外部的支持和有效信息，然后根据自己已获得的信息、资源，慎重地做出恰当的行动。

二、发挥正式沟通渠道的作用

正式沟通一般指在组织系统内，依据组织明文规定的原则进行的信息传递与交流，如组织与组织之间的公函来往、组织内部的文件传达、召开会议、上下级之间的定期情报交换等。正式沟通包括下向、上向、横向、外向沟通等几种。

1. 确保正式渠道畅通，让人知无不言

正式沟通是最主要的一种沟通方式，在传统组织内一直发挥着重要作用。要通过团队文化建设，打破等级制度，树立全员沟通理念，创造人人能沟通、时时能沟通、事事能沟通的良好氛围。

团队领导、部门主管要有民主作风，带头沟通，定期开座谈会，通过双向交流和信息互动反馈，使内部沟通渠道畅通无阻，让成员做到知无不言。

例如，有个公司每天开早会之前，都会有一个简短的主管早会，此时领导者便会通过各级主管了解各个团队的工作情况，并根据各个团队的情况来分配任务，以及一些重要事情的宣导等。其中，主管是一个极其重要的角色，主管要有一个准确的定位，要清楚自己在公司中的地位。总的来说，主管是一个上通下达、融会贯通的角色，不但要让公司领导倾听来自成员的心声，同时还要保证公司领导能够很好地被成员信任和了解。

遇到沟通障碍时，不管是个人与个人之间还是部门与部门之间，双方都要有批评与自我批评、换位思考的意识，肯定对方的长处，善于倾听各方面的看法和意见，即使自己有理有据也要谦让三分，不要得理不饶人，要善于发现成员身上的闪光点。一个优秀的领导，要学会用放大镜看成员的优点，用望远镜看成员的不足。

2. 完善意见执行和反馈机制，做到言而有效

好的建议如果不操作、不全力执行就等于没有讲。所以作为领导，必须密切关注那些好的建议有没有去执行，执行中有没有发生偏差。如果上下级之间能不断地反馈，沟通就不会有障碍，一旦有了偏差，也马上可以纠正。这样，信息传递和沟通的效果就会大大提高。

除了依靠领导个人的重视，定期召开成员大会反馈意见和执行情况也是一种良好的上下沟通渠道。如通过召开启动大会，总结一个阶段的成绩，部署新阶段的任务，汇报意见的执行情况和效果，这样可以让团队成员增强责任感和使命感，同时吸引成员参与团队管理，调动成员的工作热情，即可取得明显的效果。

三、充分利用非正式渠道的反馈作用

非正式沟通和正式沟通不同，它在沟通对象、时间及内容等方面都是未经计划和难以辨别的。非正式沟通是通过正式组织之外的信息流通程序来沟通的，这些途径繁多且无定型，如同事之间的任意交谈，家人之间的闲聊，以及现在流行的网上交流和传统的私下谈心等。这种沟通途径弹性较大，信息流向可以是横向的或是斜向的（也就是不同部门的成员和成员之间、成员和主管之间的信息流通，还有高层领导也有可能听到到底层的一些信息和呼声），抑或是跳跃的（如越级报告等），一般信息传递比较迅速。

在一定程度内，非正式沟通的发展也是配合决策对于信息的需要。在许多情况下，来自非正式沟通的信息反而能获得接收者的重视。由于这种信息的传递一般以口头的方式，不留证据、不负责任，许多不愿意通过正式沟通传递的信息只可能通过非正式沟通传递。非正式沟通形式不拘谨，直接明了，容易利用它及时了解到正式沟通难以提供的“内幕新闻”。非正式沟通的基础是组织中良好的人际关系，但非正式沟通却难以控制，传递信息不确切，容易失真，而且它可能导致小集团、小圈子，影响组织的凝聚力和人心稳定。对于这种沟通方式，领导既不能完全依赖，也不可完全忽略。

1. 充分发挥现代网络优势进行沟通

网络在现代社会中已相当普及，在网络中，人没有等级的界限，可以通过非正式渠道传递并解释企业的各种信息，有机而又无形地把企业的各部分成员联系起来。网络中的人有其特殊的身份和作用，可以起到上情下传、下情上达、左右辐射的信息载体作用。网络可以当作一个用来弥补企业的缺点和不足的重要通道，还能为成员提供社会和心理的满足，有利于保持良好的气氛，能有效促进信息沟通。

2. 继续利用传统私下沟通的方式来交流意见

长期以来，我们受的教育都提醒我们要谦虚谨慎，要回避矛盾、回避冲突，不强出头。我们习惯于说好听话、妥当话，有选择地讲话，而不是完全讲真话。由于受到这种等级观念、潜在自我保护意识及环境的影响，结果使上下级之间的误会、隔阂和不理解越来越深。只有领导心胸开阔、品德大度无私、工作作风正派，以自己的人格魅力去为下属带好头，下属才会对领导由畏生敬，才会对领导讲真心话，而领导才能掌握成员最真实的想法，才能有效开展各项工作。

优秀团队都有一个很显著的特征，那就是团队从上到下都很重视沟通。沟通是创造和提升团队精神的重要方法和工具。管理的最高境界就是在经营和管理团队过程中创造出一种团队独有的团队精神和团队文化。而团队精神的培育与塑造，其实质是一种思想、观点、情感和灵魂的沟通过程，是沟通的最高形式和内容。没有沟通，就没有对团队精神的理解与共识，更不可能使成员认同团队的共同使命。

拓展阅读

团队沟通八大法则

沟通是一种把团队或者组织的成员联系在一起，以实现共同目标的手段。

有关研究表明，团队管理中70%的错误是由沟通不善造成的。因为团队的工作总是需要大家一起配合才能完成，只有良好的沟通，才能统一思路和方向。

而现在很多团队在管理中却因为沟通障碍而导致了团队的低效率，主要表现在团队成员不适当的发问技巧、团队领导的独断行为、沟通渠道不畅、不够坦承、缺乏自我检讨、不能有效地将工作的目标转达给执行人员等，因此采取一些有效的沟通法则可以提高团队的工作效率，进而提升整个团队的执行力。

1. 目标法则

沟通是一种有目标的行为，特别是那些向上传达和向下传达的沟通。

例如，一个项目的负责人因为项目的进展需要与总经理沟通，在推开总经理办公室的门前，他必须理清自己的目的：是仅仅汇报项目的当前进展，还是讨论项目的未来策略；是简单地汇报工作，还是寻求新的指示；是为了申请更多的支持资源，还是直接提出要求；是沟通项目本身，还是借此机会谈谈其他问题……

对于团队管理来说，沟通的目标也具有多层次、多样化的特点，因此具体的、局部的、琐碎的工作也应该具有明确的沟通目标，并对沟通做出清晰的计划，确定团队沟通的种类和方法、负责沟通的人员、沟通的对象以及沟通的频率，使团队的每个成员都非常清楚地知道每一次沟通的目标，并知道怎么样去准备接下来的工作。

2. 文化筑巢法则

团队的沟通总是在一定的环境下进行的，沟通的环境是影响团队沟通的一个重要因素，这种环境包括：团队的整体结构、团队中人际关系的和谐程度、团队文化氛围和民主气氛、领导者的行为风格等。

例如，一个紧张的团队氛围，会让团队内部成员容易在沟通中发生冲突，如果一个团队的管理非常松散，则容易导致团队成员在沟通中过于放任而浪费宝贵的时间。实践证明，良好的团队沟通必然由其良好的团队结构和文化所决定，要让团队沟通取得好的效果，需要文化来筑巢。

3. 因地制宜法则

沟通分为正式沟通与非正式沟通两种。按照沟通方式又可以分为会议沟通、书面沟通、邮件沟通、电话沟通等。

团队的有效沟通既要依赖一种畅通的正式沟通渠道，又要依赖一种合理的非正式沟通渠道，二者缺一不可。目前，大多数企业的团队沟通还仅仅停留在指示、汇报和会议这些传统的沟通方式上，不能顺应团队成员心理结构以及需求层次的变化，而有效的沟通应该根据沟通的内容，综合各种沟通方式的优缺点来确定，采用因人制宜、因时制宜的有效沟通方式。

随着企业的发展，非正式沟通渠道的作用已经越来越明显，但大多企业并没有加以重视。其实，郊游、联谊会、聚会等形式也未尝不是良好的沟通方式，同时互联网也被很多企业应用于团队沟通，因其快速、准确的特点，极大地提高了组织沟通的效率，同时，互联网还具有“虚拟性”特点，设立论坛、BBS等多种非正式的沟通渠道，能够较为真实地反映组织成员的一些思想情感和想法。

4. 换位思考法则

在团队中，很多成员都会对自己所负责的工作给予足够的关注，但当需要协调其他团队配合或者跨部门工作的时候，就容易出现以自我为中心的情况，这个时候沟通就容易出现僵局。

因此，每个团队成员都需要在沟通中尝试换位思考，把自己放在对方的角度，学会积极地倾听，努力去理解对方想要表达的含义，不要轻易就从自己的立场来判断或者揣测别人，也不要随意打断别人，要从沟通对象的角度来逐渐调整自己的感受，这样可以进一步保证自己对所听到的信息的理解符合对方的本意。现在很多企业在团队管理中出现沟通不畅，大多是由于没有换位思考造成的。

5. 知识共享法则

知识和信息是团队有效运作的基础，团队成员只有掌握了必需的知识和团队内外的信息后，才能充分挖掘自己的潜力，发挥自己的聪明才智，因此，建立知识和信息共享的沟通渠道，是团队管理中的重要工作。

首先，团队可以通过培训、学习，转变思想观念，让团队中的每个成员都对团队之间的沟通进行重新认识，这是团队良好沟通的预热和基础；其次，团队可以让一些在工作中的积极分子或者是表现突出的成员来跟大家分享经验，促进团队成员知识和信息的沟通，整个团队知识和信息的沟通习惯就形成了。

6. 倾听法则

有专家指出，团队的成员在沟通中应该花 65% 的时间去倾听，可见倾听对于沟通的重要性。然而多数人认为，“沟通”似乎就是一种“动态”的过程，而“倾听”这一“静态”过程就被忽视了。

实际上，倾听是沟通行为中的核心过程。因为倾听能激发对方的谈话欲，促发更深层次的沟通，同时可以了解对方的心理和思维方式，从而达到沟通的目的。所以，一名优秀的团队成员必定是一位优秀的倾听者。

7. 80/20 法则

帕累托在“80/20”法则中指出，一个企业内部 80% 的沟通发生在 20% 的人员之间。

例如，各部门的主管、总经理秘书、助理等就是公司内部沟通的关键人员，他们承载着大量的沟通传递工作。有调查显示，这些在团队沟通中起到桥梁作用的团队成员，也非常容易成为信息流失或者变质的地方。对于一个团队来说，和这些重要的角色沟通并建立良好的联系，培养他们建立正确的信息传递的方式和行为，对于沟通渠道的畅通起着非常关键的作用。

8. 双赢法则

在团队成员的沟通中，很多人为了坚持自己的观点，都会一开口就是“不行”“不能”“绝对不可以”或“那可不成”等否定语言，这往往会让沟通很难达到预期的效果，并让大家在一个问题上纠缠很久。团队要达成共识，每个人都要懂得让步的艺术，要用“双赢”的沟通方式去求同存异，达到良好的沟通目的。

在沟通中，既要积极地向别人推销自己的主张，不轻易屈从和迁就，同时也要认真倾听别人提出的与自己不同的意见和主张，既维护自己的尊严和利益，又绝不忽视对方的利益和尊严，这也正是取得“双赢”结局的保证。

团队中的九种角色

关于团队角色研究，梅瑞迪斯·贝尔宾（Meredith R. Belbin）博士及其研究团队历时9年进行实证研究，不断发展和完善团队角色理论，最终认为团队角色可分为9类，即实干者、协调者、创新者、推进者、信息者、监督者、凝聚者、完美者、技术专家，并进一步明晰了每一种角色的特征和测量方法。他将角色定义为：“一名团队成员与其他成员相互作用时所表现出来的、一种有利于团队整体形成过程的行为特征模式。”事实上，团队中存在两种不同的角色类型：职能角色（正式角色）和功能角色（非正式角色）。职能角色是由个体的专业知识和专业技能所决定的，是工作任务赋予个体的角色；团队角色是由个体的气质和性格决定的，是个体与其他团队成员交互作用时表现出来的特有模式。在团队中，每个成员都通过同时扮演这两种角色而对团队目标做出贡献。前者的行为是常规绩效的基础，角色扮演的优劣和组织给予个人的报酬挂钩。这种明确性使得职能角色易于在团队内形成明确协调的搭配。而后者则是团队运作过程中人们所发挥出来的、未被正式要求的作用。这类角色的定位不易明确，扮演的优劣情况不易评断，也不与个人报酬挂钩，不容易被发现和重视。

团队角色与团队绩效的关系一直是研究者们关注的重点，大量的理论与实证研究也揭示了两者之间的关系。彼得·圣吉在其《第五项修炼》一书中提出“整体搭配”现象，指出整体搭配良好的团队才能协调个人力量汇聚出共同的发展方向；而整体搭配不良的团队不但会抵消个人力量，而且会造成混乱，使团队管理陷入困境。整体搭配良好实质上意味着团队内部协同的产生，协同能使团队出类拔萃。英国学者伍兹（M.Woods）给出了影响协同的三个主要因素，其中之一就是团队所有成员都具有明确的团队角色。学者希格斯（M. Higgs）研究了团队的多样性和任务的复杂性对团队绩效的影响，发现团队的多样性与团队绩效是正相关的，而与任务的复杂性是负相关的。学者Park等的研究同样支持高平衡性团队角色会导致团队的高绩效。还有学者关注团队角色是如何影响团队绩效的，得出的结论是，团队绩效是一个关于团队人数与团队角色类型的函数。学者袁炳耀研究了企业团队角色组合与团队绩效的关系，发现团队角色组合对团队绩效中的三个维度（任务完成、成员满意和团队学习）有不同程度的影响。

为了让团队高效运转，从组织层面，应努力实现团队角色的和谐状态。《西游记》中的四位主角都分别扮演了两种团队角色：孙悟空扮演了创新者和推进者的角色；猪八戒扮演了监督者和信息者的角色；沙和尚扮演了实干者和协调者的角色；唐僧扮演了凝聚者和完美者的角色，共同实现了团队内在角色和谐的状态。正是内在角色的和谐才凝聚了团队发展和前进的内在动力。从个体层面，团队成员应加深对团队角色的自我认识和角色行为的理解，尤其要重点防范由角色错位而造成角色模糊、角色冲突和角色超载三种团队角色的失衡现象。角色模糊是指角色知觉能力差，角色期待不明；角色超载是指角色承担者能力有限或角色预期不合理；角色冲突是实际团队角色和团队角色偏好不一致。《西游记》中每一个团队成员对自己的角色认知也比较清晰：有妖怪出现，孙悟空总是自觉地冲在前面；沙和尚主动去挑担子；猪八戒会经常把业务骨干的动态报告给唐僧；唐僧能凝聚大家的力量，坚持完成任务。

九类团队角色的特点如下。

1. 实干者

（1）角色描述。实干者非常现实、传统甚至有些保守，他们崇尚努力，计划性强，喜欢用系统的方法解决问题；实干者有很好的自控力和纪律性，对公司的忠诚度高，为公司整体利益着想，较少考虑个人利益。

（2）典型特征。实干者性格相对内向，比较保守，但对工作有一种责任感，效率高，守纪律。

（3）在团队中的作用。由于其可靠性、高效率及处理具体工作的能力，实干者在企业中作用巨大：他不是根据个人兴趣，而是根据组织需要来完成工作；好的实干者会因为出色的组织技能和完成重要任务的能力而胜任高职位。

（4）优点。实干者的最大优点是组织能力强，非常务实，他们对于那些虚无缥缈的想法和不切实际的言论不感兴趣；实干者通常会把一个主意转化成实际的行动，并着手实施，他们工作努力，有良好的自律性。

（5）缺点。实干者缺乏灵活性，对未被证实的想法不感兴趣，容易阻碍变革。

（6）建议。当变革来临的时候实干者应该走出去，被动地等待可能会被变革所淘汰。

2. 协调者

（1）角色描述。协调者在非权利性的影响力方面表现非常突出。他们能够引导一群不同技能和个性的人向着共同的目标努力，代表成熟、自信和信任；他们办事客观，不带个人偏见。除权威之外，协调者更有一种个性的感召力，在人际交往中能很快发现每个人的优势，并在实现目标的过程中妥善运用。协调者因其开阔的视野而广受尊敬。

（2）典型特征。协调者代表一种冷静的性格，不会高度情绪化，不会大发雷霆，相信自己能代表这个团队中的公众势力，有很好的自控力。

（3）在团队中的作用。协调者擅长领导一个具有各种技能和各种特征的群体，管理下属的能力往往比在同级进行协调的能力要弱。

协调者善于协调各种错综复杂的关系，座右铭是“有控制的协商”，只要在控制的范围之内就好商量；喜欢平心静气地解决问题，不喜欢武斗。

（4）优点。协调者目标性非常强，能够整合各类成员，同时兼顾人和目标两个方面。待人相对公平。

（5）缺点。大部分情况下协调者的个人智力和创造力属中等，很难在其他方面表现出特别出众的优点和成绩。当团队目标实现的时候，协调者容易把团队的成果据为己有。

3. 推进者

（1）角色描述。推进者是说干就干，办事效率非常高的人，他们的自发性非常强，目的非常明确，有高度的工作热情和成就感；在推进过程中，如果遇到问题和困难，总能找到解决问题的办法。推进者大多性格比较外向，干劲十足，在人际关系方面比较喜欢挑战别人，喜欢争辩，而且在争论中不赢不罢休。推进者往往以自我为中心，缺乏相互理解。

（2）典型特征。推进者喜欢挑战别人，没有结果誓不罢休，也喜欢交际，对新观点接受更快；富有激情，工作中总可以看到他们风风火火的工作劲头。

（3）在团队中的作用。推进者常常是行动的发起者，在团队中活力四射，尤其在压力下工作精力更旺盛。推进者一般是高效的管理者，敢于面对困难并且义无反顾地加快速度，敢于独自做决定而不介意别人是否反对。推进者是团队快速行动的最有效成员，这是推进者对团队的重要贡献。

（4）优点。推进者随时愿意挑战传统，厌恶低效率，厌恶慢吞吞地做事。反对自满和欺骗行为，有什么说什么，不管会不会得罪别人。

（5）缺点。推进者喜欢挑衅，容易发火，耐心不够；明知自己犯了错误或自己的做法不对，也不会用幽默和道歉的方式来缓和局势。

（6）建议。推进者应该尽可能在关注任务的同时也关注人际关系。在团队中一旦人际关系有了冲突和矛盾，推进者往往陷入其中，关注人的因素对推进者来说是扮演一个好的团队角色最重要的一点。当然，灵活一些可以减少他们在人际方面的摩擦。

4. 创新者

（1）角色描述。创新者拥有高度的创造力，思路开阔，观念新，富有想象力，是“点子型的人才”；他们爱出主意，是否高明则另当别论，其想法往往十分偏激和缺乏实际感；创新者不受条条框框的约束，不拘小节，难守规则；他们大多性格内向，以奇异的方式工作，与人打交道是他们的弱项。他们喜欢按照自己的方式生活和工作，更喜欢穿牛仔裤、休闲服上班，他们代表着那些个性和其他的成员不太一样的新潮人士。

（2）典型特征。创新者有创造力，他们可以不断创造出新点子，但有时比较个人主义，总是从自己的想法、个人的思维出发，不太考虑周围人的感受，也不太考虑这个点子是否适合企业和适合团队。

（3）在团队中的作用。创新者在团队中常常能提出一些新想法，这对企业或团队开拓新的思路很有帮助。通常在一个项目刚刚启动的时候,或团队陷入困境不知道怎么办的时候,创新者显得非常重要。创新者通常会成为一个公司的创始人,也容易成为一个新产品的发明者。

(4)优点。创新者有天分,富有想象力,通常有智慧和博学。

(5)缺点。创新者往往好高骛远。有时他们的主意和想法会无视实际工作中的细节和计划。他们不太关心工作细节如何实施,常常点子多,成效少。创新者最困难的是跟别人合作,过分强调自己的观点,反而会降低推进速度。

(6)建议。创新者非常宝贵,往往在外企中创新者较多,但在国有企业、民营家族企业中较少。在团队的建立过程中,领导应该主张个性的张扬,如果把员工的性格磨平,让他们遵守既有规则,创新者的优点也就很难体现出来。有时从外界吸引一些创新者加入团队时,会带来一种文化的冲突和思维的革命,管理上叫"鲶鱼效应"。

作为团队的领导者和团队的成员,应该善用别人的长处,容忍别人的短处,能够尊重创新者,同时尽量把创新者的负面作用降到最低。

5. 信息者

(1)角色描述。信息者是对外界信息非常敏感的人,能最早知道外界的变化;他们通常是坐不住的,要不断到处去观察,他只是想收集一下团队、组织中的信息;信息者的手机响铃的频率比较高;信息者经常表现出高度的热忱,是一个反应非常敏捷,性格相对外向的人;他们是天生的交流家,喜欢聚会和交友,在交往中获取信息,并不断加深朋友间的友谊。

(2)典型特征。信息者性格外向、热情,对任何事儿都充满好奇,都想去了解;善于人际交往。

(3)在团队中的作用。信息者擅长调查团队内外的意见,调查某件事情的进展。他们适合做外联和持续性的谈判工作,谈判时他们可以随时知道对方的底牌、条件砝码、优点和漏洞。信息者通常具备从自身角度出发获取信息的能力。

(4)优点。信息者在与别人交往时,有一种发现新事物的能力,通常能够跟创新者成为好朋友,他们善于迎接新的挑战。

(5)缺点。当最初的兴奋消失以后,信息者容易对工作失去兴趣,注意力容易转移到新事物上;信息者也有一个不能容忍的缺点,就是喜新厌旧。

6. 监督者

(1)角色描述。监督者通常比较严肃、严谨、理智,性格冷静,常常具有冷血气质,天生就不会过分热情。他很少表扬下属,并不是不认可,只是从外表表现出一种冷冰冰的感觉,这是监督者的个性使然。

监督者不太容易情绪化,常常跟同类之间保持一定的距离,别人做什么他总是退守到一角,开会的时候他总是坐在离主持人最远的地方,培训的时候总是坐在一个角落不声不响，也很少参与讨论。

如果一个人讲一段笑话，所有的人都笑得前仰后翻，监督者顶多会抿嘴一笑，绝不可能跟别人一样高兴地跳起来。

监督者有很强的批判性，凡事儿都要找出一点问题，他们做规定的时候非常谨慎，思前想后，综合考虑各方面的因素，一个好的监督者几乎永远不会出错。

(2)典型特征。监督者性格冷静，不会头脑发热，不太容易激动。每做一件事情都要谨慎思考和判断，能够精确判断事情走向。有时比较喜欢挑刺，喜欢找毛病，批判色彩很浓。

(3)在团队中的作用。监督者善于分析和评价，善于权衡利弊，选择方案。很多监督者处在企业的战略性位置中，往往在关键性决策上从不出错，最终获得成功。

(4)优点。监督者冷静判断、辨别能力非常强。

(5)缺点。监督者缺乏鼓舞他人的能力和热情，监督者不可容忍的缺点是有时会毫无逻辑地挖苦和讽刺别人。

(6)建议。监督者的强项在于对方案的选择，适合做精算师这样一类的角色或工作类型。监督者需要加强人际交往，不能总是游离于群体和团队之外，这样不太容易跟团队一起形成合力，时间久了会被团队忘记，或不太容易融入群体的氛围中，这样也不太容易发挥作用。

7.凝聚者

(1)角色描述。凝聚者是团队中很积极的一个成员，他们温文尔雅，善于跟别人打交道。最可贵的地方是他们善解人意，总能够关心、理解、同情和支持别人。他们通常处事非常灵活，善于自己同化到群体中去，让自己去适应别人的观念和想法。有人说凝聚者是自我牺牲型的人，他们通常在团队当中是最听话的，不会发表对于同类不利的观点和想法。通常凝聚者在团队中不会对任何人构成危险。凝聚者在团队中广受欢迎，是团队的润滑剂。当团队有问题、有矛盾或关系复杂、冲突比较多的时候，凝聚者的作用非常重大。

(2)典型特征。凝聚者的合作性非常强，信守“和为贵”。性情温和、敏感，对于任何人提出的建议他都会很在意。同样也很在意自己的行为会给别人带来什么样的影响。

(3)在团队中的作用。凝聚者善于调和各种人际关系，只要有通透的环境，凝聚者就能起作用。他们的社交和理解能力会成为化解矛盾和冲突的资本。有凝聚者在时，人们能够协作得更好，团队的士气也更高。凝聚者是团队的润滑剂。

(4)优点。凝聚者可以随机应变，善于化解各种矛盾，促进团队精神。

(5)缺点。凝聚者在危急的时刻往往显得优柔寡断，做决定的时候往往果断性不够。他们把做决定看作一件冒风险的事情，看作是可能影响人际关系的事；凝聚者不可容忍的缺点就是有时他们不愿意承担工作的压力，有推卸责任的嫌疑。

(6)建议。在人际方面表现出出众的能力，这是凝聚者的最强项。但怎样能得到更多的关注呢？要敢说、敢做、敢提建议。有可能自己的观点就很好，不要因为主张和为贵，而把好的观点、建议埋没在自己的心里。

8. 完美者

（1）角色描述。完美者具有一种持之以恒的毅力，做事非常注重细节，力求完美，追求卓越。完美者通常性格内向，工作动力源于内心的渴望，他们几乎不需要外界的刺激就能主动、自发地去做事情。他们不太可能去做没有把握的事情。完美者有120%的把握才说："这事儿咱们可以实施了。"他们不打无把握之仗。完美者对工作的要求很高，对下属也是同样，通常下属跟他一起工作的时候觉得很辛苦。完美者非常细致，对于工作有很高的标准，总是担心授权下属完成的任务达不到他所期望的结果，喜欢事必躬亲，不太愿意授权。他们无法忍受那些做事随随便便的人，很难跟这种人在一起配合工作。

（2）典型特征。完美者爱埋头苦干，守秩序，尽职尽责。有的时候比较容易焦虑，事事追求精益求精，对任何小的缺点都不放过。

（3）在团队中的作用。对于重要的、高难度或高准确性的任务，完美者起着不可估量的作用，他们善于按时间表一步步完成任务，能培养一种紧迫感。在管理方面，他们崇尚标准、注重准确、关注细节，通常因为坚持不懈而比别人更胜一筹。

（4）优点。完美者可以坚持不懈、精益求精。

（5）缺点。完美者容易为小事焦虑，不太愿意放手，有时吹毛求疵。

9. 技术专家

（1）角色描述。技术专家对团队来说是奉献的人，他们热衷于自己的本职专业，甘心奉献，他们为自己的专业和所拥有的技能自豪。他们的工作就是要维护一种标准，而不能降低这个标准；他们陶醉在自己的专题中，一般对别人不太容易感兴趣。最终技术专家也会变成一个在狭窄领域里绝对的权威。

（2）典型特征。技术专家诚心诚意，主动性很强，甘心奉献。

（3）在团队中的作用。技术专家为团队的产品和服务提供专业的支持。作为管理者，由于在专业领域的专业性比其他任何人都强，所以要求别人能服从和支持他。但缺乏管理方面的经验。

（4）优点。技术专家有奉献精神，他们有丰富的专业技能和知识，致力于维护专业的标准。

（5）缺点。技术专家局限于狭窄的领导，容易专注于技术而忽略整个大局。

第二篇　拓展篇

第四章 拓展训练概述

拓展训练是以“挑战自我，熔炼团队”为目标的一种学习方法和训练方式。它以合作意识、进取精神的激发和升华为宗旨，利用一些专业设备、设施和户外特殊的场地及自然环境，配合精心设计的各种挑战极限性质的团队活动，使参与者更深入地探索自我，挖掘自我潜能，体会个人与团队的关系，突破自己的固有模式，学习如何面对恐惧和困难，确立信心，培养团队合作精神，增强团队的活力、创造性和凝聚力。

第一节 团队拓展训练的起源与发展

一、拓展训练的起源

拓展训练是一种户外体验式训练，源于英文“Outward Bound”，（简称 OB），是航海术语，直译是“出海的船”，是当船只要出发时，用于召唤船员上船的旗语，表明马上要出发了，船员们看到后会很快地回到船上整装待发。

Outward Bound 的延伸含义被越来越多的人接受，并在教育领域诠释为一艘小船在暴风雨来临之际，离开安全的港湾，驶向波涛汹涌的大海，去迎接未知的挑战，面临风险与困难的同时，也可能发现新的机遇（图 4-1）。

图 4-1 团队拓展训练起源于海上探险

Outward Bound 来源于一个真实的故事。在第二次世界大战时，大西洋上有很多船由于受到攻击而沉没，大批船员落水。由于海水冰冷，又远离大陆，绝大多数的船员不幸遇难，但仍有极少数的人在经历了长时间的磨难后终于得以生还。当人们了解了这些生还者的情况后，发现了一个现象，就是生还者不都是人们想象中那些身体强壮的小伙子，而大多数是年老体弱的船员。

经过一段时间的调查研究，专家们终于找到了这个问题的答案：这些船员之所以能活下来，关键在于他们有良好的心理素质、强烈的家庭责任感、求生欲望、强烈的团队精神和沟通意识。当遇到灾难时，幸存者首先想到的是："我一定要活下去！"在他们心中，最多的想法是：相信自己能找到办法，努力让自己冷静下来，主动与别人合作，想办法求救或自救。而年轻的海员想到最多的是：我怎么如此不幸，这下我可能要完了，不能活着回去了，他们只顾及自己，过早地失去信心，或无谓地浪费了太多的体力。

二、Outward Bound 的创始人——库尔特·汉恩

对于海员幸存者的研究，德国籍教育学家库尔特·汉恩（Kurt Hahn，1886 年—1974 年）做出了许多贡献，他研究并设计了一些人工设施和自然条件，模拟海难发生时的情境，让那些年轻的海员参与具有心理挑战的活动和项目，以训练和提高他们的心理素质，提高应对海上危机的求生能力。

1886 年，库尔特·汉恩出生于柏林的一个犹太人家庭，他从小喜欢远足探险，在探险过程中磨炼了意志，成长的阅历让他深刻体会到：学农要从种植开始，一切只是源于实践，经验来自亲身体验，有了亲身体验就会获得长久的记忆，甚至终生不忘。后来，库尔特·汉恩构想将来建一所学校，以"从做中学"的理念来实现他的愿望，他希望这个学校的教学理念思想和行动不再对立，这些对他后来的发展有重要影响。

由于汉恩犹太人的身份和他的社会活动，德国统治者想对他实施谋杀。在 1933 年 2 月的大逮捕中，汉恩入狱。在他的英国朋友的努力下，英国首相康姆斯·拉姆齐·麦克唐纳做出官方抗议后，汉恩得到释放并于同年 7 月到达英国。1943 年 4 月，汉恩建立了高登斯顿男校，起初只有 2 名学员，但这没有动摇汉恩的决心。在他的不断努力下，不久该校就成了一所非常有名望的学校。同年 9 月就有 21 名学员，此后学校的招生人数稳步增长。

汉恩认为以往的学校教育课程在孩子们的全面发展教育中是不充分的，进而感到必须给予孩子们一个自由表现自己的场所。因此，他创立了"Moray Badge"奖，规定要具备以下四个条件的学员可以获得次奖项。

（1）在某种运动中获得卓越的成绩的。

（2）有到海上和陆地中进行探险活动的经历。

（3）经过努力掌握某种特殊的技能或热衷于某方面的调查工作。

（4）乐于参加社会公益活动。

三、拓展训练的发展现状

1. 拓展训练在国外的发展现状

国外对于拓展训练的研究已经有 30 多年的历史，欧美等发达国家在学校开展拓展训练较为普遍，国家和地区还把拓展训练列入学校教育的课目中，作为提高学生健康、培养人格、增强适应社会能力和竞争力的教育课程。新西兰的健康与体育课程标准认为，拓展训练可以使学生通过体验合作、交流、设置目标、做出决定、解决问题、信任、领导、责任感等发展自己个人和社会活动的能力。在美国和英国，很多学者就拓展训练发表了大量的专著和论文，并形成了较有影响的一个学校体育流派。在亚洲地区，新加坡最早建立了拓展学校，并且拓展训练课程在新加坡已经被规定为普通学校在校生的必修课，此后香港、日本等也引进了这种体验式教育的课程模式。迄今为止，全世界 28 个国家和地区已经成立了 52 所由 Outward Bound 统一命名的拓展训练学校。这些拓展训练学校已经成为一个国际训练组织，其总部设在加拿大的渥太华。国际拓展组织有一个共同的使命宣言：激发自尊、帮助他人、服务社会、放眼未来。

2. 拓展训练在我国的发展现状

20 世纪六七十年代拓展训练传入香港，当时被称作“外展训练”。直到 20 世纪 90 年代才传入中国大陆。1996 年第一家拓展培训机构“人众人拓展训练培训学校”在北京成立，并以“拓展”作为其注册商标。现在的“拓展”已经成为一种行业名称、一种现代人和现代组织全新的学习方式和培训方式。

拓展训练的出现在培训领域引发了前所未有的震撼。数年间，拓展训练培训机构迅速遍布全国，呈几何式增长。在国内，正规且形成规模的拓展训练机构已有 300 多家，而参与组织拓展训练或“类似拓展训练”的各机构已超过千余家。国内众多知名企业如中石油、中石化、联想集团、海尔集团等企业也将拓展训练作为员工教育培训的必修课。现在每年参加拓展训练的人数在不断增加，据统计，全国每年的参加人数超过 30 万人。

3. 学校拓展训练

库尔特·哈恩的思想与理论随着外展训练（或拓展训练）参与者的增加，受到了越来越多的关注，然而在传统的学校教育系统中，虽然许多人很希望它能真正成为学校的一门课程，但实施起来并不容易。直到 20 世纪 60 年代后半期，教育家杰瑞·佩正在马萨诸塞州林肯县的林肯 - 萨得伯里中学进行户外活动课程，他以拓展训练为切入点，开始了建立探险教育（Project Adventure，PA）模式的尝试，形成了在学校开展的拓展训练，拓展训练起初主要是户外运动的教师组织对其的实施与指导。

那段时间，美国一些学校的教师开始对学生进行短期的探险教育，包括攀岩等绳索类活动，活动大多以学校里的户外运动俱乐部的性质进行，参加者大多是一些户外运动的爱好者。有些教师尝试着将他们与外展训练的模式结合，偶尔将其带进日常教学课程中，即便如此，活动仍然只是教师个人的科研与实验，作为一种大胆的尝试，并没有列入正规的教学大纲。

杰瑞·佩的远见与勇气充分展示了外展训练带给人的作用，他坚信外展训练可以在学校中为教育服务，即使困难重重，也不放弃。他努力寻找将外展训练与学校课程结合的方法，开始尝试着将外展训练与中学课程结合。

经过不断努力，杰瑞·佩的努力获得了成效，他得到了美国联邦教育局局长达 3 年的大规模辅助经费。由于有了经费支持，他聘请了许多外展训练的活动专家，开始研究并制定针对学校的 PA 课程的教学大纲，让越来越多的教师关注并参与这项工作，共同研究学校开展外展训练课程的实践活动。在随后的工作中，他说服了一些学校的领导参与其中，吸收了一些教育同行加入，这对于 PA 外展训练在学校的发展起到很重要的作用，为其在学校的实施提供了可能。

新的 PA 教学大纲制定实施后，得到了教育界人士高度的好评。1974 年，新的 PA 教学大纲被“全美教育普及网络（DND）”评选为全美优秀教育大纲。新课程大纲的制定和实践是以高一年级的体育课为基础开展的，当在体育课中得到认可与好评后，学校其他的一些课目也开始借鉴它的教学方式。

杰瑞·佩创立的 PA 和外展训练相比较，除了对个人能力的培养外，更加注重对团队精神的培养。PA 的发展与管理一直朝着一个良性的发展态势前进，鲍勃·伦兹在 1971 年出任第一任主管，他在对全美的教师进行教育与普及方面，制定了一系列的培训方法，培养了大批的教师，为外展训练在学校的普及与开展做了许多贡献。1980 年，卡尔·朗基接替伦兹成为第二任主管，他认为要让学生经历一些新鲜的事情和未知的情境，完成一些任务将更具挑战性，让他们感受一些风险和危机，提高他们应对和处理危险的能力。

PA 是外展训练衍生出的新的体验式教育模式，它和外展训练既相关又有不同之处，但它也是对外展训练教育精神的延续。后来，卡尔·朗基创立并注册了 ABC（Adventure Based Counseling）拓展训练模式，并将其大量地运用到儿童与青少年的教育活动中。

PA 的成功开设将外展训练所推崇的体验式学习方式推广开，不仅仅在培训领域得到成功推广，而且也在基础教育中获得认可。PA 为外展训练在教育领域的发展做了基石性的工作，随着教育体制的不断发展与演变，越来越多的人投入其中进行研究与实践工作，其中体育教师为此做了大量的工作，为外展训练能够适应各种变化做出了贡献。而正是由于外展训练和 PA 顺利地走入了学校，中国的拓展训练才具备了在学校开展的课程模式和理论方面的基础。

钱永健在其《拓展训练——挑战自我 熔炼团队》一书中介绍：拓展训练从创建之初就与学校结下了不解之缘，但主要是高校的成人培训班将它列入课目之中。后来，工商管理学硕士（MBA）正式接受了拓展训练，不过他们大都是与校外的拓展训练学校联合授课。2002 年起，拓展训练真正植根校园。北京大学等高校将拓展训练作为一门课程，制定教学大纲并在校园内修建专门的训练架用以开展教学活动。此后，我国许多高校开展了不同形式的拓展训练课程，此课程在学生中引起了很大反响，深受学生的喜爱。北京大学、中国地质大学（北京）已建成了相对完善的拓展训练用场地，并将拓展训练列为选修课程。中国地质大学（北京）花费40万元左右建造了多个组合训练架，并在2005年组织华北地区部分高校的体育教师进行了体验学习。目前，还有部分高校以活动的方式开展拓展训练的个别项目，如北京师范大学、首都经贸大学、浙江工业大学等。

第二节　拓展训练的理论基础

21世纪以来，每个人都面临着由知识不断更新而带来的巨大压力，因而必须开发出更有效的学习手段来增强自身的学习能力以适应社会发展。学校教育不再是传授学生知识的传统模式，而是应通过设置具体的教学情境来使学生学会学习、生活、生存。

拓展训练属于体验式学习，以"先行后知"的体验式学习模式，让学生在愉快、积极的氛围中，通过亲身体验来发掘自身潜力，培养创新和实践能力，促进顽强、自信、团结等品质的形成。

拓展训练的目的在于促进学生克服心理惰性，磨炼战胜困难的毅力；认识群体的作用，增进对集体的参与意识与责任心；改善人际关系，学会关心，更为融洽地与群体合作；认识自身潜能，增强自信心，改善自身形象；启发想象力与创造力，提高解决问题的能力；学习欣赏、关注和爱护大自然。而要实现这些目标，就与拓展训练的发展有关。

拓展训练是户外运动的一个分支，但其在发展过程中大胆运用了相关学科成熟的知识体系，使拓展训练本身显得更加充实，也为拓展训练的发展起到了极其重要的作用，同时，相关学科以拓展训练为学习载体，将其理论变得更加直观、易懂、有趣，使学习者有更多的机会在暗含其理论的活动项目中体验与感悟，在活动后巩固那些终生难忘的知识。

一、心理学是拓展训练的基础

拓展训练对个体发展产生影响的主要理论依据就是：努力 / 放弃（积极 / 消极）的心理力学模型，以及"体验、了解、控制、超越"的心理适应规律。

信任背摔是拓展训练最经典的训练项目之一，这个项目的意义就是让学生充分体会信任的重要性，体会"看"和"做"之间的心理差别，感觉突破心理障碍和挑战自我的意义。进而在引导分享环节中感悟到在日常生活中，许多事情不能做或做不好的原因不是"不能"而是"不敢"，成功的关键在于心理。与其相似的项目还有空中抓杠、高空断桥、天梯等经典团队项目，也是学生首先通过突破个人心理障碍，回顾这个突破过程时对个人、团队、成功等有所感悟，进而达到改变其行为的结果。

这些项目的实施都遵循了这样的基本原理：通过让学生参加事先设置的活动情境，

使其充分体验所经历的各种情绪，特别是负面情绪，从而深入了解自身（团队）面临某种外界刺激时的心理反应及后果，进而学会控制，实现超越，感受成功的秘诀：失败，再来，再失败，再来……直到成功。

在拓展训练中，学生参加的都是事先制定好内容与规则的活动，这些活动已经将可能会出现的心理问题提前设计好，参与活动的学生自然会表现出不同层次的体验。有一种体验瞬间，在拓展训练中称为“高峰体验”：指积累进行着某种技能学习或进行某种活动的努力过程中所获得的最高的体验。高峰体验有以下几个特征。

（1）在行动中有所觉察。

（2）意识集中在某个特定的刺激领域。

（3）自我意识消除、个人意识得到超越、体验到与外界的融合感。

（4）意识到自己和所处的环境在改变。

（5）产生始终如一的行动欲望和对行动的明确反馈。

（6）对报酬的欲望消失了。

这样的瞬间体验是具有积极意义的，是“最积极、最强烈的自我认证体验”。在拓展训练中，教师在设置教学情境时都以促使学生产生这种体验瞬间为目标，在让学生拥有自信、强化团队的同时，高峰体验也能成为培养学生心理素质的有效过程。

二、教育学与拓展训练

学校拓展训练作为一种突破传统教育模式的新型教育方式，其本身也得到了当代教育理念的支撑。

1. 整体教育理念

整体教育强调逻辑思维与直觉思维的关联、心与身的关联、个人与社区的关联等在内的关联教育。整体教育课程突破了学科框架的束缚，其教育促进学习者发挥其与生俱来的成长的所有可能性，学习者必须加深同自身、家庭、身边人之间的沟通，必须丰富自己同世界各地的人、地球乃至宇宙之间的沟通。同时，任何一个学习者都是拥有各自无可替代的价值的重要存在，正是每个人都有所不同，才能让学生从差异中得到启发。

拓展训练强调培养学生良好的沟通能力、团队意识，正符合整体教育理念中所蕴含的人本主义、人性优先、尊重每一个人的理念。

2. 探究学习理念

探究学习理念强调体验。体验是个人和谐成长发展的最基本要素，对于学生的发展而言，通过各种各样的体验，能够发展学生深层的认知能力、态度以及解决问题的能力，进而形成学生的人格。拓展训练作为一种体验式教育完全符合这种理念的要求。

3. 体育学理念

体育学理念强调健康。世界卫生组织对健康的定义为：健康是指在身体、心理和社会各方面都完美的状态，而不是没有疾病及虚弱现象。而拓展训练除了在促进学生身体素质发展方面与传统体育课程发挥相同的作用外，在心理、沟通、社会化方面所产生的促进作用较传统体育课程更有优势。

例如，空中抓杠、高空断桥等项目可以锻炼学生的意志力；信任背摔、穿越电网等项目能提高学生的团队精神，以及与团队成员间的沟通、交往能力；孤岛求生、荆棘取水等兼顾心理、智慧、体能的项目，同时也依赖于团队合作、沟通决策，更能够全方位地促进学生全面素质的发展。

三、管理学与拓展训练

在拓展训练课程教学过程中，学生以团队为单位完成各种规定的挑战任务。有团队就有管理，有管理就存在管理学的知识体系。

沟通是管理学的一项重要内容，缺乏有效的沟通是影响团队工作效率和效益的最大障碍。沟通无所不在，是团队完成所有项目的必须技能。拓展训练中有专门培养沟通能力的项目，如盲人方阵、解手链、信息传递等以语言沟通为主的项目，以及盲人排队、驿站传书等以肢体语言沟通为主的项目。在分享回顾环节中，学生会参照管理学有关沟通的知识，就沟通的障碍、方法等进行学习。

管理和领导也是管理学的重要内容。日常生活中不少人认为管理者和领导者职责相同，管理和领导的概念也相似，而在管理学中管理和领导是有差异的。如在孤岛求生项目中，就将 3 个岛上的角色与人物定义为基层、中层、高层这 3 个层次的管理者，不同层次的学生承担不同的职责，层级管理的理念就可以通过此游戏传输给学生。

四、组织行为学与拓展训练

组织行为学是研究在一定组织中人们行动规律的科学，包括人在组织中的行为、态度、绩效。尤其是组织行为学中有关团队的概念，对拓展训练的发展，以及拓展训练项目的实施有非常重要的意义。

所谓团队是指由成员和管理层组成的一个共同体，该共同体合理利用每个成员的知识和技能协同工作、解决问题、实现共同目标。团队能提升组织的运行效率、增强组织的民主气氛、实现知识与技能的互补、适应多变的环境。

团队的组成有目标、人员、定位、权限、计划五大要素，拓展训练是将学生组织成团队来完成教学任务，如破冰项目中有专人培养学生组织团队的活动，使学生了解团队组建的过程，并在完成团队协作、团队信任、沟通项目活动中，体会团队运行的规律和团队的价值。

五、领导学与拓展训练

领导学理念可以提高每个人的领导能力，领导力训练是其非常重要的组成部分。在21世纪，当社会变革、国际交流、信息技术等诸多挑战与机遇降临到每一位参与人面前时，无论我们是否身处领导者的职位，都应该或多或少地具备某些领导能力。

我国早期的拓展训练主要的培训对象是企业的中高层领导，目前大多数培训机构也都将领导能力培训作为主要的业务项目。拓展训练无疑能够提高领导能力，但这种训练并不仅仅是为领导者而设计的，没有处在领导者地位上的人也应该了解一些领导学的知识。这是因为领导力可以使人从宏观和大局层面分析问题，在从事具体工作时保持自己的既定目标和使命不变；领导力也可以使人用一种整体的、均衡的思维应对更加复杂、多变的世界；领导力还可以使人在关心自我需求的同时，也对自己与他人的关系给予更多的重视，并试图通过不断的沟通寻求更加平等、更加坦诚也更加有效的解决方案。

六、现代教育的四大支柱是拓展训练的理论支撑

如何加强对学生能力的培养，是国际教育界日益关注的问题。1996年，由雅克·德洛尔任主席的国际21世纪教育委员会向联合国教科文组织提交了名为《教育——财富蕴藏其中》(*Learning, the Treasure Within*)的研究报告，在这份报告中，国际21世纪教育委员会着眼于广阔的国际经济、政治、文化背景和21世纪的发展目标，即从各国实际出发，又注意可行性，向高层决策者提供了一系列教育改革和行动依据的建议。该报告中有一个特别引人注目的观点：面对未来社会的发展，教育必须围绕四种基本学习能力来重新设计、重新组织。这四种基本的学习能力也称之为现代教育的四大支柱。

1. 现代教育四大支柱的内涵

1）学会认知（learning to know）

学会认知的能力，也就是学会学习的能力。这种学习能力更多的是为了掌握认知的手段，而不是获得经过分类的系统化知识，即可将其视为一种人生目的。作为手段，它应使每个人学会了解他周围的世界，发展自己的专业能力和进行交往。作为目的，其基础是乐于理解、认识和发现新知识。为了解知识而学习，首先要学会运用注意力、记忆力和思维能力来学习。途径是将掌握足够广泛的普通知识与深入研究少数学科结合起来。学会学习，以便从终身教育提供的机会中受益。

2）学会做事（learning to do）

学会做事的能力，也就是要学会在一定环境中工作的能力。学会认知和学会做事在很大程度上是密不可分的。不过，后者与职业培训的联系更为紧密。“学会做事”不能简单地理解为是为了培养某人去从事某一特定的具体工作，也不能看作是单纯地传授有些重复不变的实践方法。不是教会学生某种技能，而是培养学生的个人能力，要求

其善于应付各种可能出现的情况。具备学会做事的能力，不仅要学会实际动手操作的技能，更重要的是要具备一种综合能力，包括：如何处理人际关系的能力；社会行为、集体合作的态度；主观能动性；管理能力和解决矛盾的能力，以及敢于承担风险的精神。能力是每个人特有的一种混合物，它把通过技术和职业培训获得的严格意义上的资格、社会行为、协作能力、首创能力和冒险精神结合在一起。交往能力、与他人共事的能力、管理和解决冲突的能力、直觉、觉察力、判断力、使一个集体紧密团结的能力、革新能力和创造能力等越来越重要。要学会有效地应付变化不定的情况，并积极参与对未来的创造。通过学会做事，不仅可以获得专业资格，而且从更广泛的意义上说，能够获得应付许多情况和集体工作的能力。

3）学会共同生活（learning to live together）

学会共同生活的能力，也就是在人类活动中，要学会与他人一起参与，要学会与他人一起生活的能力。培养这种能力可能是当今教育中的重大问题之一。现代社会充满竞争，也离不开合作。教育的使命是教学生懂得人类的多样性，同时还要教他们认识地球上所有人之间具有相似性又相互依存。因此，在学校日常生活中，在体育或文化活动以及各种社会活动中对学生进行这种合作教育，培养这种情感同化的态度，会对一个人一生的社会行为产生积极影响。学会共同生活可以为学生今后的生活提供参考标准，学会在合作中竞争，在竞争中合作，使他们既尊重多样化的现实，又尊重价值观的平等，增进相互了解、理解和谅解。

4）学会生存（learning to be）

学会生存的能力，也就是学会发展的能力。要学会适应环境以求生存，改造环境以求发展的能力。教育应当促进每个人的全面发展，即身心、智力、敏感性、审美意识、个人责任感、精神价值等方面的发展。应该使每个人能够借助自身的知识尤其借助于青年时代所接受的教育，形成一种独立自主的、富有批判精神的思想意识，以及培养自己的判断能力，以便由他自己确定在人生的各种不同的情况下应该做的事情。发展的目的在于使人日臻完善；每个人若要求得到有价值的生存和发展，更有效地改造自然、改造社会，就必须充分开发潜能，发展个性，提高素质，增强自主性、能动性、创造性和责任感。

2. 现代教育四大支柱的主要特征

如前所述，现代教育的“四大支柱”是指能支持现代人在信息时代有效地工作、学习和生活的四种最基本的学习能力。教育的这四大支柱不只涉及及生命的某个阶段或单独某一处，它与生命有共同外延并扩展到社会的各个方面，它是教育的新概念，是终身教育的新发展。

国际21世纪教育委员会的主席雅克·德洛尔在*Learning，the Treasure Within*的“序言”中指出：“生活的传统范畴发生深刻变化之后，迫使我们要更好地了解他人，更好地了解世界的迫切需要。人们有相互了解、和平交流以及和睦相处的需要，这几方面正是我们的世界最为缺少的。采取这种立场之后，委员会进一步强调了它作为教育基础而提出并阐明了的四个支柱之一，即通过增进对他人及其历史、传统和精神价值的了解，学会共同生活……委员会渴望一种能够树立这种新精神和为其奠定基础的教育。委员会并没有因此而忽略教育的另外三个支柱，它们可以说是学会共同生活的基本因素。”

可见，四大支柱的4种能力并非平行并列的，其中有一种是作为基础来强调的能力，这就是“学会共同生活的能力”，其余三种能力则是学会共同生活所不可缺少的基本因素。四大支柱是一个基础与三个因素的关系，在三个基本因素（学会认知、学会做事、学会生存）中，第二种因素是指学会在一定的环境中为完成某种任务所需的工作能力。第三种因素是指学会适应社会迅速变化与发展所需的应变能力，即自我生存所需的能力。只有第一种因素才与获取知识有关，而且这里强调的是要使学生学会如何学习，即掌握认知事物的手段与方法，而不是系统化的知识本身。由此可见，现代教育的四大支柱与传统的学校教育相比有以下几个主要特征。

（1）“四大支柱”强调以“学会共同生活”作为教育的基础，前文已经指出，学会共同生活就是要学会设身处地去理解他人，要与周围人群友好相处，并从小培养为实现共同目标而团结合作的精神。“人与人相处之道”是伦理道德的核心内容，所以，这里涉及的是伦理道德教育，目的是要建立良好的人际关系。强调要把“学会共同生活”作为教育的基础，就是强调要把“问题德育教育”作为教育的基础。这正是当前全球学校教育所普遍忽视的问题——片面强调智育。单纯追求考试分数，是当前各国基础教育的通病。在我国实施高考制度的大环境下，学生在生活能力、生存能力方面存在的问题比较显著。

（2）“四大支柱”对于智育不仅强调知识的学习而且强调实际能力的掌握。传统学校教育在“智育第一”前提下，将书本知识的传授与应试作为重点。“四大支柱”则把这些能力的培养，放在“学会共同生活”所不可缺少的基本因素之一来加以强调。而且不仅要求学会做事（能在不同环境下胜任、愉快地工作），还要求学会生存（具有适应社会变化、发展的应变能力）。

（3）“四大支柱”对于知识的学习，强调的是让学生掌握认知的手段、方法，即学会如何学习，而不是系统化的知识本身。由于信息时代知识急剧增长（即“知识爆炸”），若是像传统学校教育那样只强调对系统知识本身的学习与掌握，那么学生学到的知识大部分会很快过时，无法适应社会发展的需要，只有让学生学会认知，学会学习方法，才能在进入社会以后，通过自学继续学到工作中所需的各种新知识和新技能。

（4）“四大支柱”强调德育为基础、重视能力的培养、让学生学会认知等三大特征，能较好地适应信息社会发展的需求，与传统教育相比，更具有积极意义。而拓展训练的理念与现代教育四大支柱具有异曲同工之妙。

第三节　拓展训练的价值功能

一、社会适应能力培养价值

社会适应能力包括用所学的书本知识适应工作实际的主动性，也包括融洽地协调人际关系和适应生存环境的能力。有试验表明，经过一学期的拓展训练试验和学校生活，大学生中对新生活适应不良的人数明显减少，而适应能力较强的人数明显增加，大学生的社会适应能力普遍得到提高。

拓展训练以“团体合作学习”的方式使受训者学到了适应社会的知识，领悟到了做人的道理，通过开展系列团队活动项目，使每个参训者全身心地投入，更加融洽地与他人合作，甘做人梯，为他人创造便利的条件，共同成就事业，使其在不知不觉中经受了团队精神的洗礼，并通过亲身体验培养了团队精神，因而有利于全面提高受训者的社会适应能力。拓展训练融合现代教育学、心理学、体育运动学等多门学科的体系，让受训者在各种自然和人工设施中体验精心设计的多种新鲜、巧妙、刺激的项目，能够帮助受训者释放生活、学习和工作压力，调节心理平衡；能够使其认识和激发自身潜能，增强自信心、自信度与感染力；能够培养其自我控制能力，以从容应对压力与挑战；能够强化其探索精神与创新意识，培养进取心；能够强化其竞争意识，以及把握时机的敏感度和迅捷度；能够加强其面对复杂情况的分析判断以及决策能力；能够使其学会更好地与他人进行沟通与协调，优化人际环境；能够完善其人格，培养毅力、勇气、责任心、荣誉感及积极的价值观；能够增强和培养团队的凝聚力和竞争能力。拓展训练项目丰富多彩，能帮助受训者形成各种兴趣爱好，可以更多地接触社会，接触他人，因而能够较好地克服孤僻的毛病，忘却烦恼和痛苦，协调人际关系，扩大社会交往面，提高社会适应能力。

获得身体、心理和群体三维的适应能力是拓展训练的主要价值。此外，通过系统地开展拓展训练能够让我们教育者了解“服务式学习”的内涵，能够为思想品德教育提供新的思路和切实可行的帮助，也能够为我们真正展开与生命教育有关的课程提供帮助。

二、体适能价值

体适能（physical fitness）是机体有效与高效执行自身机能、适应环境（自然环境和心理环境）的能力。体适能（体能）主要是通过体育锻炼获得，每个人的体能水平不尽相同，与其年龄、性别、体形、职业和生理上的缺陷（如糖尿病、哮喘病）等有关。

拓展训练的基本原则是以户外自然环境为依托，以体能活动为导引，以心理挑战为重点，以极限要求为条件，以完善人格为目标。拓展训练包括室内情景训练、户外场地训练、野外训练和水上训练等。当今社会已经步入科学化、自动化、信息化时代，繁重的劳动量减少,工作时间缩短,休闲时间增多,丰富多彩的体育活动必然成为人们提高生活质量、满足自我需要的高级精神享受和追求。随着社会的不断发展和进步,人们对体育的内容、手段和方法提出了多样化的要求,人们希望在娱乐中能够达到更好地完善自身、改造自我、适应社会需要的目的。拓展训练有明显的教育作用,它以自然环境为依托,采取专门设计的具有挑战性的课程,让学生通过训练项目,经历心理挑战的锻炼,实现自我教育。

拓展训练中,当团队面临一个具体任务时,会根据每个人的体能状况进行位置分工,使每个成员都在自己的位置上充分发挥自己体能上、智慧上的优点,形成一个具有强大能量的团队。如在求生墙项目中,团队可根据学生的体能情况进行分工,体形匀称、力量好的同学适合第一个或者最后一个通过求生墙;体重较大属于力量型的学生适合为别人做人梯,在中间位置通过。这样分工,每个同学的体能都得到发挥、锻炼和提高。

三、心适能价值

心适能是指个体心理能够积极主动地调解和调整、适应外界刺激并能够正确应对的能力。21 世纪是终身体育的世纪,每个人都面临着来自"现代病"的威胁,身体活动的大量减少、人际交往的阻断、生活条件的巨大改变都使人类面临着威胁。为了消除这些威胁,"回归人性",人类已经自觉地把体育运动作为自己的一项重要生活内容,自觉地把体育运动作为实现幸福生活的内容与手段,自觉地把体育运动中的特殊体验作为维持和提高自我挑战能力的手段。拓展训练以各种"高峰体验"的瞬间为我们提供这种可能性,让学生在激动、恐惧、犹豫、喜悦中不断提升对生命的感悟、对挑战的向往,通过亲身体验培养自己的体育精神。

1. 信任支撑下的心理挑战

信任背摔是拓展训练的一个经典项目。其操作要求团队中的一名学生站在高度为 1.6 米的台子上,背对地面向后倒,其余的学生取两人一组用特定的方式去接住从台子上倒下的学生。对大多数学生来说,从这样的高度后倒下去,内心多少有一种恐惧感,有的学生由于害怕会直接蜷曲身体向后倒下去,甚至直接向后坐下去,在后倒腾空的一刹那会发出尖叫。

这个项目的意义就是使学生充分感受信任的重要性,通过对比"看"和"做"之间的心理差别,体会换位思考和相互理解的重要意义,体会突破心理障碍瞬间的感受和挑战自我的意义。不断突破心理保护层面是此项目成功的关键。人需要不断地突破自我,走出第一步。许多事情不是不能做,而是不敢做,这不是能力问题,而是心理问题。有些事情未能做成或未能做好,关键在于心理,心理素质是可以通过锻炼加强的。

2. 团队压力下的个人心理极限突破

拓展训练中最具有挑战性的项目应该是断桥和空中抓杠,其完全属于个人心理挑战项目，断桥和杠杆的高度都为 8 米。这两个项目要求学生在穿戴安全衣、安全帽的情况下从 8 米高的位置完成跳跃。这两个项目对学生来说最具有挑战性，许多学生在跳跃前或跳跃后都表现出极度恐惧。恐惧使学生有不同的动作、神情表现，有的人会尖叫，身体不由自主地颤抖甚至痛哭流涕，也有的学生由于害怕想放弃。拓展训练的基本要求是全员参与，不允许任何人退出，在团队的鼓舞下，最终每个学生都会振作起来，完成任务。

这两个高空项目的意义是完全突破个人的心理障碍。通过完成这两个高空项目，学生能够充满自信，感受到自身的巨大潜能。学生会领悟到突破心理障碍、发挥自身潜能与抓住机遇获得成功之间的关系，以及相互理解和鼓励的重要性。

3. 互助双赢与多赢下的高峰体验

拓展训练的主体理念是“挑战自我，熔炼团队”，其主要内容是以团队为单位去完成具体的任务，每个项目都需要团队的充分团结协作，其中逃生墙、钢丝桥、建绳房等几个项目尤其强调团队合作。逃生墙项目要求全体学生之间的合作，每个学生都要有积极奉献的精神，没有全体学生的积极配合，整个项目就无法完成。当最后一名学生顺利通过高墙时，整个团队会高呼庆祝，有的学生甚至会流出喜悦的眼泪。钢丝桥项目要求两个人为一个小团队，两个个体必须彼此支撑帮助，否则根本无法完成任务，他们将面临“生命危险”，在这种“危急”的时刻要求个体必须充分信任自己的队友，通过相信队友、支撑队友而获得队友对自己的支撑，学会主动付出才会得到回报，感悟“人”这个字的充分内涵——撇和捺之间的相互依靠、支撑，感受人的社会性；感受竞争与合作的同时存在，竞争是前进的动力，合作是前进的保证；感受双赢。建绳房项目是把学生分为三个小团队，要顺利完成这个任务，必须三个团队主动地沟通协作，团队间的协作既符合小团队的目标，又符合大团队的远景目标。学生通过团队间沟通合作感受团队之间的双赢与多赢。

4. 突发紧急情境下的心志考验与突破

在拓展训练的项目中，有几个项目是要求学生在规定时间完成某项任务，时间紧任务重，如果在规定时间内没有完成任务，所有学生将面临“生命危险”，这种情景模拟设置会使得学生在压力下共同完成这项任务，在焦急的情况下进行讨论、寻找方法、争论，甚至争吵。

孤岛求生、荆棘取水、逃生墙三个项目属于心智与体能并用的项目，要求所有学生集思广益、群策群力，在讨论与争论中取得目标的一致。由于时间危急，要求学生必须在有效的时间内寻找出求生的方法，否则就会被视为失败。虽然项目只是一种情景模拟，但所有学生都会进入这种模拟出的危急情境中，需要调动全部智慧去寻找解决问题的方法，不断尝试，在一种紧迫焦虑的状态下最后取得成功，这是一种全队共同感受到的高峰体验。

四、群适能价值

群适能主要是指学生在拓展课上所体验的适应群体关系的能力，通过训练将其转化为适应团队文化和适应社会的能力，最终形成适应社会生活的能力。拓展训练的课程主要是在组织和团队学习理论的指导下开展的，在此过程中会不断强调掌握与他人如何交流、如何沟通、如何协作等技能，尤其是在学生走出校园进入工作岗位时，如何理解所在组织的制度，如何认知所在组织的文化，如何快速融入团队，如何适应领导风格，如何适应群体生活等问题。

1. 建立人与人之间的信赖关系

人与人之间如果没有信赖的关系，就不能维持基本的人际关系，不能形成自我同一性。在马斯洛的“需求层次理论”中，最重要的基本需求之一就是“信赖感”。马斯洛认为：基本需求如果得不到满足，人类就不可能进行健全的生产和生活。人在建立复杂的心理性、社会性的信赖关系之前，建立身体的信赖是很重要的。拓展训练课上难免会有在众人面前出丑或失败的风险，而建立起人与人的信赖关系就成为解决这一问题的基础。

在经过“破冰”课的相互熟悉之后，学生们有了交往与了解的需求，问题在于他们用什么样的心态交流。事实上，这种心态必须建立在彼此信任的基础上，因此其后的活动往往从信任开始，比如做信任背摔、信任传递、高空合力过桥等，通过身体性的活动，将安全作为衡量活动的杠杆，彼此交付给所在团队。在正确的安全确保技术下，达成最初的同伴间的信赖关系，为此后的活动奠定基础。

在不断的挑战任务与团队合作中，通过同伴之间的援助和保护建立起来的信赖关系，会提高小组团队的共同成长意识。信赖关系从简单的同伴之间的信任转化为个体对所在团队的信任和同时上课的班级之间的信任。同伴之间信赖感的建立，对于团队学习中的冲突设置和冲突解决有直接帮助，对于团队度过“动荡期”走向规范也有直接帮助。

2. 培养团队角色认知能力

团队角色的认知对于自我定位和自我发展有重要作用，对于团队协作和团队绩效有明显作用，以此为基础的锻炼能够帮助学生发现自我，真实地分析自身的个性特征和潜在能力，对未来的职业生涯规划也有帮助。拓展训练课上学生主要是在团队中学习，通过课程中的团队游戏和教师辅导，学生可以对自己在团队中的角色有一定的认知，这对于他们未来融入工作中的团队有很大的帮助。贝尔宾在其著作《团队管理：他们为什么成功或失败》中提出：没有完美的个人，只有完美的团队。

拓展训练中的“团队”按照团队学习要求，可以和现实中的许多比较正式的团队进行比较，比如工作小组、专案小组、球队、社会组织团体、俱乐部等，从而增加学生对团队角色的认知。

第五章　拓展训练与团队学习

科技正在引领所有行业和生活领域，工作也不例外。数字革命对职业生涯的主要影响之一是人类专业技能需求的转变。美国领英（LinkedIn）网站的人才调查显示，如今最抢手的技能中，有一半在之前都不曾出现在榜单上。因此，现在人们愈加重视人才的求知欲和学习能力，对快速成长的渴望和能力，以及保持可雇佣性的技能。美国人才管理机构伯信（Bersin）的报告中指出："企业中学习文化的力量，是其商业影响的唯一且最大的驱动力。"学习文化是一种支持开放思想、独立追求知识以及针对组织使命和目标的共享学习文化。体验式学习是一种不同于传统教学的学习形式，有利于学习者通过参与、切身体验，感悟到学习的内容，从而更加容易转化成行动。

第一节　体验式学习

一、体验式学习的概念

学习是指从阅读、听讲、研究、实践中获得知识或技能的过程。这一过程只有通过亲身体验才能最终有效地完成。语言教学中所指的体验是指教师以课堂为舞台、以任何可用感官接触的媒质为道具、以学生为主体，通过创造出值得学生回忆的、让学生有所感受的、留下难忘印象的语言活动。不难看出，以前的语言学习对学生来说都是外在的，而体验式学习却像生活中其他任何一种体验一样，是内在的，是个人在形体、情绪、知识上参与的所得。

体验式学习（experiential learning）是通过实践来认识周围事物，通过能使学习者完完全全地参与学习过程，使学习者真正成为课堂的主角。教师（教练）的作用不再是一味地单方面地传授知识，更重要的是利用那些可视 、可听、可感的教学媒体努力为学生做好体验开始前的准备工作，让学生产生一种渴望学习的冲动，自愿地全身心投入学习过程，并积极接触语言、运用语言，在亲身体验过程中掌握语言。生活中任何有刺激性的体验如在蹦极跳中被倒挂在空中飞速腾跃时所拥有的惊心动魄的体验都是终生难忘的。同理，体验式学习也会给语言学习者带来新的感悟，从而加深学习者的记忆和理解。

二、体验式学习的形成与模型

体验式学习理论的建构者大卫·库伯（David Kolb）给出了体验式学习的概念：人们在以往的体验和知识的基础上，通过自己的经历或对事物的观察，在有意识的或无意识的内化中获得的洞察。

人们在各种形式的学习中都有体验，但是它的价值往往不被认同，甚至被忽视。体验式学习是将身体运动、思想、感觉、情绪、智力形态等都包括进去，因而对学习者产生的记忆痕迹也是最大的。有位哲人曾提出“我听，我忘记；我看，我记得；我做，我学到；我教，我掌握。”可见，学生从亲身参与中获取知识，可以牢记所学内容，学习效果明显。

大卫·库伯于 1984 年提出了一个著名的、广为人们接受的体验式学习模式。其高度强调一切学习以体验、注意为起点，而后进行反思、解释与共享，在此基础上进行深入处理、转化和有效的归纳整合，成为对个人成长有用的信息，最后通过实践应用验证它的可行性，并利用经验又进入另一个学习循环。库伯用学习循环模型（图 5-1）来描述体验式学习。该模型包括四个步骤：①实际经历和体验——完全投入当时当地的实际体验活动中；②观察和反思——从多个角度观察和思考实际体验活动和经历；③抽象概念和归纳的形成——通过观察与思考，抽象出合乎逻辑的概念和理论；④在新环境中测试新概念的含义——运用这些理论做出决策和解决问题，并在实际工作中验证自己新形成的概念和理论。

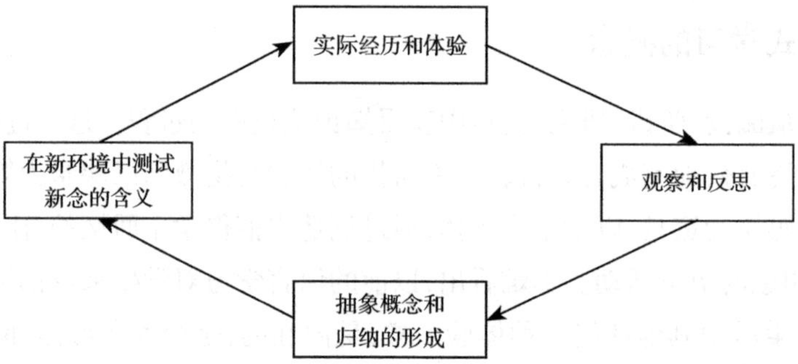

图 5-1 体验式学习循环模型

库伯根据在以上模型中知识产生的位置，将体验式学习划分为四种学习风格。

（1）发散思维风格：派生于具体体验和思考观察，适合于需要丰富想象力，对不同观点敏感的学习。

（2）同化思维风格：派生于观察思考和抽象概念化，适合于综合不同观点，形成解释框架的学习。

（3）聚合思维风格：派生于抽象概念化和积极试验，适合于理论指导实践的学习。

（4）协调者风格：派生于积极试验，适合于用法开展实践和学习。

为了更好地进行体验式学习，库伯给出了在每个阶段中进行学习或教学所应采取的策略，见表 5-1。

表 5-1　体验式学习步骤与学习策略

步 骤	学习 / 教学策略实例
实际体验	模拟、案例学习、实地考察、亲身体验、演示
观察和思考	讨论、小组活动、集体讨论、指定的观察者
抽象与归纳	内容的分享和传递
积极的试验	试验室试验、工作体验、实习、实际应用

三、体验式学习的特点

1. 主动学习

在传统学习方式中，教师是教学的中心，学生只需专心听讲，认真记笔记即可。而体验式学习则要求学习者发挥主动精神，对自己的学习负主要责任，真正成为教学过程的主体。体验式学习强调学习者积极主动地参与，认为没有这种参与，就不能产生任何体验，更谈不上学习过程的完成。

2. 寓教于乐

寓教于乐一直是教育界为激发学生的学习兴趣而试图攻克的难题。寓教于乐中的"乐"应包含两层意义：一是指教师把传授的知识融入能激发学生兴趣的教学方法，尽量使教学过程像娱乐活动一样吸引人；二是指教师通过调动学生，将被动学习变成主动掌握的过程。体验式学习的提出为教育方面的研究开辟了一条新的思路。其中"乐"的重心已有所偏移，即并非教师单方面制造的乐趣，而是学生主动体会到的乐趣。学生学得快乐，这才是寓教于"乐"的真正实现和真实效果。

3. 学以致用

学以致用是传统教育的一个难题，原因之一是学生很少有应用知识解决实际问题的场所、时间和机会。在语言教学中则表现为不了解在真实的环境下应该用什么语言最适当、最能表达自己的思想，这也是中国学生在英语等级考试中能拿高分，但始终摆脱不了"哑巴式英语"的原因所在。因此，应该让学习者逐渐意识到语言学习是一个通过实践运用循序渐进的过程。脱离了语言的应用，词语就永远只是一堆僵化的字符，并将随着时间的流逝而从头脑中消失。体验式学习的优势在于，它为学习者及时提供了一个运用语言的空间，使语言学习者成功地进入生动的语言表达和思想交流之中。

4. 虚实结合

体验式学习是一种情境化学习，在这里学习过程被置于各种虚拟的或真实的语言情境之中。关键在于，教师在实施情境化教学理念时应该对其保持一种发展的眼光和态度，意识到情境化学习不能只是让学生表演一些背得烂熟的情景对话小品。的确，模仿是语言学习的必经之路，但更重要的是，不能忘记模仿是为了更好地创造。如果只是一味地强调模仿，一旦学生在生活中遇到真实情境，就会不知所措，因为他们并没有真正掌握在真实情境下如何灵活运用语言。所以，虚拟情境应力求逼近真实的情境，在引导学生体验时要尽量使学习者从外在的环境和内在的心境两方面都能感到自己正处在生活的语言空间中，而不是在一种被安排好的系列活动之中；要让学习者对即将发生的事情无法预料，而又必须马上运用所学语言知识进行思考，做出反应，加以解决，从而在一个解决问题的过程中获得对语言的深刻体验。语言的运用在生活中无处不在，教师应充分抓住这一点，把语言体验与语言教学有机地结合起来。

例如，当教师正在上课时，一位迟到的学生走了进来，教师即可抓住这个时机，创造一次供这位迟到学生参与的语言体验，让他对自己的行为做出解释。此时，学生面临的问题就不仅仅是一句“I am sorry”可以搪塞过去的，而必须立刻运用所学语言就复杂得多的情况加以解释、致歉并保证此类事情不再发生。此时，他会遇到选词、句型、语气及语音语调，甚至言行举止的问题，并需要加以恰当的处理。教师可在体验结束后给予学生积极的评价，让学生意识到准确运用语言的价值，从而适应今后可能碰到的更复杂的类似情况。

四、拓展训练是一种体验式培训

拓展训练的成功开设，需要按照 Outward Bound 所推崇的学习理念，运用体验式学习的课程模式，在学校教育中获得认可。拓展训练课通过“寓教于乐”的方式更好地激发学生的兴趣，通过课程设计将刺激的、学生期待的活动安排在每节课中，让学生在体验中得到一种不同寻常的快乐；作为体验式学习的主导，拓展教师应通过调动学生，将被动学习变为主动学习的过程，把“要我学”变成“我要学”。体验式学习采用活动项目学习，学生不单是被动地和单向地接受知识和技术，也不仅仅是参加娱乐活动，学生在各种“游戏”中挑战、感悟、反思，从做中学，在学中乐，学生乐于接受这种学习方式，从而实现真正的“寓教于乐”。

积极参与体验增强了学生的学习积极性。在传统的教学中，教师是教学的中心，学生只需要专心听讲，认真记笔记即可。而体验式学习则以学生为教学过程的主体，强调学生的主动性和参与性，在特有的情境中激发所有学生积极努力的“挑战欲”。体验式学习重在参与，假若没有这种参与，就没有经历，也就难于产生任何体验，更谈不上学习过程的完成。

体验式学习是知识与实践之间的一座桥。学以致用是传统教育的一个难题，很多大学生走出校园后，还要重新接受较长时间的培训学习，原因之一是学生很少有应用知识解决实际问题的场所、时间和机会。体验式学习把概念、知识和技术设计成一个互动式的学习过程，学生通过自己的亲身经历和体验，了解概念与活动内容的关系，把这些经验转移到学习、生活和工作中，使自身的态度、行为、技巧有所进步，认知能力及人际关系也会得到提升。

拓展训练和许多体育活动相似,有许多类似游戏的活动,作为体验式学习模式,拓展训练又高于简单的游戏过程,它注重活动之后的反思和归纳整合两个阶段。如果我们在实施体验式学习时,从体验阶段跨越到应用实践阶段,而忽略了反思和归纳整合这两个阶段,那么重要的学习环节就会被覆盖,而学习环节犹如海面下冰山的巨大底座一样,蕴藏着称为学习空间和激发潜能的机会。学习型组织的创始人彼得·圣吉提出:只有当反思和归纳整合开始的时候,才是学习真正产生效果的时候。拓展训练不单单重视体验和实践,是更注重体验后的反思和归纳总结的一种完整的体验式学习。在拓展训练课程中,体验和实践阶段用时占总课时的65%,反思、归纳整合和提升阶段占总课时的35%。传统的体育项目也可以借鉴这种模式,适当改变一下教学进程可能产生意想不到的效果。

第二节　拓展训练活动流程

拓展训练活动流程可归纳为五个部分,分别为前期准备、挑战体验、分享总结、提升心智以及改变行为,核心部分是改变行为。这五部分形成两个环,外环和内环(图5-2)。外环是前四部分的循环,在每一次拓展训练结束后,教师都要总结经验以便更好地完善下一次实训,如此循环往复,不断提高。内环(改变行为)是核心部分,拓展训练的目的就在于通过这种体验式学习,使学员的行为发生改变,使其打破原有的思维模式,认识团队合作的重要性。

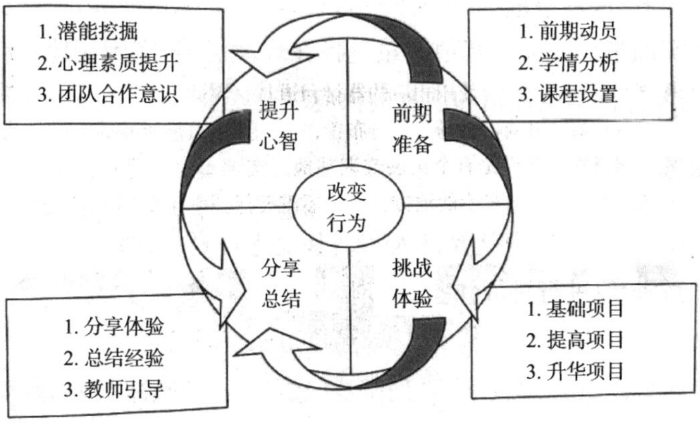

图5-2　拓展训练活动流程

一、前期准备

任何一项活动或课程的开展都需要进行前期准备,对于拓展训练这种偏向户外体验的活动来说,前期准备是非常必要的。

1. 前期动员

高校拓展训练课程的目标人群是大学生,学生在得知要进行这门课程的学习时,由于以前没有接触过类似的课程,第一反应会有一连串的好奇和疑问,如"这门课到底是要做什么?"所以,拓展训练教师的首要任务就是让学生对此课程在认知上有基本的了解,这就是进行前期动员的目的。具体的动员内容包括:拓展训练课程的简单介绍、开展课程的目的和意义、具体的时间、地点安排、课程要求、安全教育,以及学生成绩考核办法等。

2. 学情分析

学情分析即对学生基本情况(如学生人数、所在班级、专业、男女生比例、有无特殊情况等)进行调查和了解,以便按照人数和专业进行分组。分组原则如下:一组人数控制在20~25 人之间;打乱各班级各专业的顺序,由教师来随意分组,避免学生跟自己熟悉的同学分在一组;尽量使各组男女生比例一致。如果有个别学生由于特殊情况不能参加某些高难度项目,要提前预知,以免造成不良后果。

3. 课程设置

如今高校的大学生多以"00 后"为主,他们是在新世纪的环境中成长起来的,独生子女居多。他们思想开放,崇尚个性发展,往往团队合作意识薄弱。因此,针对这一特征,实训课程的设置应多以团队合作项目为主,从起始的组队"破冰",到最后的分享总结,都是以团队形式进行的,从而增强学生对团队合作意识的领会和践行。

每个拓展训练项目都需要使用相应的器材和道具,因此,在进行活动之前,需要准备项目所需的器材和道具,并对活动场景进行布置,以保证项目能够正常进行。当然,最基本的条件是要有实训基地。训练基地尽量选择在环境优美、空闲场地足够大且相对稳定的地方,同时还需要保证学生住宿和饮食的供应以及安全。

二、挑战体验

前期准备工作完成后,学生就要进入实训基地进行真实的挑战体验。根据拓展训练课程的项目设置,分阶段进行挑战体验。

1. 基础项目

基础项目包括组建团队、"破冰"系列游戏(图 5-3)。"破冰"系列游戏即"破冰"模块的实施,意在让学生打破隔膜,互相熟悉,融入团队。分组后各组组建团队,包括起队名、选队长、创队歌和想口号等,这些小环节在以后的各项活动中会带给队员归属感。队长的责任重大,能起到领导、鼓励、调节队员情绪和团队气氛的重要作用。团队组建完毕后,需要各队员进一步互相熟悉和了解。此后设置一些"破冰"游戏,如缩小包围圈、一个也不能少等游戏活动,让学生在轻松的游戏氛围下,以良好的状态进入接下来的挑战项目。

图 5-3 “破冰”游戏

2. 提高项目

提高项目包括动力火车、穿越电网、信任背摔、雷阵取水等，即对应信任模块、沟通模块、挑战模块的实施。意在让学生拥有团队合作意识，主动提高团队合作意愿。动力火车和穿越电网项目着重磨炼学生的作战技巧和抗挫折能力。当一次次接近胜利边缘而由于某种原因不得不又重新开始的时候，学生如何调整心理状态是完成项目的意义所在。信任背摔是考验学生对同伴的信任程度，毫无顾忌地背对地面倒下去，在被同队队员接住的一瞬间，相信大家的心情都是无比激动的。当然，所有项目的前提都是有良好的团队合作精神。

3. 升华项目

升华项目包括合力跳绳、合力颠球、不倒森林等，还有求生墙这种高难度挑战项目，即合作模块、激励模块的实施，意在让学生的团队合作意识进一步提高，能够明确自己在团队中的位置，积极与其他同学合作，共同高效地完成任务，并能深刻认识到团队荣誉的重要性。这些项目对团队合作的考验更加明确，每个学员都需要同时发力，齐心协力，有一个人落下就会影响团体成绩。而且项目以比赛的形式进行，更加强调每个人的表现对团队荣誉的影响。求生墙项目由全体学生参加，而不进行分组。学生们站在 3 米高的墙下，从起初，望而生畏，认为不可能完成，到最后很快顺利地完成，这种心理状态的变化使学生深刻认识到只要有毅力坚持下去，世界上没有不能完成的事。

三、分享总结

每个项目完成之后，学生都要彼此分享一下自己的活动体验和感受，总结各自存在的问题及团队的成功与失败之处，以便下一个项目能够更好地完成。并且，在项目都完成之后还要进行一次整体的大总结，由拓展训练教师引导学生完成。

1. 分享体验

对于每个拓展训练项目，无论是顺利完成还是经历多次失败之后才得以完成，参与者都会有不同的体验和感受需要彼此分享。学生可以把在项目中自己所处的位置和在项目活动中的心路历程说出来，队员之间可以相互指出彼此存在的问题并给出解决方法（图 5-4）。

图 5-4　队员分享拓展训练体会

2. 总结经验

总结经验是在团队队员分享体验之后进行总结的环节，是体验的进一步提升的过程。体验只限于表面的感受和体会，而经验是经过思想上的消化吸收之后得出的结论。分享体验和总结经验可以交叉进行，在交流感受的同时对活动的成功或失败的原因进行分析，并总结有关的注意要点，它对下一个项目的开展有积极的指导和借鉴作用。

3. 教师引导

教师引导就是拓展指导教师对学生活动中出现的问题和认知感受进行引导，用符合拓展训练理论的理念进行科学的总结，使其理论更加严谨与体系化。这部分主要是在所有拓展项目完成之后进行的，学生在之前的分享总结过程中也许会出现偏差，这时候教师要正确地引导学生。

四、提升心智

拓展训练是一种体验式学习，学生在做中学，能更有效地从各方面提升自己的心智，在经过一轮训练之后能把前所未有的潜能挖掘出来。心理素质有所增强，团队合作意识也会相应提高。

1. 潜能挖掘

每个人都蕴藏着为他人所不知的无限潜能。在拓展训练课程中，当一些稍有难度的项目摆在学生面前时，他们的第一反应大都是不可能完成。随着项目的进行，在必须完成的压力下，学生的潜能就会被挖掘出来，最后把看似不可能完成的任务顺利完成，其结果甚至连学生自己都觉得不可思议。

2. 心理素质提升

拓展训练可以提升学生面对困难时的自信心,尤其是在完成高空项目或者难度较大的团队挑战项目后,学生通常会获得陌生的、新鲜的、具有挑战性的,与平常生活方式不同的经历与体验。在面对这些从未经历过的活动时,学生将会产生心理压力和生活中少有的危机感,而通过训练产生的心理体验必将带来特有的经验,能提升自我意识,促进学生的个人成长。

3. 团队合作意识

高校开展团队拓展训练课程的根本意义在于培养学生的团队合作意识。拓展项目也基本以团队形式开展,意在让学生从实际活动中认识到团队力量的无限可能,从而使学生在未来的学习、生活和工作中积极寻求团队合作,与他人共同完成任务。

五、改变行为

拓展训练能改变学生的态度,进而改变他们的行为。将拓展训练中的所感、所悟应用到以后的生活和工作中,能达到学习的最初目的。通过训练,学生不仅能够获得生存的技巧,改善日后的行为,更重要的是锻炼一种心态,一种在危机时刻尽量保持镇定、永不言弃的心态。这种心态的培养对于学生适应社会生活有很大帮助,因为他们在学习、工作中有时遇到的困难不亚于这些危机,同样需要学生们努力调整自己的心态,通过自己的努力与他人的帮助渡过难关。拓展训练对于遇到困难容易放弃或者采取极端手段解决问题者会有一定帮助。

第三节　团队学习的理论、动因及影响因素

团队学习是指一个单位的集体性学习,它是学习型组织进行学习的基本组成单位,便于单位成员之间的互相学习、互相交流、互相启发、共同进步。团队学习是发展团体成员整体搭配与实现共同目标能力的过程。团队学习对组织与个体来说是双赢的选择,也是双赢的结果。

一、团队学习的特征

团队学习有两个基本特征:团队目标一致和知识共享。

首先,个人目标与团队目标的一致,是团队学习的基本要件。实际运作中个人目标是无法否定和抹杀的,但个人目标如果最大限度与团队目标一致,则会推进团队学习的进程。另外,知识共享实质上是内部交易的过程。团队成员只有通过知识共享,才能互通有无,共同提高。如果没有知识共享,团队学习只能是一句空话。

其次,团队学习可以促进个人成长。由于个体间差异的存在,每个人都可以发现自

身的比较优势。团队学习可以有效发挥队员个人的比较优势来达到团队内部的互助。同时,通过团队学习能使团队智慧融入个人理念中,以不断适应新形势下开展个人业务的工作需要。不仅可以免费享受别人的工作技巧和有效方法,更可以展示个人的理解和独特设想,接受别人的启发和灵感。

最后,团队学习有利于提高团队核心竞争力。团队核心竞争力不仅仅是个人的核心竞争力的简单累加。为了促进团队核心竞争力矢量叠加,必须开展团队学习,提倡知识共享。同时,团队中人人都可以找到个人核心竞争力发展的支撑点,崇尚互信和无缝配合的一种氛围。

二、团队学习的理论内涵

对团队学习的理论描述存在三种不同的取向:行为取向、信息加工取向和结果取向。

1. 行为取向的团队学习

行为取向的团队学习强调团队学习过程中团队成员进行互动的具体行为,并认为这些行为对团队绩效具有重要影响。如爱德蒙森(A. Edmondson)认为,团队学习是一种基于反思与行动之间相互交叠的过程,并总结概括出该过程中团队成员应有的学习行为,即提出问题、寻求反馈、进行实验、反思结果、讨论错误或出人意料的行为后果。

2. 信息加工取向的团队学习

信息加工取向的团队学习强调团队学习是发生在团队水平上的信息加工过程,尽管团队的信息加工过程与个体的信息加工过程相似,但团队在信息加工的具体方式和特征上与个体是不同的。辛茨(Hinsz)等从信息加工的角度提出团队学习的过程中存在如下几个信息加工的阶段,即明确加工目标、加工处理(注意、编码、保存及抽取)、反应、反馈,并认为团队学习贯穿于信息加工的各阶段之中。亚戈特(Argote)也从信息加工角度分析了团队学习过程,并提出团队学习的四阶段模型(CORE 模型),这一模型将团队学习在理论上分成四个阶段,即构建阶段、操作阶段、再构建阶段和与外部环境联系阶段。

3. 结果取向的团队学习

结果取向的团队学习强调团队学习是一种团队成员之间发生的知识转移。例如,亚戈特认为团队学习发生标志主要体现在团队成员在知识和绩效上发生相对持久的改变,并可利用组织和团队学习曲线的分析方法测量团队学习的结果;埃利斯(Ellis)指出,团队学习是一种经由团队成员通过分享各自的经验从而导致在集体水平上的知识和技能发生相对持久的变化,认为团队学习应该包括两个方面,既个体从直接经验中的学习和个体从其他成员的经验中学习。

纵观上述三种对团队学习的理论描述,可以发现三者不同之处主要在于研究者的描述视角存在差异。行为取向和信息加工取向的团队学习强调学习的过程;结果取向的则强调学习的结果;而三种理论描述则一致认为团队学习是一种基于知识与个体经验共享的团队成员间的互动,团队和个人均能从该互动中获益。

三、团队学习的动因与障碍

1. 团队学习的动因

1)被动动因:紊乱与危机

这是一种被动的反映。这种反映主要由以下两种原因引起。

(1)当团队的期望与实际结果出现差距时,才进行团队学习。按照一般人的理解,团队的集体智慧应高于个人智慧之和,团队拥有整体搭配的行动能力。但是,经过一段时间的磨合,团队未能实现整体搭配。而且在团队内部,个人还格外地努力,但他们的努力未能有效地转化为团队的力量。许多个人的力量被相互抵消掉了。这就是团队内部的紊乱。当团队在学习时,不仅整体能产生出非凡的成果,个别成员成长的速度也更快。更主要的是,通过学习,成员之间不和谐的力量会抵消或减至最小,从而实现团队的整体搭配,发展出一种共鸣或综合效果,就像凝聚成束的激光,朝着共同的方向奔赴。

(2)团队的生存受到了威胁。当团队对完成组织的目标不力时,可能会遇到组织对其能否存在进行抉择的危险,此时,如果再不进行大的"动作",使其在业绩上有新的突破,很难有其存在的理由。新的突破,需要有新的知识、新的技能和新的态度,这些必须依靠学习才能在短时间内迅速获得。

2)主动原因:直面未来,提高工作效率

这是一种主动的反映。团队所有成员达成共识:学习是团队得以较好生存的一种条件,是团队可持续性发展的重要条件。因为与竞争对手相比,学习快的团队是唯一能在未来保持竞争优势的团队。只有团队不断学习,才能不断地提高;也只有团队不断学习,才能使团队具有较强的战斗力。

通过学习,可以提高团队的工作效率。这主要得益于学习可以强化过去成功的经验,改变团队的一些低效行为。

3)个体工作观念的转变

随着社会的发展,物质日渐丰富,人们的工作观正逐渐由"工具性"工作观(工作是达到目的的手段)转变为"精神性"工作观(寻求工作的内在价值)。汉诺瓦保险公司总裁欧白恩说:"当你工作两天所赚的钱比你的父辈们工作一周赚的钱还多时,大家开始渴望建立比遮风挡雨及满足物质需求层次更高的组织,而这种渴望将不遏止,直到理想实现。"这是促使我们向学习型团队迈进的深层次的社会动力。而这种变化也是工业社会演进的一部分。

2. 团队学习的障碍

1)过去的知识与经验

过去的知识是我们成功的资本,但也有可能成为我们进一步前进的障碍。19 世纪末英国物理学家开尔文在他展望20世纪的文章中，满怀胜利的喜悦宣称："物理学的大厦已基本建成，后辈要做的只是零碎修补工作，把实验数据搞得更精密化。"无独有偶，1900年，法国数学界领袖人物庞加莱在国际学术会上发表演说，总结了19世纪数学领域的光辉成就后，兴高采烈地宣称："数学绝对严密化的目标已经达到了。"可是，人类刚进入20世纪，物理学便捷报频传：相对论、量子力学等重要成果相继问世；数学领域也传出"勒贝格积分"等令人耳目一新的成果。由于人们对新科学、新思想缺乏思想准备，以致很长时间里新积分理论创立者、法国一名中学教师勒贝格的创新思想被人斥之为"大逆不道""破坏传统数学的优美"。一时间，只要勒贝格出席学术会议，就会遭到嘲笑和非难。

过去成功的技能和经验，即使对现在的情况无能为力，但人们仍固守这些经验和技能。在相对论诞生后，荷兰物理学家洛伦兹的理论基石开始出现裂缝，他曾提出用"长度收缩"的假说来解释新出现的矛盾，但由于难以自圆其说而悲观失望。他哀叹道："在今天，人们提出与昨天完全相反的主张，这就无所谓真理的标准了。我真后悔没有在这些矛盾出现前五年死去。"

2)为难的管理者

客观上，信息爆炸的负面影响就是信息紊乱，即太多的信息难以给所有的信息进行整理和归类。所以，管理者很难对未来有一个清晰的认识，以至于团队学什么、如何学，管理者也难以定夺。从主观上讲，有时管理者不得不以自己的特权按照自己对社会、组织和团队的理解来制定规则，学习那些自认为有用的知识，放弃自认为"没用"的知识。

3)妨碍团队学习的一些习惯用语

(1)这些从来就没有做过(我也不必去试，不必要去学习新的知识)。

(2)这台机器没有坏，你怎么又去安装它?"(为什么要这样做呢?其实再次拆装就是学习，没准还能发现问题)。

(3)你在这儿才待了多长时间?(这是年长者常常对年轻人所说的话)。

(4)这不是我的决定(为什么要我改变行为)。

(5)关于这件事，我认为需要进一步地深入研究(而不是再一次地去尝试)等。

四、团队学习的影响因素

团队学习的影响因素包括三类，即组织水平变量、团队水平变量和个体水平变量。

1. 组织水平变量

组织水平变量主要包括组织中的人员轮岗及培训，组织的绩效管理，组织的知识管理。亚戈特等的研究表明人事轮岗有利于个体的知识(显性知识和隐性知识)在不同的群体间进行有效传播与应用，其对团队学习具有显著正效应。Liang等的研究表明团队培训比个体培训对团队学习能产生更好的结果效应，这主要是因为团队培训有利于发展团队成员的交互式记忆系统以及增进团队成员间的人际信任。吉普森（Gibson）等的一项研究表明绩效管理由外在于团队的管理者执行，团队学习的效果会越好，而一个组织的知识管理水平对团队学习也有着重要的影响。

2. 团队水平变量

团队水平变量主要包括团队信念、团队凝聚力、团队领导风格、团队授权以及团队构成。爱德蒙森等研究了团队心理安全感和团队效能感对团队学习的影响，结果表明团队心理安全感与团队学习间显著正相关，但该研究未发现团队效能感与团队学习间存在显著的相关性；爱德蒙森的一项研究表明团队授权水平高，团队成员感觉到拥有的权力越大，则越能激发学习行为。埃利斯等的研究表明配对式的团队结构比功能式团队结构和分工式团队结构更有利于团队学习。Wong 的研究表明团队凝聚力对促进团队外部学习具有显著正效应，但对团队内部学习则没有发现显著效应。国内学者姚静等的研究表明变革型领导行为对团队学习具有显著正效应。

3. 个体水平变量

个体水平变量主要是指团队成员的认知能力、个性特征以及团队成员间的个体差异。吉普森等的一项研究专门讨论团队成员在人口统计特征上的差异对团队学习的影响，其用子群强度（团队成员在人口统计变量特征上相同的程度）来表示团队的异质与同质特征，研究结果表明中等水平的子群强度最有利于团队学习。埃利斯等的研究表明，团队成员的认知能力水平与团队学习显著正相关；而团队成员的个性特征中宜人性和开放性等个性因素与团队学习也显著正相关。

五、团队学习与团队绩效的关系

大量针对团队学习的研究结果表明，团队学习不但对提高团队绩效有直接的正效应，并且在一些团队变量对团队绩效的影响中具有重要的中介或缓冲作用。Chan 等对澳大利亚某中型医院中的工作团队进行了研究，结果发现团队学习对团队绩效具有直接的正效应。Van Der Vegt 等的一项针对由多学科专家组成的团队的研究表明，团队学习的效果在专家的多样性对团队绩效的影响中具有重要的中介作用。Yeh 等针对一项跨功能团队的研究表明，团队学习不但对团队绩效具有显著的正效应，而且在团队冲突对团队绩效的影响中具有重要的缓冲作用。此外，Wong 等的一项研究表明，团队学习存在两种不同的类型，即团队内部学习与团队外部学习。两种团队学习类型均与团队绩效存在积极的正相关性，然而如果两种学习类型在团队学习中分配不当从而形成冲突，那么则会损害团队绩效。国内学者肖余春对某汽车集团下属公司中的二个生产团队开展现场准实验研究，结果表明团队学习对团队绩效具有积极影响作用。

拓展阅读

团队学习的几个认识误区

吴 磬(国家行政学院)

许多人认为,团队学习,顾名思义就是团队成员在一起学习,比如大家一起听课、听报告、一起开会学习文件等。这样的学习常常因为走过场、形式主义而效果不佳,导致大家认为团队学习无用。在现实社会生活中,不管是政界、商界,还是学界,真正成为学习型组织的团体和组织少之又少,而建成终身学习型组织更是难觅其踪。这固然有很多客观原因,但是笔者认为最大的问题是认识问题。俗语说:不怕做不到,只怕想不到。思想是行动的先导,理念误区会导致行为错误。笔者在干部培训工作的实践中发现,对团队学习普遍存在着以下几个认识误区。

误区一:认为团队成员一起学习就是团队学习。

这是一个非常普遍的认识误区,甚至很多培训机构也是这样想的:组织中的每个人都在学习,这个组织就是学习型组织。这个认识误区是由于对团队学习的内涵不甚清楚。美国学习型组织之父、当代最杰出的新管理大师之一,彼得·圣吉认为:团队学习就是发展团体成员整体搭配与实现共同目标能力的过程。主要包含五个要素:团队成员全员全身心投入、沟通合作基础上的学习、需要整体搭配的能力、需要达成共识和有共同的目标。所以团队学习的核心是:团队成员通过沟通与合作,解决影响组织生存与发展的问题,以最终实现组织的目标或愿景。因此团队成员都在学习,但是没有沟通合作,就不是团队学习,而只是团队成员一起进行的个人学习,这样的学习无法达到团队学习的目的,也不能发挥团队学习的作用。将大家一起学习等同于团队学习,使个人学习和团队学习的目的难以分清,造成组织需求、岗位需求和个人需求难以厘清,甚至相互矛盾或不能兼顾。

误区二:认为开展团队学习只是为了调节团队气氛、加强团队精神。

产生这个认识误区有三个方面的原因:一是认为开展团队学习就是为了团队建设,提高组织的凝聚力;二是由于把团队成员一起进行的个人学习当作是团队学习,所以认为团队学习并没有给组织带来超出个人学习的效益;三是彼得·圣吉只是将团队学习作为组织进行五项修炼的其中一项,并没有强调团队学习对其他四项修炼的作用和影响,使很多人将团队学习作一般字面上的理解。

事实上,真正的团队学习是组织提高绩效的有效途径和手段,是组织生存和进步的有力法宝。20世纪80年代,彼得·圣吉教授研究了大量企业兴衰史和参加了大量的企业管理实践后总结出:未来最成功的企业将是一种学习型组织——能够使各阶层所有成员全身投入,并持续不断学习的组织。企业未来唯一持久的竞争优势,就是具备比竞争对手更快学习的能力。组织的学习能力说的是团队学习的能力，而不是组织个人的学习能力。这是两种完全不同的能力。对组织而言，团队学习比个人学习更重要，团队的学习能力决定组织的兴衰，团队学习的作用远远不止调节团队气氛、加强团队精神这么简单，这只是真正团队学习的附属品。这种认识误区造成大家不能看到团队学习的重要作用，认为团队学习是可有可无的东西。

另外，彼得·圣吉认为学习的基本意义和目的就是创新，所以系统观念与系统思考是学习型组织理论方法的核心，其他四项修炼，包括改善心智模式、自我超越、团队学习和共同愿景，是学习的本质、动力与目的。

但是我们在实践中发现，心智模式对团队学习的阻碍远比对个人学习的影响大得多，而且靠个人学习难以克服。因为，每个人的心智模式必须靠从与别人的沟通中才能意识到，只有通过团队学习，才能反思探询。因此，笔者对五项修炼的关系有了进一步的认识。改善心智模式，是克服团队学习的主观障碍，体现了个人学习与团队学习的共同本质，而不仅仅是个人学习的本质；系统思考是学习的思维方式，也是组织的世界观和方法论。这两项修炼是团队学习的基础。自我超越，是个人与团队学习的内在动力和目标，而不仅仅是个人学习的动力；共同愿景，是组织学习的最终目的。团队学习，是促进组织进步的根本途径和方法，它可以改善心智模式和系统思考为基础，完成个人与组织的自我超越，向着实现共同愿景而努力。总之，通过进行团队学习，用系统思考的思维方式，克服团队学习的主观障碍，以获得超越个体的团队智慧，达到实现组织的共同梦想这一最终目的。从这个意义上讲，团队学习是修炼中的修炼，贯穿其他四项修炼，因此团队学习是建设学习型组织的核心和根本方法。

误区三：把团队学习障碍造成的团队学习困难，归结为团队学习本身没有什么效果。

由于社会上真正的学习型组织难以找寻，团队学习很难持续开展。于是，许多人认为团队学习本身意义不大。实际上，团队学习之所以难以开展在于团队学习的障碍。由于没有清楚地认识到团队学习的障碍，在实践中就没有找到开展团队学习的有效方法，所以团队学习就无法有效进行。

在分析团队学习的障碍之前，我们可以分析一下个人学习的障碍。我们发现，个人学习的障碍受个人主客观条件的限制，如个人的文化程度、思维方式、经验背景、时间场合、物质条件和环境影响等各方面因素。同样，团队学习的障碍也来自团队的主客观原因，只是团队的主客观因素与个人的不完全相同。团队学习的障碍包括主客观两方面，主观障碍是团队成员的心理和思维障碍，而客观障碍来自组织和环境的影响。一方面，人们在组织中出于自我保护意识而采取沉默或顺从的方式，形成“习惯性防卫”，造成团队学习的心理障碍；而来源于每个人的心智模式，如局限思考、归罪于外、经验主义、先入为主、静止僵化等缺乏系统、全面、运动、辩证的思考，造成团队学习的思维障碍。另一方面，在社会上占主导地位的科层制（又称官僚制）组织结构，它与工业化相适应，但与信息时代越来越脱节，严重阻碍团队学习的开展，造成组织障碍；同时，社会文化的影响形成了环境障碍。

从上面的分析可以发现，团队学习的障碍非常巨大，正是这个原因使团队学习很难进行下去。笔者通过几年来带领的三十多个不同类型、不同层次、不同行业的领导干部培训班的实践证明，针对克服团队学习障碍开展的团队学习对提高干部培训质量和效果是非常行之有效的。

误区四：将团队学习与行动学习混为一谈。

近年来，在干部培训中大量引入了行动学习的理念和方法，对提高培训的针对性与实效性有一些效果，但是只作为促进互动、调节气氛的手段，远远没有成为占主导地位的培训方式。而且许多人将行动学习与团队学习混为一谈，由于行动学习难以在集中培训中有效使用，于是认为团队学习也不好开展。

实际上，团队学习与行动学习不是一回事，两者之间有相同之处，但内涵与外延不完全相同。团队学习是相对于个人学习的一种集体学习形态。而行动学习从广义上讲是一种工作学习形态，就是透过行动实践学习，即在一个专门以学习为目标的工作环境中，以组织面临的重要问题作载体，学习者通过对实际工作中的问题、任务、项目等进行处理，从而达到开发人力资源和发展组织的目的。目前人们说的行动学习法是特指由英国管理学思想家雷吉·雷文斯（Reg Revans）在1940年发明的，并将其应用于英格兰和威尔士煤矿业的组织培训，它是在工作状态下的一种团队学习的组织形式。团队学习与行动学习既有区别又有联系：第一，个人学习与团队学习在学习和工作状态下都可以进行；第二，广义上来说，工作状态下的学习就是行动学习，工作状态下的团队行动学习（一般行动学习特指这种学习）是最有效的团队学习；第三，学习状态下，很难有效开展行动学习，因为行动的条件往往不具备；第四，团队行动学习适用在团队成员具有共同的实际问题，有效的团队行动学习一般都是“一把手”工程。由于行动学习是在特定组织中工作状态下的学习，所以在干部集中培训中，受到时间、空间、学习主体和内容等条件限制，不论是广义的行动学习还是特指的行动学习都很难实施。但是，实践证明团队学习在集中培训中是大有可为的，应该大力提倡使用。

误区五：将团队学习的方式方法混为一谈。

在具体进行团队学习时，我们需要针对不同时间、场合、对象选择不同的学习方式，并采用不同的方法来促进团队学习的开展。但是，很多人分不清团队学习的方式与方法，以及两者之间的区别和联系。团队学习的方式是指学习的组织形式，而团队学习的方法是指学习时使用的工具；它们的关系是一种组织形式，可以使用多种学习工具，一种工具可以用在多种组织形式中；相对而言，组织形式随团队学习的条件不同可以灵活多变，而工具或方法常常是前人的经验总结，比较固定并形成一定的套路。将两者混为一谈产生的问题是，在开展团队学习时，不能依据客观条件灵活设计、策划、组织有效的团队学习，因而不能主动创新团队学习的组织模式，最终难以获得期望的效果。分清楚团队学习的方式方法，就可以根据实际情况有效地设计组织开展团队学习。

总而言之，由于上述几个认识误区，使人们对团队学习的内涵、意义、作用、方式、方法等缺乏深入系统的了解，造成现实中团队学习失效。通过认识上述认识误区，就可以有针对性地在培训和工作中进行团队学习，使其真正发挥作用，提高培训质量和效果，持续改进组织绩效，促进组织不断地进步和发展，真正建立起学习型的组织，实现组织的共同愿景与梦想。

第六章　团队精神拓展训练必备技能

2020 年 11 月 20 日下午，四川省泸州市纳溪区大渡口镇“梦里水乡”景区，一公司组织员工在此进行拓展训练时发生人员落水溺亡。纳溪警方随后证实：事故造成 3 人死亡，1 人受伤。“梦里水乡”是一家集乡村旅游、素质拓展、青少年研学、亲子农耕、休闲农业为一体的旅游度假培训综合基地。此次溺亡事件，主要是因为水上侧爬网掉落水中所致。该事故的发生和梦里水乡的安全措施不到位有关系。

2016 年 6 月 24 日，某拓展企业管理公司与某汽车销售公司签订《活动合同》，负责对包括该汽车销售公司的员工进行拓展训练，拓展场地设施由另外一家旅游公司提供。2016 年 7 月 13 日，该汽车销售公司员工刘某在进行拓展训练时，由于钢丝绳锁扣脱落，导致刘某坠落受伤。后经鉴定，刘某构成九级伤残，伤残率为 20%。该事故设备是由某旅游公司提供，现场全程指导是某拓展公司的专业拓展师，两方均有责任。

团队精神拓展训练近年来搞得轰轰烈烈，深受各行业的重视，目的是培养团队精神，效果也比较显著。但安全措施一定要到位，应避免类似上述安全事故的发生。

那么，举办团队精神拓展训练活动应做好哪些安全措施？遇到突发情况该如何处置？

第一节　安全原则

团队精神拓展训练发展至今已有六七十年的历史，随着大家对拓展训练的认识越来越多，对拓展训练结果的满意度也很高，很多公司和学校都纷纷顺应潮流，为员工和学生组织开展拓展训练。拓展训练不仅可以让个人在技能和心态上得到启发，而且还可以提高参与者的团队协作能力和凝聚力。但是由于拓展场地环境的复杂性，拓展设施的特殊性，以及拓展内容的未知性，使得拓展训练存在一定的危险因素。如何让学员在身体上和心理上获得安全保障很关键。拓展训练的安全原则有以下几点。

一、培养拓展培训师安全意识，训前排除安全隐患

拓展训练公司在选择拓展培训师时，要细心谨慎，应选择或培养一些有安全隐患意识的培训师。在开展拓展训练前，拓展培训师要先行对拓展训练项目进行试验，排除所有安全隐患。

拓展培训师要对现场情况进行全面监控，杜绝意外情况的发生，比如在进行信任背摔项目时，培训师一定要明确强调保护人员的手势和挑战人员的动作，确保每一个成员

知道正确的操作规程再开始。另外挑战人员在挑战前，拓展培训师还要确保其口袋、头发中等没有硬物，手上的手表也不能带。也要提醒挑战人员落在保护人员手上时，先放脚，后放头。还有就是在完成毕业墙项目的时候，要对攀爬人员踩的部位进行监控，另外不断提醒其他队员用双手做保护。如果存在犯规行为，不要马上制止，要等攀爬的学员攀爬完再停止。

二、检查并复查训练装备

在开展野外拓展训练时，拓展培训师要提前检查所有需要的训练装备，如攀岩时所需的登山绳、安全锁、头盔、八字锁等。所有的拓展训练器材都必须达到国际登山联合会规定的标准。避免参加拓展训练的学员因为装备的原因出现意外。

在做好所有安全保护后，培训师要复查一遍装备再开始项目，学员进行挑战时，也要再一次复查，确保安全带穿戴正确，拓展器材稳固。

除了必备的拓展器械之外，拓展培训师要额外准备一套器械，比如跳跃冲击性项目要提供两套独立的绳索与主锁保护；在进行空中单杠活动时，要在单杠前后都做一个保护点，并用两套独立的保护绳锁连接一个主锁，并确保主锁的另一侧挂在连接点上，使得两边都能起到保护效果。除了器械的保护之外，保护手法也要做双重保护，确保学员能够安全落地。

三、确保训练项目安全

为了提高学员的团队精神和互相信任，拓展训练中往往都会进行一些略带危险的项目。在选择或设计拓展训练项目时，要确保项目本身的安全性。比如信任背摔项目，每个学员都要从高度将近两米的高台上，在被绳子绑住双手的情况下，背朝地面落下，由小组其他队员负责接住。在进行这个项目时，应注意控制高台的高度，不能太高，否则如果发生意外，后果不堪设想。在分组时，应注意将队员按男女比例划分在不同组里，防止出现队员下落时，全组的女队员不敢上前接住下落队员，或是力气不足不能接住下落队员。

第二节　行为规范

团队精神拓展训练的行为管理要求体现在以下方面。

一、纪律要求与奖惩

在拓展训练活动中要严格遵守纪律，尤其在团队训练的项目中，纪律已经不仅仅是完成任务的基本保障，更是团队精神的最直接体现。

（1）以正确的态度对待拓展训练，这是保证拓展训练圆满完成的先决条件。

（2）各队队长有义务与责任保证每次训练前全体成员准时来到集合地点。

（3）如果有人迟到，必须全体等待，除非请假并得到许可。

（4）如无特殊情况出现迟到、早退等情况，在其归队后，全队要接受“惩罚”。

二、训练期间的行为要求与管理

训练过程中，在拓展培训师的讲解、示范、要求与保护下，能够让每一个人得到较好的安全保障，但是如果队员们不能接受或不能很好地贯彻要求，可能会出现一些不良结果。

（1）在完成项目期间尽量避免不合时宜的玩笑、打闹，有的这将是出现危险的信号。

（2）所有器械与高空器械未经指导不得擅自使用。

（3）在项目进行中，拓展培训师一旦要求某种行为或动作不可以继续，必须即刻停止。

三、活动结束后的行为要求与管理

拓展训练是在充满激情、充分展现自我与努力融入团队的状态下完成项目挑战。每一个人在不同项目的认知与完成能力上有很大的差距，在训练时本着求同存异的心态认同他人，本着助人即助己的精神帮助队友。即便如此，仍然会遇到一些意想不到的情况。有人在高空项目中很快完成，而有人却因为胆怯许久不能完成，后者也许在颤抖中前进，也许会哭着央求放弃，这些场景一定会给大家留下极深刻的印象。如果我们课后提及此事，把它当谈资、当笑柄，那就违背了拓展训练的初衷，至少是对自己的队友的不负责任。有些项目对于我们来说，结果是未知的，在我们完成挑战时，也许会有截然不同的意见与观点出现，这正是我们获得良好决策的基础，可不要把它当作是一种“作对”，如这样则是没有理解拓展训练的精神。

对于部分项目，我们学习的重点在于活动中的关键部分只是理念的“突破”，对于培训师要求不可将项目活动中解决问题的技巧告知他人的活动，我们有保密的责任和义务，否则其他队员参加同样的活动将失去“新奇感”和价值。

四、生活安全与环境保护的行为要求与管理

安全要求是拓展训练的重点工作要求，有时安全问题往往是由于生活中的习惯引起的，因此，在参加拓展训练期间，对参训者会有严格的要求。

1. 项目活动前不得饮酒

因为拓展训练会有部分高空或有一定风险性的项目，项目本身就能够让人激动、恐惧、心跳加快或眩晕等。如果饮酒将会增强上述表现，可能会增强给心、脑血管的压力，甚至会影响人的判断力、反应力、分析能力和抵御风险的能力，这些都有可能造成的危险情

况的出现。

2. 项目活动期间严禁吸烟与用火

所有用于保护队员的保护绳和安全带都是由阻燃材料制成。正是每一次严格的要求，才保证我们现在使用的器械是安全的。因此，这是拓展训练中极其严格的一项要求。

3. 保护环境

严禁乱扔乱放废弃物；不得破坏场地周边的花草树木，训练结束后有协助培训整理场地的义务。

第三节　野外急救常识

开展户外拓展训练时，参与活动的人员难免会受到各种伤病的困扰，那么，如遇这些伤病时应该怎样处理呢？

一、外伤

外伤是人体受到外力作用而发生的组织撕裂或损害。引起外伤的原因很多，根据有无伤口，可分为开放性外伤和闭合性外伤两大类。

1）闭合性外伤

闭合性外伤由钝力造成，无皮肤、体表黏膜破裂，常见的有挫伤和扭伤。

（1）挫伤，是钝力打击所致的皮肤和皮下软组织损伤，皮肤无裂口，伤部青紫，皮下瘀血、肿胀、压痛。轻者可用伤湿止痛膏外贴受伤区。对胸腹部挫伤及头部挫伤，应考虑有无深部血肿或内脏损伤出血，宜到医院观察诊断。

（2）扭伤，常发生在踝部、腰部、颈部及手腕等处。扭伤的一般处理原则是让患者安定情绪，固定受伤部位，用冷湿布敷盖患处。手足扭伤者可抬高患部。颈部、腰部扭伤者在搬运时不可移动患部。扭伤常伴有关节脱位或骨折，宜立即到医院诊疗。另外，扭伤后无论轻重，不可即刻洗澡、胡乱按摩，须送医院治疗。扭伤常用的治疗方法有局部封闭（用0.25%~0.5%的普鲁卡因）、药物外敷或内服、理疗等。

2）开放性外伤

开放性外伤多数由锐器和火器造成，少数可由钝力造成，常有皮肤、体表黏膜破裂。

（1）割伤。浅的伤口用温开水或生理盐水冲洗拭干后，以碘酊或酒精消毒、止血，或以“好得快”喷雾剂喷于伤口，然后包扎，一般都能较快痊愈。对较小伤口，外用“创可贴”即可。对较深的伤口，应立即压迫止血，速到医院行清创术，视伤情进行缝合修补等。对于刀伤伤口不可涂抹软膏之类的药物，否则伤口难愈合。

（2）刺伤。异物留在体内易化脓感染，宜先将伤口消毒干净，用经灭菌过的针及镊子，将异物取出，再消毒后包扎伤口。对伤口小、出血少者，宜在伤口挤压出一些血液再清创包扎处理。指甲的刺伤不易处理,可先将指甲剪成V形口,将刺拔出,或到医院处理。若被针、金属片等刺伤而留于体内,应到医院在X光下取出。深的伤口可能有深部重要组织损伤,常并发感染,可予抗炎药物治疗。不洁物的刺伤要预防破伤风的发生,宜到医院肌肉注射破伤风抗毒素。

总的外伤处理原则:对大量出血的患者,宜首先采取止血方法;对切割伤、刺伤等小伤口,若能挤出少量血液反而能排出细菌和尘垢;对伤口宜用清洁的水洗净,对无法彻底清洁的伤口,须用清洁的布覆盖其表面,不可直接用棉花、卫生纸覆盖。

二、烫伤

烫伤可分为烧伤和水烫伤两种类型。除日常生活中常见的开水和火焰、蒸汽等造成的高温灼伤外,还包括工业上的强酸、强碱等造成的化学灼伤,电流、放射线和核能等造成的物理灼伤。烫伤的面积愈大,深度愈深,对全身和局部的影响也愈大、愈严重。

1. 烫伤的程度

烫伤可分为三个程度。

一度烫伤(红斑性,皮肤变红,并有火辣辣的刺痛感)。

二度烫伤(水泡性,患处产生水泡)。

三度烫伤(坏死性,皮肤剥落)。

对局部较小面积轻度烫伤,可在家中施治,在清洁创面后,可外涂京万红、美宝润湿烧伤膏等。对于大面积烫伤,宜尽早送医院治疗。

2. 烫伤的处理

烫伤处理的原则是首先除去热源,迅速离开现场,用各种灭火方法,如水浸、水淋、就地卧倒翻滚等,立即将湿衣服脱去或剪破衣服淋冷水,将肢体浸泡在冷水中,直到疼痛消失为止。还可用湿毛巾或床单盖在伤处,再往上喷洒冷水。不要弄破水泡。

烫伤的创面处理最为重要,先剃除伤区及其附近的毛发,剪除过长的指甲。创面周围健康皮肤用肥皂水及清水洗净,再用0.1%新洁尔灭消毒液或75%的酒精擦洗消毒。创面用等渗盐水清洗,去除创面上的异物、污垢等。保护小水泡勿损破,大水泡可用注射针抽出水泡液,或在低位剪破放出水泡液。已破的水泡或污染较重者,应剪除泡皮,创面用纱布轻轻辗开,上面覆盖一层液体石蜡纱布或薄层凡士林油纱布,外加多层脱脂纱布及棉垫,用绷带均匀加压包扎。烫伤还可采用包扎疗法、暴露疗法等。

烫伤常易并发感染,故宜加用抗生素,还可注射破伤风抗毒素。

三、中暑

在酷暑下长时间徒步最易导致中暑,如果行走时感到头晕、头痛、恶心、四肢无力,要尽快到阴凉通风处休息,敞开领口,挽高袖子,多次喝水或电解质饮料,服用防暑药。

（1）一旦发生中暑，立即让患者离开高温现场，到通风阴凉的地方，从源头上解决问题。之后松开所穿衣物，达到散热的目的。

（2）往患者手上涂抹风油精或者酒精等物品提神散热，如果没有这些物品可以用凉水浸过的毛巾放在头上，注意经常更换。

（3）让患者口服藿香正气液等解暑药，淡盐水也可以起到缓解的作用，也可喂患者凉水、绿豆汤等进行解暑。

四、失温

失温，简单说就是体温低于正常体温。人们都知道，体温在 37.3 摄氏度以上，就是发烧；体温在 39 摄氏度不降低，人就会昏迷甚至死亡。失温的情况也类似，体温低于 35 摄氏度，人也会出现意识丧失乃至昏迷死亡。

1. 什么情况会导致失温

理论上，只要环境温度低于体温就会导致失温，实际情况是在得到充分食物补充，身体健康的人，环境温度在 20 摄氏度下时，人体热量大量流失，会失去体温平衡。如果环境温度降到 10 摄氏度，则人体体温很快就会下降到失温状态。但是寒风和下雨会迅速地带走身体热量。也就是说，即使环境温度在 20 摄氏度以上，人体暴露在雨淋下（无所谓大雨小雨）就会导致体温降低（人体会用打寒战的方式快速恢复体温）。如果环境温度在 10 摄氏度，则雨淋下可能会迅速降低体温到失温状态，人体的恢复能力已经无法保持体温平衡了；此外，即使穿着雨衣，出汗潮湿的内衣也会导致人体体温降低，这是因为蒸发和对流在服装内形成循环。对于这一点，具有透气性的冲锋衣可以减少汗水的聚集。

2. 失温的发现

出现以下情况，人体可能出现或即将出现失温：打寒战、嘴唇发紫、意识模糊。

3. 如何急救

人体出现失温情况时，首先必须尽快减少体温的降低，离开风和雨水，更换干燥的衣服；其次迅速补充热量。内部的热量补充：饮用葡萄糖水溶液、补充热水。外部的热源：如拥抱、烤火等。

失温的主要病理原因：出现严重失温时，首要症状是血糖降低，因为糖是热量的来源，肝糖原分解不及时，体温就无法恢复。所以补充葡萄糖可以迅速恢复自身升温的能力。

补充热水则是通过温暖胃部来提高内脏的温度，让内脏恢复工作，心脏恢复正常供血，肝脏分解肝糖原。

切忌揉搓肢体，血循环会把冷血带回心脏，导致心脏骤停。

五、脚上起泡

长途徒步时，首先要保持脚的干燥，多带几双排汗袜，脚湿了就换一双。由于新鞋容易让脚感到不适，刺激水泡形成，最好穿旧鞋。如果徒步中感到脚底刺痛，请停下来检查，不管起没起泡，都用创可贴包一下。如果在户外脚上起泡了，不要轻易弄破或剪破，如这样处理，受伤的嫩伤口会很疼，严重的还会发炎。

对没有过长途徒步经历的队员或容易脚起泡的队员，在徒步旅行前，可以在容易起泡的位置涂抹凡士林。另外可以根据脚型选择合适的鞋子补充剂，比如垫上卫生巾是长途徒步队员常用的方法。休息时可脱掉鞋和袜子，抬高脚垫，促进下肢血液回流。运动中如果脚上起泡，不要刺破，以防感染。如果需要继续前进，请忍住疼痛，尽量保持正常的行走姿势，否则会导致腰部和膝盖的运动损伤。水泡较大时，可以用无菌注射器或无菌针头刺破，充分吸收泡液，外用碘伏消毒。洗脚后立即擦干，防止感染。

六、其他情况的急救处理

1. 缺水

人在缺水时要少量多次地补充水分，每次以 100 毫升为宜。如果因为口渴就一次性大量喝水，反而会加重心脏负担，增加身体的疲劳感。每 1 000 毫升饮用水中可加入盐 4 克、葡萄糖 100 克和橙汁 150 毫升，用以补充身体流失的养分。

2. 扭伤和骨折

由于户外地面不够平整，当身体失重就很容易发生扭伤。扭伤会使局部会发生关节肿胀、疼痛，严重时甚至会造成骨折。

扭伤后，应在第一时间冰敷，必要时送医就诊；若未来得及冰敷，当日或第二天会出现水肿；在未消肿的情况下，尽量不要让扭伤的脚着地。

若是出现骨折，首先可就地取材，用木板固定骨折部位以免造成错位，尽量减少受伤部位的活动，并且及时送医就诊。

3. 毒蛇咬伤

被毒蛇意外咬伤后一定要在第一时间排毒，可以用鞋带在伤口的近心端上部约 10 厘米处捆扎，以延缓蛇毒在血液中流动和蔓延。若是自己能够口吸的部位，可采用口吸排毒、挤压放血，但前提是口腔内黏膜是完整的。也可以用小刀等锐器快速在伤口处切个十字，在伤口周围用力、反复挤压，排出毒血，并及时发出求救信号，以便尽快得到更专业的蛇伤医疗救治。

总而言之，在户外碰到意外状况时，首先要保持冷静，判断分析周围的环境，是否可以进行自救并确定自己所处的位置，及时向外界发出求救信号，在等待救援时检查水和食物，合理分配使用，在安全、避风的地方搭建休息甚至过夜设施。

第四节　野外求生技巧

一、防水问题

在雨季或多雨地区，对于长时间的穿越，如防水准备不充分，整个活动会遇到极大的麻烦，如无干燥衣物可换，相机、电池、食物等物品遭打湿破坏。因此，在出行前要对活动地区的气候做些了解，并做好相应准备。

（1）帐篷应选用三季或四季帐。专用高山帐不能用，因为其防风保暖性更好，但是防水性并不见长。

（2）使用背包罩或塑料布遮盖背包，即使背包有防水功能也要如此。

（3）在向背包内填装物品前，用塑料袋或密封袋先包裹一下，这样既可防水也有利于物品分类。

（4）有条件的可准备防水冲锋衣裤，但雨具一定要准备。

（5）有条件的可准备质量好些的防水登山鞋。

二、饮水问题

在短途穿越时，如已知补水困难就应带足饮用水，每人每天大约需要 2 升水。在长途穿越时，可在途中的溪瀑、江河、湖塘取水，但一定要观察其污染情况，如水附近有无人畜活动、有无动物尸体、有无粪便及其他污染物。水中有大量泥沙时要使水沉淀 10 分钟以上。在蚂蟥多的地区，打水时要用敞开或透明的容器，以便能及时发现水中是否有蚂蟥。

（1）在缺水地区，饮水要按计划分配饮用。除特殊情况外，在找到水源前绝不要把水饮尽。

（2）野外取水后，有条件时务必将水煮沸后（煮沸 5 分钟）再饮用。

（3）有条件的，可以带过滤器和净水药片，以应对无法加热煮水的情况。

在野外，饮用水的净化处理非常重要。一般说来，除泉水和井水（取自地下深水井）可直接饮用外，不管是河水、湖水、溪水、雪水、雨水、露水，还是通过渗透、过滤、沉淀而得到的水，最好都应进行消毒处理后再饮用。那么，怎样进行消毒呢？方法如下。

（1）将净水药片放入水容器中，搅拌摇晃，静置几分钟，即可饮用或灌入壶中存储备用。一般情况下，一片净水药片可对 1 升的水进行消毒，如果水质较混浊，可用 2 片净水药片进行消毒。

（2）如果没有净水药片，可以用随身携带的医用碘酒代替净水药片对水进行消毒。在已净化过的水中，每一升水滴入 3~4 滴碘酒；如果水质混浊，则在每升水中滴入的碘酒量要加倍。搅拌摇晃后，静置的时间也应长一些，20~30 分钟后，即可饮用或备用。

（3）利用亚氯酸盐（即漂白剂），也可以起到消毒的作用。在已净化的水中，每升水滴入漂白剂 3~4 滴，水质混浊时则加倍，摇晃均匀后，静置 30 分钟，即可饮用或备用。只是水中有些漂白剂的味道，注意不要把沉淀的浊物一同喝下去。

（4）如果以上的消毒药物均没有，也可用随身携带的野炊时用的食醋（或白醋）对水进行消毒。在净化过的水中倒入一些醋汁，搅匀后，静置 30 分钟后便可饮用。只是水中有些醋的酸味。

（5）在海拔高度不太高（海拔 3 000 米以下）且有火种的情况下，把水煮沸 5 分钟，也是对水进行消毒的好方法。

（6）如果寻找到的水是咸水时，用地椒草与水煎煮，这样虽不能去掉原来的咸味，却能防止发生腹痛、腹胀、腹泻。如果水中有重金属盐或有毒矿物质，应用浓茶与水煎煮，最后出现的沉淀物不要喝。

目前，有一种饮水净化吸管，在野外非常实用，其形如一支粗钢笔，经它净化的水无菌、无毒、无味，无任何杂质，不需经过沸煮即可饮用，很轻便。

另外需要注意的是，在水源紧缺的情况下，要合理安排饮用水，不要为一时口渴而狂饮。另外，在野外工作或探险中，喝水也要讲究科学性。如果一次喝个够，身体会将吸收后多余的水分排泄掉，这样就会浪费水。如果在喝水时，一次只喝一两口，然后在口中慢慢咽下，过一会儿感觉到口渴时再喝一口，慢慢地咽下，这样重复饮水，既可使身体将喝下的水充分吸收，又可解决口舌、咽喉的干燥问题。

三、生火问题

生火时，首先要寻找易燃的引火物，如枯草、干树叶、桦树皮、松针、松脂、细树枝、纸、棉花等。

其次是捡拾干柴。干柴要选择干燥、未腐朽的树干或枝条。要尽可能选择松树、桦树、槐树、山樱桃、山杏之类的硬木，其燃烧时间长，火势大，木炭多。不要捡拾贴近地面的木柴，贴近地面的木柴湿度大，不易燃烧，且烟多熏人。

接下来是要清理出一块避风、平坦、远离枯草和干柴的空地。将引火物放置在中间，上面轻轻放上细松枝、细干柴等，再架起较大较长的木柴，然后点燃引火物。火堆的设置要因地制宜，可设计成锥形、星形、“并”字形、并排形、屋顶形、牧场形等。也可利用石块支起干柴或在岩石壁下面，把干柴斜靠在岩壁上，在下面放置引火物后点燃即可。一般情况下，在避风处挖一个直径为 1 米左右，深约 30 厘米的坑。如果地面坚硬无法挖坑也可找些石块垒成一个圆圈，圆圈的大小根据火堆的大小而定。然后将引火物放在圆圈中间，上面架些干柴后，点燃引火物引燃干柴即成篝火。如果引火物将要燃尽时，干柴还未燃起，则应从干柴的缝隙中继续添入引火物，直到干柴燃烧起来为止，而不要重新架柴点火。

点篝火最好选在近水处，或在篝火旁预备些泥土、沙石、青苔等用于及时灭火。

（1）看好风向，不要把火堆放在帐篷的上风处，并与帐篷保持一定距离。

（2）离开时，用水和土石压盖将火灭掉，并一定检查火是否确实熄灭。

四、露营问题

露营时寻找安全、避风、干燥、平整的高处扎营。此时要注意周围的环境，如是否有落石滚石、风向如何、有无动物巢穴、蜂巢等。尽量不要在河畔扎营，除非确定是枯水期，水位不会变化。营地不要紧靠水边，蚊虫较多。此外，露营时还要注意以下几点。

（1）营地周围是否存在塌方、雪崩、山洪的危险。

（2）营地附近最好有水源，方便取水。

（3）如需生火就要考虑附近有没有柴火。

（4）在下雨或多雨季节，视地形情况注意在帐篷四周挖好排水沟。

（5）风大时注意帐篷的抗风固定，确定好后再休息。

（6）睡前最好把贵重物品、衣物、食品放入帐内（假如帐内还有空间），并准备好防身工具。

五、如何在野外辨别方向

迷路会导致迷向，而迷向不一定就会迷路。

如何正确地辨认方向，基本方法如下。

1. 利用星宿

在北半球通常以北极星为目标。夜晚利用北极星辨认方向的关键在于在茫茫星海中，准确地找到北极星。认识北极星的方法有许多种，这里介绍简单且有效的一种。

首先找寻勺形的北斗七星（图 6-1），以勺柄上的两颗星的间隔延长五倍，就能在此直线上找到北极星。一般特别地称此两颗勺柄上的星为要点星球。如看不到北斗七星时，就找寻相反方向的仙后星座。仙后星座由五颗星形成，它们看起来像英文字母的 M 或 W 倾向一方的形状（图 6-2）。从仙后星座中的一颗星画直线，就在几乎和北斗七星到北极星的同样距离处就可找到北极星。北极星所在的方向就是正北方。

图 6-1　北斗七星图

图 6-2　仙后星座图

2. 以手表看方位

如果想获知方位，但手上却没有指南针。遇此情况，只要有太阳就可使用手表探知方位。

将火柴棒竖立在地面上，接着把手表水平地放在地面，将火柴棒的影子和短针重叠起来，表面十二点的方向和短针所指刻度的中间是南方，相反的一边是北方。若身上没有火柴，也可改用小树枝。

若从事挑战性的生存活动，记住戴上手表，这时指针表比数字表就更有价值。因指针表上的时针、分针在必要时会成为求生的重要工具。

3. 立竿见影

在晴朗的白天，用一根直杆，将其垂直地插在地上，在太阳的照射下形成一个阴影。把一块石子放在影子的顶点处，约 15 分钟后，直杆影子的顶点移动到另一处时，再放一块石子，然后将两个石子连成一条直线，向太阳的一面是南方，相反的方向是北方，直杆越高、越细、越垂直于地面，影子移动的距离越长，测出的方向就越准。

4. 使用指南针

使用指南针，可使地图和实际地形的方位一致，探知现在所在的地点和寻找的目的地的方位。

指南针务必水平地拿着，而且要远离以下列举的各种物品，才可避免磁针发生错乱：指南针应离铁丝网 10 米，离高压线 55 米，离汽车和飞机 20 米，离具有磁性（如磁性容器等）的物品 10 米。

利用指南针探知现在所在位置的步骤如下。

（1）使实际地形和地图方向一致。

（2）在地图上找出两个可看出的目标物。

（3）将指南针的进行线（或长边）朝向其中的一个目标物。

（4）找到圆圈配合箭号使其和指针（北）相吻合。

（5）不改变圆圈的方向将其放在地图的北方位置。

（6）指南针的长边之尖端吻合地图上的目标物。

（7）以圆圈的箭号和磁北线延线画一条直线。

（8）针对另一目标依照同样的方法进行。两条线的交错处即是现在所在位置。

用指南针探知前进方向的方法如下。

（1）使连接现在位置和目的地的直线吻合指南针的进行线（长边）。

（2）使圆圈的箭号和磁北线平行（箭号在地图的上边部分）。

（3）将指南针从地图上拿开，拿在身体前面。

（4）扭转身体直到箭头和指针重叠。

（5）再重叠进行线的方向此即等于地图的目标方向

5. 看树木、苔藓

树冠茂密的一面应是南方，稀疏的一面是北方。看苔藓时，道理与之相同。另外，通过观察树木的年轮也可判明方向。年轮纹路疏的一面朝南方，纹路密的一面朝北方。

6. 看积雪的融化

积雪融化的地方定是朝南方的。

7. 迷途知返

在深山密林中，不仅会迷失方向，同时也会迷失路径。很多时候，人们走在荒无人烟的林间密径，又没留下任何路标，自己还不断地抒发“无限风光在险峰”和“山到绝处我为峰”的豪情，当自己开始意识到不对时，已是身处险境，不知来时的路径在何处。心急之下，挥刀而上，砍出一条“血路”，却发现眼前山连山、峰挨峰，看不到尽头，来时的路已辨认不清，又生怕再次迷路，是走是留，犹豫不定。

其实，在发现迷路的时候，自己离原有的路径一般不超过20分钟的行程。这时不要着急，更不能乱喊乱跑，应冷静下来，仔细回忆一下刚才路过的泉水、石头、大树、水流、洞穴、山峰、岔路口等参照物，然后凭着自己的记忆寻找自己的足迹，退回到原来的路线上。还有一种可行的办法就是立刻分析山势走向和地理地貌的环境，然后判断出是否有野生动物并寻找到其走过的痕迹，沿着“兽道”走出险境，但必须非常警觉，以免遭到野兽的袭击或狩猎者设下的套、夹的伤害。一般来说山鞍或山脊会有兽道。

不论是在林木遮蔽的山林中，还是在丛草盖地的山坡上，低头近看，根本找不出路迹来，只有远看，看到几十米以外，才能隐约地看出一条草枝微斜、草叶微倾、叶背微翻的痕迹，然后再由远而近、由近再远、远近比较之后，就能分辨出路来了。

六、如何在野外寻找水源

1. 听

凭借灵敏的听觉，多注意山脚、山涧、断崖、盆地、谷底等处是否有山溪或瀑布的流水声，有无蛙声和水鸟的叫声等。如果能听到这些声音，说明你已经离水源不远了，并可证明这儿的水源是流动的活水，可以直接饮用。但要特别注意的是，不要把风吹树叶的“哗哗”声当作流水的声音。

2. 嗅

通过鼻子，尽可能地嗅到潮湿气味，或因刮风带过来的泥土腥味及水草的味道。然后沿气味的方向寻找水源。当然这要有一定经验积累。

3. 观察

凭着丰富的经验和知识，去观察动物、植物、气象、气候及地理环境等也可以找到水源。

根据地形地势（地理环境），判断地下水位的高低。如山脚下往往会有地下水，低洼处、雨水集中处，以及水库的下游等地下水位均高。另外，在干河床的下面，河道的转弯处外侧的最低处，往下挖掘几米左右就能有水。但该处的水含泥沙较多，需净化处理后，方可饮用。

根据气候及地面干湿情况寻找水源。如在炎热的夏季地面总是非常潮湿，在相同的气候条件下，地面久晒而不干不热的地方地下水位较高；在秋季地表有水汽上升，凌晨常出现像纱似的薄雾，晚上露水较重，且地面潮湿，说明地下水位高，水量充足；在寒冷的冬季，地表面的隙缝处有白霜时，地下水位也比较高；春季解冻早的地方和冬季封冻晚的地方以及降雪后融化快的地方地下水位均高。

根据植物生长情况寻找水源。生长着香蒲、沙柳、马莲、金针（也称黄花）、木芥的地方，地下水位比较高，且水质也好；生长着灰菜、蓬蒿、沙里旺的地方，也有地下水，但水质不好，有苦味、涩味或铁锈味。初春时，其他树枝还没发芽时，独有一处树枝已发芽，此处有地下水；入秋时，同一地方其他树叶已经枯黄，而独有一处树叶不黄，此处有地下水；另外，还如三角叶杨、梧桐、柳树、盐香柏，这些植物只长在有水的地方，在这些植物下面定能挖出地下水来。

根据动物、昆虫的活动情况寻找水源。夏季蚊虫聚集，且飞成圆柱形状的地方一定有水；有青蛙、大蚂蚁、蜗牛居住的地方也有水源；另外，燕子飞过的路线和衔泥筑巢的地方，都是有水源和地下水位较高的地方。再有，鹌鹑傍晚时向水飞，清晨时背水飞；斑鸠群早晚飞向水源，这些也是判断水源的依据。

根据天气变化寻找水源。天空出现彩虹的地方，肯定有雨水；在乌黑、带有雷电的积雨云下面，定有雨水或冰雹；在总有浓雾的山谷里定有水源。此外，靠收集露水也可缓解些燃眉之急。

直接从植物中取水。在南方的丛林中，到处都有野芭蕉，也叫仙人蕉。这种植物的芯含水量很大，只要用刀将其从底部迅速砍断，就会有干净的液体从茎中滴出；野芭蕉的嫩芯也可食用，在断粮的情况下，可以充饥。如果能找到野葛藤、葡萄藤、猕猴桃藤、五味子藤等藤本植物，也可从中获取饮用水。另外，在春天树木发芽之时，还可从山榆树等乔木的树干及枝条中获取饮用水。

注意千万不要饮用那些带有乳浊液有毒的藤或灌、乔木的汁液。另外，还可以从芦荟、仙人掌及其果实中获取饮水。从植物中获取的饮用“水”，容易变质，最好即取即饮，不要长时间存放。

上述取水方法在野外缺水时是有效的。然而，单纯地依靠上述方法去寻找水源却不是长久之计，且很复杂很辛苦。只限于少数人员（3~7 人）和短时间（3~5 天）补水。不适合人员众多或时间过长的情况。就安全而言，希望朋友们最好不要选择远离水源一两天的路程，也不要单枪匹马独闯丛林。

当你在极度疲惫且干渴之际，找到了水源，最好不要立即狂饮，应该就当时的环境条件对水进行必要的净化和消毒处理，以避免因饮水而中毒或染上疾病。

拓展阅读

野外行走六大纪律九项注意

野外行走的六大纪律如下。

1. 绕远路找乐趣

有时候要有意识地去绕远路，那样你会发现别有洞天。如果对环境有起码的了解而不至于迷路的话，不要走同样一条路，不妨绕远路，看看周围环境，因为气候、季节的不同，环境会有不一样的变化。不妨停下脚步好好观赏，说不定有新发现。长时间走路，最好以同样速度前进。

2. 偶尔离开正道

首先要对自己有信心，正所谓好的风景都藏在人烟稀少处。不妨离开正道，或某条沟谷、某段丛林、某座村子或某某小道去走走，去看看，你也许感受到的会更多、更丰富。当然要避免走过于危险的路段，从而享受披荆斩棘开路的趣味。

3. 适当进行休息

没有明文规定，走多少路，应休息多久。一般平地走 50 分钟，休息 10 分钟；山坡路走 30 分钟，休息 10 分钟。休息过长，身体刚活动的机能会变得迟钝。休息时不必直接坐在地面上，可坐在高一些的石块上，这样血液不会完全降到臀部。休息时和出发前，做些轻微的屈伸运动，帮助身体活动。膝部屈伸运动，可消除疲劳。

4. 协调节奏速度

长时间步行避免疲劳的要领是：把步幅放小，以同节奏速度来走路。容易疲劳的原因大多是在平地跨大步，加快速度来走路。这破坏了有规律的节奏性。如果是长时间走路，不要慌忙。眼睛看前方，不要看鞋子，手轻握，脚踏出后，膝部伸直。不要将手插在口袋里，而另一只手拿着物品，如遇到意外时很容易跌倒受伤（如手冷可以戴手套）。

5. 保持良好心态

不要在走路的过程中就想着如何去走，如何走好路，把走路当成目的和负担。其实走路和呼吸一样都是非常自由的事情，不要让自己的大脑为了走路耗费太多的精力。认真去走。刚开始训练走路，在平地上，最少要走 15 分钟。练习快走时，呼吸会加快、出汗、小腿肚、脚底、腹侧都会发痛。逐步练习后，你的感觉则会越来越好。走路的实质和赛跑一样都是很需要技巧的。

6. 注意精力集中

在行走时，要养成集中精力的习惯，不要边走边说笑和打闹。在行走过程中应尽量少讲话，更不宜大声唱歌，这样会消耗体力。

野外行走的九项注意如下。

1. 过独木桥

直接过独木桥时，人有点像杂技演员，脚步跨开同肩宽，并以外八字走路，眼睛看前方一米处，一步步牢固贴在桥上，迅速走路。如果桥身不长，稍微快点会比慢走好得多，只要保持平衡就能很快地通过。如果队员较多，可以先过去两个人（带上将绳子带上）。在溪流两岸拉上一根或两根保护绳，绳子两头绷直并拴在两岸边的树上，就可以大胆通过了。女队员可以由男队员在后协助，并帮她背包。

2. 过碎石地

如果有其他可行的路线，应尽量避免在碎石地上行走。在过碎石地时，先试探石块是否稳固，要避免一下子用力踩在石块上，这样容易失去平衡而滑倒或受伤。

3. 过栈道

这里的栈道指的是一些峡谷边的窄路，一面是峡壁，一面是河谷，只容一人通行。由于人都背着背包，如果突然转身或下蹲，背包往往会碰到岩壁把自己顶出道路，造成危险。正确的方法是面向岩壁慢慢地侧身移动。

4. 徒步渡河

当摸不清河水深浅时，用一根与自己身高差不多的小木棍在前探路。遇到河水比膝盖浅时，夏天可以卷起裤管，慢慢渡过。避免光脚，不要脱鞋。河中有石头可踩踏时，要选择干燥的石块走，潮湿的石头容易滑倒。

5. 雨天行走

雨天最为头痛的是泥土粘在鞋子上，使行走非常困难，同时还容易滑倒。所以行走时要将鞋带系紧，以免碰到泥坑将鞋子粘脱下来。在泥坑里爬坡时最好用鞋拔子（防滑作用）或手杖。如果能向当地农民买到草鞋那是最好不过的了。

6. 上坡路

走上坡路时提步要自然，步幅不要太大。如果迈开大步走路，身体会左右摇晃，失去平衡，要一步步扎实地走。记得不要提膝过高，尽量利用大腿肌肉的力量来提升身体；同时要避免攀扶树木或其他植物，如遇到陡峭山路，应避免直线攀升，最好向左向右交替（之字形）上去。

7. 下坡路

走下坡路一般觉得很轻松，但如果破坏原来走路的节奏性，很容易跌倒受伤。尤其是千万不可又跑又跳，自己容易受伤。老练的人，下坡路总是慢走，并把鞋带系得很紧，以免脚尖撞到鞋顶，弄伤指尖。如果斜坡太陡，可以采用之字形下山或侧身而下。

8. 过草丛灌木

过草丛灌木时，首先应穿长袖衫和长裤，小心观察路线及走向，避免迷途。不要紧随前面的人，以免被反弹的树枝或草木打伤；要时刻留意草丛内的洞穴或石块，以免失足或摔跤，同时留意草丛内的蜂巢或蚁穴，利用树枝拨开草丛荆棘，并提膝踏步前进，以减低受蛇虫侵袭的危险。

9. 过吊桥

吊桥比较容易左右摇晃，人最好是一个个通过，切记不可拥挤，以免发生危险。如果有恐高症，则不要向下看脚下的河流（尤其在溪流湍急的情况下），尽量把视线转移在身体前 100 米处的桥身；同时不要改变行走的速度，有节奏性地走过去。

大量流汗后应怎样补充水分

人们在炎热季节进行体育运动时，特别是在南方从事长距离徒步之类大运动量运动时，由于肌肉紧张的活动，体内代谢热大量排出，使体温上升，人体为了维持正常的体温，将通过排汗把多余的热散发出体外。据科学研究，当人体经过 2 小时紧张运动后，体内要失去 2.5 升的水分，当人体大量流汗丧失过多的水分和盐分时，会使血液变浓，沾滞性增加，脉搏加快，体温增高，身体产生口干、口渴、无力感，甚至出现肌肉痉挛、代谢紊乱等现象，此时适当的补充水分和盐是很必要的。该如何补充水分？

（1）应少量多次，每次 100 毫升为宜。饮水过多，大量水分进入血液中，使血量增加，增加了心脏的负担，人体的渗透压降低，影响水代谢，使水分吸收速度变慢；再者，喝多排多，使得大量盐分流失，破坏血液中盐平衡，很容易增加身体的疲劳感，引起肌肉痉挛。

（2）水的成分可以自行补充。一般在运动前可以按如下配方将水饮料备好：每 1 000 毫升的凉开水中，加入食盐 4 克，葡萄糖 100 克和橙汁 150 毫升。这样既补充了水分，也补充了盐、葡萄糖和维生素，使体内水盐代谢平衡。

（3）剧烈运动中或后，不宜大喝冷饮，这样会使肠胃血管受到冰冷刺激，引起血管突然收缩，使胃部痉挛，胃痛，长期如此，会导致慢性胃病；再者，剧烈运动时，咽喉毛细血管出于扩张状态，突然受凉刺激，容易引起喉部发炎、咳嗽症状。

第七章　团队拓展训练常用项目

第一节　热身项目

项目一　组建团队

1. 项目简介

这个项目鼓励团队从培训初期就团结起来。项目任务看起来简单,但是操作起来有一定难度。项目要求将参与人员进行分组,各组确定队名、队长、口号、队歌并设计队旗。该项目时间大概 40 分钟;一组队员人数为 15~20 人。

2. 项目道具

可准备旗杆、彩旗、画笔。

3. 项目操作步骤与要求

(1)将人数较多的队员按照来源不同、男女均衡等规则划分成若干个由 15~20 人组成的小组。

(2)各组在 30 分钟内选出一名队长,队长要带领队员参加以后的全部活动。然后在队长的带领下给团队起一个名字,名字可以有实际意义,也可用符号代替。再根据团队的名称确定团队的口号、队歌,并设计一面符合自己团队风格的队旗(图 7-1)。

(3)各团队在其他队伍面前展示自己的队名、口号、队歌及队旗。

(4)团队活动过程中要称呼他们的队名。

图 7-1　团队展示

4. 项目培训要点与回顾问题示例

(1)各组都起了什么名字?

(2)每个小组起的名字能准确描述各自的特点吗?

(3)这个项目能增强培训效果吗? 为什么?

项目二　走进绳圈

1. 项目简介

这是一个适合在培训之初开展的项目,用以鼓励队员们培养团队意识。让队员们能够自然地进行身体接触和配合,消除害羞和忸怩感。该项目时间大概 10 分钟,人数不限。

2. 项目道具

一根长绳子,绳子一端有一个可以移动的结(绳子呈圆形套索状),绳子的长度取决参加的人数。

3. 项目操作步骤与要求

(1)将绳子放在地上围绕成圆形,要求绳圈足够大,所有队员站到绳圈里面,空间仍很充裕。

(2)让队员们站在教师身边。

(3)队员的任务是进入绳圈,但不能接触绳子。要求双脚都落在绳圈内,全部着地。

(4)开场白示例如下。想象一下,大家正在一个规模宏大的化工厂参观。行到半路,忽然有人看到一种液体正从一个巨大的容器中喷射出来,队员们很快就被液体包围了。一名工人向大家大喊:地上的化学物质具有高度腐蚀性,如果有一滴液体溅落在脚上或者腿上,整个肢体将被腐蚀掉。现在队员们面前恰好就是一块安全区域,四周由排水沟环绕。因此化学物质不能流入里面。排水沟看起来像普通绳子,但实际上是一种很复杂的设备。它唯一的缺点是容易碎裂,因此如果有人碰到排水沟,它就会破裂并失去保护功能,化学物质将扩散到队员们站立的地方,所以大家要立即逃入安全区,不要碰到绳圈。

(5)所有队员都进入绳圈后,再让大家走出来。

(6)然后拉动绳子的滑动结,减小绳圈面积(虽然队员们能在此地幸免于腐蚀性化学物质的伤害,但现在被困在工厂里,安全区在变小)。

(7)要求队员按同样的规则进入绳圈。

(8)大家进去之后,再出来。然后,继续拉动绳子的滑动结,进一步减小绳圈面积。

(9)重复以上步骤,直到全部队员必须挤进绳圈,互相扶持为止。

4. 项目安全

不允许队员跳入人群中或者抓住别人的肩膀来平衡自己。

5. 项目变通

(1)项目开展期间,整个团队须保持沉默。

（2）蒙着眼睛做该项目会更有趣，可以让一个看得见的队员指挥其他戴着眼罩的队友。

6. 项目培训要点与回顾问题示例

（1）有人反映该项目使他感到不舒服吗？为什么？

（2）来自不同文化背景的人们对个人的身体空间有不同的认识吗？

项目三　直呼其名

1. 项目简介

这个项目主要用来帮助队员们记住彼此的名字，消除队员间的陌生感。该项目时间 10~15 分钟；人数不限，但人数较多时，需要将队员划分成若干个由 15~20 人组成的小组。

2. 项目道具

每个小组有 3 个网球，或是 3 个比较软的小球。

3. 项目操作步骤与要求

（1）选一块开阔平整的项目场地。

（2）队员们以小组为单位站成一圈，两人相距约一臂长，教师也在其中。

（3）项目将从小组教师开始，教师大声喊出自己的名字，然后将手中的球传给自己左边的队友。接到球的队友也要喊出自己的名字，然后把球传给自己左边的人。这样一直继续下去，直到球又重新回到教师的手中。

（4）教师重新拿到球后，告诉大家第二轮要改变游戏规则。现在接到球的队员必须要喊出另一个队员的名字，然后把球扔给该队员。注意两个队员对扔不得超过两轮，对扔达三轮者须受到惩罚。

（5）几分钟后，队员们就会记住大多数队友的名字，这时可以再加一只球进来，让两个球同时被扔来扔去，游戏规则不变。

（6）在游戏接近尾声的时候，再把第三只球加进来，其主要目的是让游戏更加热闹有趣。

（7）游戏结束后，在解散小组之前，邀请一个队员，让他在小组内走一圈，报出每个人的名字。

4. 项目安全

注意扔球的时候不可用力过猛。教师最初扔的球应当是一个速度较慢的高球，为后续的扔球手法做示范。

5. 项目变通

（1）如果几个小组同时玩这个项目，可以让不同的小组在游戏中间交换一半队员。

（2）让队员们可以随心所欲地更换小组。被新小组接纳的唯一条件是新成员在站好位置后喊出自己的名字，以便其他队员扔球给他。

6. 项目培训要点与回顾问题示例

（1）所有队员都记住其他队员的名字了吗？

（2）在项目进行中记住其他队员的名字时有什么技巧吗？

（3）这个项目对大家有哪些启示？

项目四 缩小包围圈

1. 项目简介

这是一个不可能完成的任务，但是它会给参与者带来无尽欢笑，使团队充满活力，营造融洽的气氛，为后续培训活动的开展奠定良好基础。此项目可以让队员们能够自然地进行身体接触和配合，消除害羞和忸怩感。该项目时间为 5~10 分钟，人数不限。

2. 项目道具

无。

3. 项目操作步骤与要求

（1）让队员们紧密地围成一圈，包括教师。

（2）让每个队员把自己的胳膊搭在相邻队友的肩膀上。

（3）告诉大家现在要完成一项非常艰巨的任务。这项任务是大家要一起向着圆心迈三大步，同时要保持已经围好的圆圈不被破坏。

（4）等队员都清楚了项目要求之后，大家一起开始迈第一步。迈完第一步后，给大家一些鼓励和表扬。

（5）再开始迈第二步。第二步迈完之后，教师可能就不必去想那些表扬与鼓励的词语了，因为目前的处境已经使大家忍俊不禁了。

（6）最后迈第三步，其结果可能是圆圈断开，很多队员摔倒在地。尽管很难成功地完成任务，但是这项活动会使大家开怀大笑，烦恼尽消。

4. 项目安全

在迈第三步的时候尤其要注意安全，防止有队员摔伤。

5. 项目变通

（1）如果参加人数多于 40 人，最好分成多个小组来做。

（2）可以让队员们蒙起眼睛做这个项目。

6. 项目培训要点与回顾问题示例

（1）大家对个人的身体空间有什么感觉？

（2）这对我们以后将要开展的项目和今后的工作有什么影响？

项目五　松鼠与大树

1. 项目简介

松鼠与大树作为热身或者辅助项目，能够很好地打破团队坚冰，营造团队气氛，当然作为一个热身项目也未尝不可。该项目可以锻炼团队成员的反应能力，在项目中，队员扮演不同的角色，承担不同角色的责任，每个人都要争取不要使自己落单。此项目训练队员的反应能力与参与意愿，并通过让落单的队员表演固定小节目或随机表演，提高队员们“开放”的心态。

2. 项目道具

无。

3. 项目操作步骤与要求

（1）三人为一组。两人扮成大树，伸出双手蹲在地上搭成一个圆圈（树洞）；一人扮成松鼠，并站在圆圈中间。也可以大树站着，松鼠下蹲，安排至少 1 位或 2 位自由人。

（2）由培训师下令，口令有三种：第一种口令，培训师喊“松鼠”，则大树不动，扮演“松鼠”的人就必须离开原来的大树，重新选择其他的大树；第二种口令，培训师喊“大树”，松鼠不动，扮演“大树”的人就必须离开先前的同伴重新组合成大树，并圈住“松鼠”；第三种口令，培训师喊“地震”，扮演大树和松鼠的人全部打散并重新组合，扮演大树的人可以做松鼠，扮演松鼠的人也可以做大树。

（3）听到培训师的口令后，大家快速行动，不要成为落单的角色。

4. 项目安全

（1）松鼠跳出树洞时注意避免踢到同伴。

（2）活动中不要撞伤同伴。

5. 项目变通

可以在组织项目时要求男女队员的搭配必须合理，这样可以使整个团队更加融洽。

6. 项目培训要点与回顾问题示例

（1）队员们在此项目中扮演什么角色？这个角色的挑战性在哪里？

（2）完成项目的技巧有哪些？

（3）大家对这个项目有什么感受？

项目六　背靠背

1. 项目简介

背靠背是一种循环项目，培训过程中可以随时开展，可以让队员们自然地进行身体接触和配合，消除距离感。

2. 项目道具

一段长绳子、一个口哨。

3. 项目操作步骤与要求

（1）把绳子拉直后放在地上。

（2）让所有队员按身高大小排成一列，然后从队列一端开始，彼此结对儿。如果总人数为奇数，培训师就要参加进来。

（3）每对搭档分立绳子两侧。

（4）彼此转身，背对自己的搭档。

（5）每对搭档都俯身半蹲，胳膊穿过两腿之间，和对方双手相互扣住，此时绳子恰好在他们之间。

（6）教练吹口哨，大家一听到口哨声便用力把对方拉过绳子——就像拔河项目。

（7）将第一轮比赛的获胜队员作为二轮比赛的参赛者，互相结对。重复这种项目，直到产生总冠军为止。

（8）让所有队员找回第一个搭档，背靠背站到项目开始时的最初位置。这次双方用力推对方，首先向后跨过绳子者获胜。重复该过程，直到产生总冠军。

（9）最后完成拔河项目。让大家重新站到刚开始的最初位置，每对搭档都俯身半蹲，向后伸胳膊抓住背后两个队员的手（一只手握自己的搭档，另一只手握搭档旁边的人）。最先把对方拉过线的那组队员获胜。

4. 项目安全

背部有伤的人不能参加此项目。确保队员们运作要柔和，不要受伤。

5. 项目培训要点与回顾问题示例

（1）队员们在项目过程中碰到了什么问题？是如何对问题进行拆分的？每个人的任务是什么？

（2）如何将这个项目和大家的实际工作联系起来？

项目七　粘手病毒

1. 项目简介

现假设有一种病毒叫粘手病毒，此病毒具有极强的传染性，接触到该病毒携带者的人都会被传染，而且变成传染源。这个项目的玩法就是尽量多地把粘手病毒传染给团队中的其他成员。染上病毒的队友手拉手感受一种同舟共济、相濡以沫的患难情感，这个拓展项目能增进队员之间的情感，加速团队融洽，很适合团建破冰。

2. 项目道具

一处宽敞的运动场、一个网球。

3. 项目操作步骤与要求

(1)开场白示例如下:队员当中有一人感染了一种非常罕见的粘手病毒,感染这种病毒后,接触到其他任何人就会传染给对方,彼此的手就会粘在一起而不能分开。如果他二人接触到别人,对方的手也会被粘过来。这种病毒还会影响人的思维,感染者沉迷于将病毒传染别人,未被感染的队员的任务就是尽量延长自由时间,不要感染这种病毒。

(2)将网球随机抛给一名队员,他就成为病毒感染源,其他队员尽量避免被他接触,否则就会被传染。

(3)被传染的队员的手与病源队员的手拉在一起,也成为传染源,以此类推。

(4)如果所有队员都被感染,即手都拉在一起,则项目结束。

4. 项目安全

(1)提醒队员追逐或躲避时,注意脚下安全。

(2)当手拉手的队员增多时,要提醒大家步调尽量一致,不要发生强行拉拽。

5. 项目变通

当病毒感染人数到四个人以上,可以分裂为两组,每组两人,分别去感染其他人,以此类推。

6. 项目培训要点与回顾问题示例

(1)第一个接网球的人是准备不接还是下意识地接过网球?

(2)谁是最后一个被传染的人,为什么呢?

(3)每个队员被传染之后,最想传染的人是谁? 为什么?

第二节 场地项目

项目一 信任背摔

1. 项目简介

这是一个经典的团队精神拓展训练项目,参训的每个队员都要笔直地从不低于 1.5 米的平台上向后倒下,而其他队员则伸出双手接住并保护他。现实生活中,每个人都希望可以和他人相互信任,否则就会缺乏安全感。要获得他人的信任,就要先做个值得他人信任的人。对别人猜疑的人,是难以获得别人的信任的。这个拓展训练项目能让队员在活动中建立及加强对伙伴的信任感及责任感。项目时间约为 1 小时,人数为 20 人左右。

2. 项目道具

束手绳、背摔台。

3. 项目操作步骤与要求

(1)先布置下面保护队员的姿势和行为(需一边示范一边讲解)。保护队员要找和自己身高差不多的队员两两组成一组,不少于6组,搭成一张"人床",要点包括以下几点。

①弓箭步、膝相抵、手水平、肩靠拢。

②头后仰,看着倒下队员的背部,若有偏差,及时调整。

③接人的第1组离背摔台20厘米,3、4组必须是男生,2、5组可以是男生,也可以是男女搭配。落单的队员站在队伍的最后,由外向背摔台,双手抵住最后一组的肩膀,防止队伍向外。

④接住队员后,先抱住其上身,然后放脚,再扶正上身,让其站稳。

(2)让队员两两组合,站在背摔台下,站好、排好姿势,逐一检查、试压。

(3)背摔台上的队员的姿势和要领包括以下几点。

①上台前应得到大家的鼓励(充电的方式),上台后面向培训师。

②手:胸前平举、交叉紧握、反扣、两肘夹紧,下颚抵住拳头(示范)。

③脚:脚尖及脚跟并拢、脚跟伸出背摔台2~3厘米(示范);

④在培训师带领下,队员都站好位,大声问台下"准备好了吗?"听到下面整齐有力的回答"准备好了"后,全员大声数"1,2,3",数到"3",台下队员直体倒下。

⑤倒下时尽量保持身体正直,以肩部的运动作为身体运动的导向。

⑥不允许向后跳、向后跃、扭头向下看。

⑦倒下后,控制双脚不要抬起。

(4)台上培训师动作要领如下。

①队员上来后,让其靠护栏站立。

②绑好绑手带后,用自己的脚定位,再把队员领过来。左手紧握绑手带根部,右手扶队员的腰。

③队员在倒下前,数"3"时,右手去抓身后护栏。

④队员倒下时,松开左手,然后在其倒下后,迅速蹲下,用手按队员双脚。

⑤每一位队员倒下后,在其安全站稳后,号召大家对他予以鼓励,再询问接人队员的感受、感觉。

(5)全体队员都完成后,培训师在现场对全队表现给予肯定、鼓励,召集大家喊队训、唱对歌。

4. 项目安全

(1)询问队员有没有以下病史:头、颈、肩、背、腰、骶受伤史;严重的心脏病、心脑血管疾病、低血糖、高血压等。若有,进一步了解以决定其能不能参加。

(2)让队员把身上所有硬物取出后,宣布项目开始。

(3)保护者在接到背摔队员后,第一组队员快速放脚,后边保护者抬腰抬肩让其站立。注意在背摔人没安全落地时不得鼓掌，也不能将其抛起。无论接到什么部位或是根本没接到都不能马上撒手，因为人床是肩靠肩靠紧的，若有人马上撤掉，人床会因受到水平的分力散掉（图 7-2）。

图 7-2　信任背摔

5. 项目变通

对于那些既成的团队，可以考虑给背摔者蒙上眼罩，增加项目难度。

6. 项目培训要点与回顾问题示例

（1）当你站在台上的时候感觉如何？

（2）当你跨越心理障碍完成了挑战之后的感觉如何？

（3）在这项活动中，你认为最关键的地方在哪里？怎样才能帮助队员跨越心理障碍，做到他认为自己不可能完成的事情？

项目二　驿站传书

1. 项目简介

全队成员排成一列，每个队员相当于一个驿站，之后培训师会把一个带有 7 位数以内的数字信息卡片交到最后一位伙伴的手中，队员们要利用聪明才智把这个数字信息传到最前面的伙伴手中。当最前面的伙伴收到信息以后要迅速举手，并把收到的信息写在纸片上交给最前面的培训师。比赛总共会进行四轮，在信息传递的过程当中会有一些规则来约束队员的行为。

2. 项目道具

纸条、秒表。

3. 项目操作步骤与要求

项目开始后(所谓项目开始是指培训师喊开始,信息从最后面一位伙伴开始传递那刻起)请注意以下几点。

(1)不能讲话。

(2)不能回头。

(3)后面的伙伴的任何部位不能超过前面人身体的肩缝横截面以及无限延伸面(前后标准要以最前面的某个物品做参照,比如白板,离白板近则为前,离白板远则为后)。

(4)当信息传到最前面伙伴的手中时,这位伙伴要迅速举手示意,并把信息交到白板附近的培训师手中,计时员会以举手那一刻为截止时间。

(5)不能传递纸条和扔纸条。

(6)项目的最终解释权和裁判权归培训师(要解释清楚,鼓励创新方法;某些很有争议的方法和项目培训目标相吻合算正确,背离则算错误)。

(7)第一轮时间≤ 2 分钟(给出 8 分钟的讨论时间,然后开始)。第二轮:以前规则继续生效,增加新的规则。

(8)第一轮所有方法不能再使用。

(9)不能传递和扔任何物品。

(10)第二轮时间≤ 1 分钟(给出 7 分钟的讨论时间,然后开始)。第三轮:以上规则继续生效,增加新的规则。

(11)第一轮和第二轮的所有方法不能使用。

(12)第三轮时间≤ 40 秒(给出 6 分钟的讨论时间,然后开始)。第四轮:以上规则继续生效,增加新的规则。

(13)前三轮所有方法不可用。

(14)所有队员坐在地上,游戏过程中要保持坐姿。

(15)第四轮时间≤ 20 秒(给出 5 分钟的讨论时间,然后开始)。

4. 项目安全

无特别安全事项。

5. 项目变通

可以从 4 位数字开始传输,每轮增加一位数字,以提高项目难度。

6. 项目培训要点与回顾问题示例

(1)队员们开展项目时有哪些沟通渠道?

(2)非语言沟通如何保证渠道畅通?

(3)每个队员在本项目中的贡献有哪些?

(4)假如再给大家一次机会,队员们会有哪些改变?

项目三　地雷阵(穿越雷阵)

1. 项目简介

所有参训队员都要通过一片机关重重的雷区,而雷区中会有安全的道路,要求团队在 40 分钟之内找到一条安全通道,全体成员通过雷区。此项目要战胜的不仅仅是心理的恐惧与怀疑,更重要的是要打破思维障碍,调整思维定式。

2. 项目道具

雷阵图如图 7-3 所示。培训师手中有事先绘制好的雷点图。

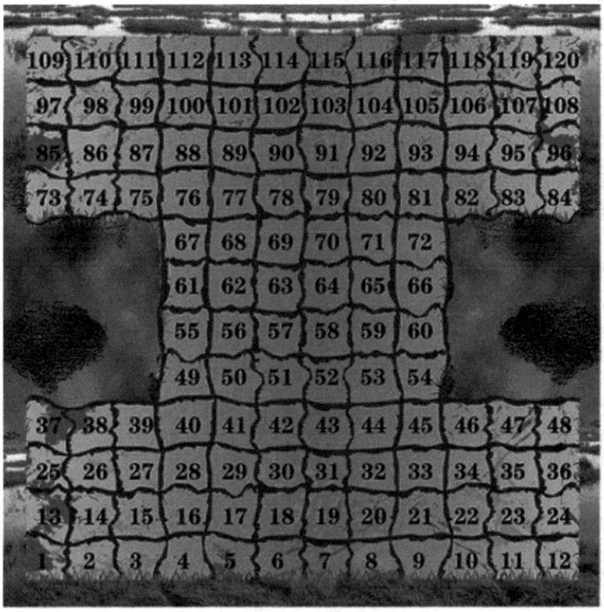

图 7-3　雷阵图

3. 项目操作步骤与要求

(1)准备工作:让队员一字排开站在距离雷阵入口 1 米远的地方;培训师站在雷阵旁边或里面开始布置项目;布置完项目之后,培训师站在雷阵旁边进行监控。

(2)布置项目。

①点题:这个项目是一个团队合作项目,大家面前由四根粗黄线围成的正方形区域为雷区,队员所在的一侧为雷区入口,对面一侧为出口。

②任务: 团队要在 40 分钟内,探出一条通过雷区的安全通道,所有队员依次通过雷区。

(3)项目规则:雷区内每次只允许 1 人活动;每次移动只能进入相邻的格子;每进入一个新的格子,都要停下来听培训师的口令,“继续”或者“有雷”;当听到继续时,可以继续探路;当听到有雷时,队员须按原路返回至雷区的入口处。

(4)出现以下情况,视为违例,培训师将予以扣分:重复触雷(第一次触雷不扣分);触雷后未按原路返回;同时有两人以上进入雷区;踩线。

(5)项目时间是40分钟,规则听清后计时开始。

3. 监控要点

(1)布置项目时,项目规则可布置两遍,强调项目过程中不回答队员提出的问题。

(2)请队员每踩1格,都报出相应数字。

(3)扣分要严格,重复触雷扣3分,其他情况扣1分。

(4)培训师要控制好队员的站位,如果有人踩线立即扣分。

(5)防止队员绕到培训师身后偷看雷点图。

(6)不允许队员在雷阵图上做永久性标记。

(7)活动结束后培训师要清理雷阵图上的标记物。

4. 项目安全

(1)项目开始前培训师要清理地面上的硬物、尖物。

(2)队员避免相互碰撞以致摔倒。

5. 项目变通

(1)雷阵图两侧的绿色区域可增加河流或沼泽,增加项目难度和复杂性。

(2)上阵的队员第一次触雷,炸掉一条腿,可单腿继续探路;第二次触雷,须有同队中双腿健全的队友将其从雷阵中背回,背人者须按雷阵图所示的安全路线行进(图7-4);如有触雷,遵循同样的规则。

图7-4 队员背回“阵亡”战友

6. 项目培训要点与回顾问题示例

（1）队员们认为此项目成功或失败的最大原因是什么？

（2）在这个项目中，队员们为什么会争吵得如此厉害（或者有一段时间是在无序地争吵）？

（3）队员是什么时候考虑到突破点的？

（4）培训师根据队员回顾的实际情况，将一些管理学知识结合工作和生活的实际情况，对团队表现进行升华点拨。

项目四　盲人足球

1. 项目简介

盲人足球是一个较大型的团队拓展训练项目，每组队员中有一部分戴上眼罩上场参与足球对抗，另一部分不戴眼罩，作为引导者对上场队友进行引导或助威。该项目可以增加团队内部的信任度，促进成员间的沟通与交流，培养团队合作精神，提高团队整体运作能力。

2. 项目道具

（1）一块篮球场大小的平整场地，最好是草地或者铺有地毯的地面。

（2）未充满气的足球 1 个；眼罩若干（足够队员使用）；两种颜色的布条若干（足够队员使用）；哨子一个；按比例缩小的球门两个。

3. 项目操作步骤与要求

（1）队员分成两组进行对抗赛，每组人数必须为偶数。

（2）每组人员实行两人搭档合作制，其中一人戴上眼罩扮演盲人，在搭档的引导下进行活动；他的搭档负责告诉他向什么方向走、做什么、怎么做。

（3）负责引导指挥的队员不得触碰自己的搭档，只能用语言发出指令。

（4）扮演盲人的队员必须保持类似汽车保险杠的姿势：双肘弯曲，手掌向外，手的高度与脸齐平。

（5）每场比赛时间为 10 分钟，之间有 3 分钟左右的休息时间，然后双方交换场地继续比赛。

（6）休息时，扮演盲人的队员也不得摘去眼罩。

（7）用掷硬币的方式选择场地。场地定好后，将足球放于场地中间，裁判吹哨后，比赛开始。

（8）比赛没有守门员，每组将球踢进对方球门一次得 1 分。

（9）任何一组进球后，把球拿到场地中间，重新开始比赛。

（10）不允许将球踢向空中，如果有队员踢了高球，比赛暂停，并将该组搭档罚下场；如果足球被踢出边界，由裁判将足球取回，比赛继续。

4. 项目安全

（1）不允许将球踢向空中，易伤人。

（2）足球充气不宜太满，以减少冲击力。

5. 项目变通

（1）可以选出几名队员担任安全监护并兼任边裁。

（2）每轮比赛过后，搭档之间的角色可以互换。

6. 项目培训要点与回顾问题示例

（1）搭档之间最有效的沟通语言是什么？

（2）队员们希望进行角色互换吗？大家是习惯于现有的状态还是勇于挑战？

（3）完成本项目的最大收获是什么？

项目五 穿越电网

1. 项目简介

在全体队员面前悬挂一张“电网”，网上的洞口大小不一，要求队员在规定时间内，从网的一边依次通过“电网”到达另一边。在此过程中，队员的任何部位都不允许碰网，否则洞口将被封闭，每一洞口只能用一人次（图 7-5）。此培训项目强调整体协作与配合，资源的合理分配，好胜与莽撞的队员都将遭遇淘汰，只有依靠团队的力量才能顺利完成任务。

2. 项目道具

两根立杆（或两棵距离不超过 4 米的树）和若干根绳子（用于结网）。

图 7-5 穿越电网

3. 项目操作步骤与要求

（1）电网是无限延伸的，任何人只能从网洞中穿过。

（2）每个网孔只能用一次（不论是否通过用完即被封住）。

（3）电网具有万伏高压可击穿任何物体，身体任何部位触网即宣布“牺牲”。

（4）在抬女士通过时面部朝上，以防止队员落地擦伤。

（5）队员在抬人过程中不可以说话。

（6）违反以上任意一条，游戏重新开始。

（7）项目时间为 40 分钟，人员须全体通过电网。

4. 项目安全

（1）保护好第一名和最后一名通过的队员。

（2）可使用保护垫子，跟随被运送队员移动。

（3）培训师站在人数少的一边，随时观察队员状态。

5. 项目变通

可以调整网孔的高度和大小。

6. 项目培训要点与回顾问题示例

（1）本项目中团队成功的关键因素有哪些？

（2）如何有效地利用和搭配资源？

（3）面对困难时，队员应有什么样的态度和做事方式？

项目六　南辕北辙

1. 项目简介

这是一个在队友之间建立信任的绝妙游戏，目的在于建立小组成员间的信任，培育团队精神。该项目时间约为 30 分钟，人数不限。

2. 项目道具

眼罩若干。

3. 项目操作步骤与要求

（1）让队员两两结为搭档，每组搭档发一个眼罩。

（2）每组搭档中一人蒙住上眼罩，另一人跟在身后，防止搭档绊倒或撞上某些障碍物。但是他不能给蒙眼睛的搭档指路或做任何暗示告诉他该向哪里走。当蒙住眼睛的搭档觉得到达已定目标停下来时，两个人都停下，一人取下眼罩，看距离最终目标到底有多远（图 7-6）。

图 7-6 南辕北辙

（3）两个搭档转换角色，重复游戏，直到所有人都完成项目为止，培训师可询问他们为什么大多数队员距离最终目标那么远。

（4）给每组搭档再发一个眼罩。让他们仔细观察前方的目标后，都蒙上眼罩，挽着胳膊或携手一起走向目标。可以用相机给他们拍些大特写留作纪念。

（5）当他们发现两个人的行动并不比单人成绩好时，建议所有队员联合起来尝试一次。让大家仔细观察目标所在地之后，蒙上眼罩携同向目标进发，队员们感觉到达目标后全部停下。

（6）当所有队员都停下后，每人都指向自认为目标所在的方向，同时，用另一只手拿下眼罩。

（7）培训师向大家解释为什么这个游戏叫南辕北辙——这是因为放在极地的指南针可以指向很多方位作为南方。谈到这个游戏，虽然每个人对目标都有自己的想法，但是团队作为一个整体比之前的单人或一组搭档还是更能接近目标。

4. 项目安全

保证地上没有能绊倒队员的障碍物。

5. 项目变通

（1）让队员倒退着走向目标，这样队员对目标的距离的体会更深。

（2）让戴眼罩的队员转几个圈后再向目标行进，可能方向感瞬间没有了。

6. 项目培训要点与回顾问题示例

（1）为什么整个团队比单人或一组搭档更能靠近目标？

（2）当大家摘下眼罩时是否确认自己的方向？

（3）通过参与该项目有哪些收获？

项目七　同舟共济

1. 项目简介

这是一个团队协作项目，项目创建的情境是团队身处茫茫大海中，大家乘坐的船即将沉没，现在甲板露出水面的面积在一点点地缩小，救援人员正火速赶来。团队的任务是尽量在最少的面积上站立最多的人。

2. 项目道具

报纸若干张（替代甲板）。

图 7-7 同舟共济

3. 项目操作步骤与要求

（1）布置任务，每个人会得到一小块“甲板”。

（2）项目开始时，每个人都必须站在自己的“甲板”上，每人的“甲板”要相连，不允许有断开的地方。

（3）之后“甲板”逐渐减少，团队成员仍然要想办法站在上面。

（4）整个过程中，任何人身体的任何部位不得接触地面或其他物体，可以依靠或支撑同伴的身体。

（5）当有人犯规或队员认为不能再往下进行时，所剩的“甲板”的合计面积是小组的最终成绩。

（6）团队稳定在甲板上站立 5 秒钟以上方为成功（图 7-7）。

4. 项目安全

不允许穿高跟鞋，注意避免踩伤。

5. 项目变通

（1）可以由团队领取整张报纸，按各自练习的办法自行裁剪，各队同等人数情况下，以最后成功站立所用报纸面积小者为胜。

（2）报纸也可以换成指压板。

6. 项目培训要点与回顾问题示例

（1）在讨论的时间里大家完成了什么工作？各小组是如何分析任务的？

（2）单靠个人力量能成功完成任务吗？最后是如何完成任务的？

（3）分配任务的根据是什么？

（4）每个队员在整个过程中作出了什么贡献？

项目八　传送带

1. 项目简介

小组队员一字排开躺下，高举双手，形成传送带，把团队的一名队员从第一位队员传送到最后一位（图 7-8）。该项目锻炼团队协作，考验和培养团队信任。

2. 项目道具

无。

图 7-8　传送带

3. 项目操作步骤与要求

（1）开场白示例：大家都见过现代化的生产线，产品按照工艺流程，由传送带从一道工序传到下一个工序，最后完成产品的加工。现在请队员们感受一下躺在传送带上的感觉，当然这个传送带也很特殊，是由大家的双手组成的。看看大家是否能将传送带上的"产品"安全送到目的地。

（2）选出三个志愿者，一人第一个被传送，另外两人分别在队首和队尾保护。

（3）其他队员头颈相接，并肩仰卧，双臂上举与地面垂直。

（4）被传送的队员双臂伸平，身体保持直立向后仰，由仰卧队员双手托举传送到另一方。

（5）被传送的队员安全到达另一方后，在队尾成为保护者，原队尾保护者在队尾仰卧成为传送者，队首保护者成为被传送者，在队首仰卧的人成为保护者。以此方式轮转，直到所有的队员都被传送过。

4. 项目安全

所有托举人员须双臂上举与地面垂直，避免被托举者摔下，也要避免被托举者的重量集中到少数队员的手臂上，造成伤害。

5. 项目培训要点与回顾问题示例

（1）当大家躺在众人双手组成的传送带上时有什么感想？

（2）当躺在地上做传送带时，队员们又有什么想法？

项目九　履带车

1. 项目简介

履带车项目的主要任务是每队在规定时间内用自己的有效资源做一条履带，将全体队员从起点运输到终点（图 7-9）。通过本项目让队员有效地利用团队智慧、团队决策，体会自己解决问题、计划与协调的能力，培养队员之间配合与协作的行动力。

2. 项目道具

每队需 25~35 张报纸、两卷胶带、一把剪刀。

图 7-9　队员自制的履带车穿过操场

3. 项目操作步骤与要求

（1）开场白示例：队员们在调查废弃的化学工厂时走到了有毒地面区，必须用一些特殊防护材料板做成履带，滚动前进才能通过。报纸、胶带和剪刀模拟有限的道具，时间有限，有毒的液体马上就要蔓延过来了。

（2）让小组成纵队站立，领取各自的道具并开始制作履带。

（3）告诉队员，如果在行进的过程中履带断裂将被请出局。

（4）给大家30分钟的时间制作履带。做好后，各小组队员成纵队站到自己的履带车中，在起点线上待命。

（5）裁判鸣哨宣布比赛开始，先到达终点且履带车完好的队伍获胜。

4. 项目安全

女生不能穿高跟鞋，注意履带车行进中避免踩到其他队员的脚。

5. 项目变通

比赛时有队伍中的队员脚踩出履带车的，每次罚停3秒，再继续前行。

6. 项目培训要点与回顾问题示例

（1）在制作履带的时候队员间有没有不同的意见？最后是怎么解决的？

（2）为了让履带向前推进得更快，队员们有什么策略吗？

（3）怎样才能使履带不断裂？

（4）大家在完成任务的过程中作出了什么贡献？

项目十　盲人方阵

1. 项目简介

本项目要求所有队员蒙上双眼去完成一项看似乎很简单的任务：队员们要在地上找到长绳，将其围成正方形，过程中只能允许说话，不能打开眼罩（图7-10）。

2. 项目道具

（1）粗麻绳或尼龙绳每组若干根，长的15米，短的5米。

（2）眼罩若干，足够队员使用。

图7-10　盲人方阵

3. 项目操作步骤与要求

（1）开场白示例：此时团队正经历着一次神奇的冒险，小组所有的人被关在了神秘古堡的地下室中，地下室里漆黑一片，没有一丝光亮，而逃离的唯一办法就是利用地下室中的这些绳子。只要能按照要求将这些绳子摆成正确的方阵，就能唤起神秘的力量，出口就会自动打开，大家也能安全逃离，否则就永远被困在这暗无天日的古堡之中。

（2）所有人都用眼罩蒙住眼睛。

（3）让所有人向左转几圈，再向右转几圈。

（4）方阵的要求：要将所有的绳子首尾相连并拉成一个最大的正方形，正方形的每个角上各站一个人，剩下的人均匀分布在正方形的四条边上，不但每条边上的人数要相等，每人之间的间隔距离也要相等，如果人数不是四的倍数，要求多出来的人站在正方形的正中心。

（5）小组听清规则之后，项目开始。

（6）当小组确认他们已经完成后，或到达规定的时间后，让他们将绳子放到脚下，摘下眼罩，让队员们欣赏自己的作品。

4. 项目安全

项目开始前清除地上的杂物，防止绊倒队员。

5. 项目变通

每队可以有一长一短两根长绳，其中长的一根围成正方形，短的一根围成等边三角形，并且正方形的边要和三角形的边重合，构成一个房子的图案。

6. 项目培训要点与回顾问题示例

（1）队员们对自己的作品满意吗？大家在游戏中遇到什么问题？如何分析问题？

（2）每个人都做了什么贡献？在团队中充当了什么样的角色？

（3）小组在本项目中产生了新的领导者吗？是怎么产生的？

（4）大家对新领导者的指挥满意吗？为什么？

（5）行动中认同与服从重要吗？大家有什么体会？

项目十一　步调一致

1. 项目简介

在团队中，有时几个人同时做事的效率反而比一个人更低。从人性的角度来看，人往往倾向于按照自己的意愿和节奏来行动，而把与他人协同当成是一种负担或浪费时间。这个项目的目的就是要让大家体验必须协同的感觉——“同手同脚”才能行动。最终让团队学会相互妥协、相互协同，并取得步调一致的结果。

2. 项目道具

1 米长的绳子若干。

图 7-11 步调一致

3. 项目操作步骤与要求

(1)开场白示例:现在小组误入了食人部落的洞穴,被食人族用结实的绳索将脚捆在了一起,大家无法解开绳索,只有走出洞穴后才能解开。现在守卫去喝水了,没有人看管,大家有且只有十分钟的时间逃走,祝各位好运。

(2)让所有的小组成员成横列站立,用绳子将相邻的两人的腿绑在一起(图 7-11),没有练习的机会。

(3)裁判吹哨挥旗,比赛开始。先到达终点的小组为胜利者。

4. 项目安全

绳子不要绑得太紧,防止队员拉伤或摔倒。

5. 项目变通

(1)项目也可变成 n 人 n+1 足。

(2)项目可以增加难度,如在木桩丛上行走。

6. 项目培训要点与回顾问题示例

(1)队员在起步时遇到了什么困难?大家是如何克服的?

(2)是不是只要自己努力完成就能胜利?为什么?

(3)哪些因素有利于完成这个任务?

(4)获胜队的法宝是什么?落后原因是什么?

项目十二 袋鼠赛跑

1. 项目简介

这是任何团队都能开展的一个有趣游戏,目的为活跃团队气氛,促进团队合作。

2. 项目道具

给每两个队员至少准备一个气球、两根绳子(标明起始线和终点线)。

3. 项目操作步骤与要求

（1）将两根绳子沿着运动场某一边缘，平行放置，相距 10 米远。

（2）让大家互相结对。

（3）给每对搭档发一个气球。

（4）让其中拿着气球的队员站在一条线上，他们的搭档站在运动场边缘的另一条线上。

（5）让带球的队员把气球放在膝盖之间，放好之后，手不能再碰气球。

（6）项目玩法：听到培训师的信号后，带球的队员像袋鼠一样跳跃通过运动场（保证气球夹在膝盖之间），到达运动场对面的终点线时，将气球传递给搭档——仍旧要求不能用手碰气球。交换气球后，搭档夹着气球跳回起始线（图 7-12）。

（7）最先跳回起始线的那对搭档获胜，在此过程中要求气球始终夹在膝盖之间。

图 7-12　袋鼠赛跑

4. 项目变通

比赛结束后，给大家 1~2 分钟的设计方案时间，然后再重复一次游戏。期间允许搭档们商量谁第一个带球跳跃，以及讨论怎样才能提高速度。记下所有搭档所耗时间。

5. 项目培训要点与回顾问题示例

（1）是谁最先返回起始线的？他成功的因素有哪些？

（2）什么因素加大了游戏的难度？什么因素可使游戏更为简单？

项目十三　孤岛求生

1. 项目简介

孤岛求生拓展项目是针对企业管理设计的最经典的项目之一。看似简单的活动所蕴含的道理和揭示的问题，让人回味无穷。在孤岛上发生的场景，工作中也随处可见，在项目中积累的经验可能在真实生活有所帮助。

2. 项目道具

（1）平坦的场地，方箱摆放紧密平稳，岛之间的距离以木板可以平板搭上为准。

（2）场地器材如下（图 7-13）。

①木板两条（尺寸为 2.5 米 ×30 厘米 ×3 厘米）。

②小正方形木盒 12 个（尺寸为 25 厘米 ×25 厘米 ×20 厘米）。

③大正方形木盒 12 个（尺寸为 60 厘米 ×60 厘米 ×20 厘米）。

④长方形木盒 1 个（尺寸为 12 厘米 ×20 厘米 ×20 厘米）。

⑤哑人岛物品：线手套 4~5 副，任务书一张；

⑥珍珠岛（或自由岛）物品：生鸡蛋两只，筷子四根，A4 纸两张，胶带一米，任务书一张。

⑦盲人岛物品：眼罩 N 个（N 为参训人数），羽毛球 3~5 个，餐巾纸一包，塑料桶一个，任务书一张。

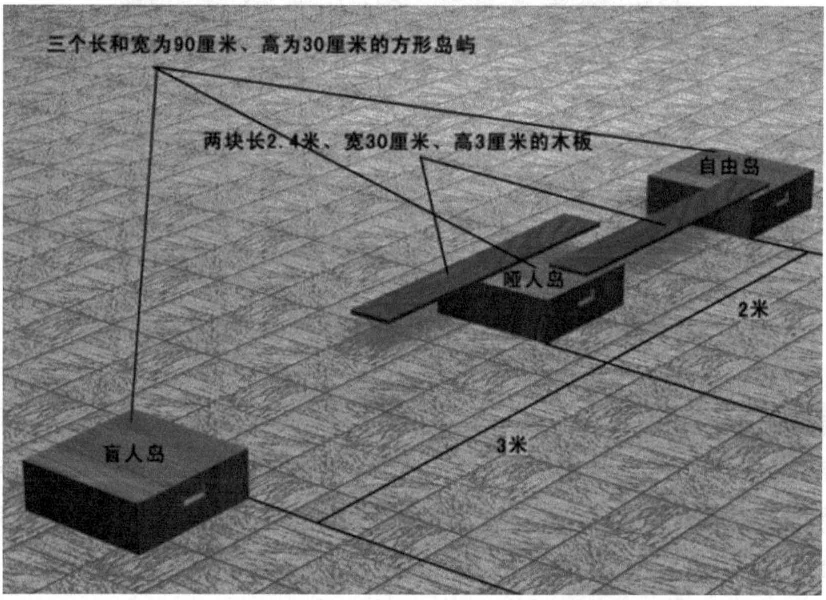

图 7-13　孤岛求生场地布置示意图

3. 游戏规则

孤岛求生是将队员分成三组，分别安置在盲人岛（基层员工）、哑人岛（中层管理者）、珍珠岛（高层决策者）。要求队员在规定时间内完成各自的任务并集合在一处安全的地方。

（1）珍珠岛、哑人岛、盲人岛一字排开。哑人岛在中间，哑人岛与盲人岛之间有一个搭木版的支点；哑人岛、盲人岛的面积相同，珍珠岛的面积最大。

（2）游戏开始时，各岛上的队员只能看到自己的任务书而不知道别岛队员的任务及道具。盲人岛上的队员戴上眼罩是看不到任务书的,但可以说话。哑人岛的队员不能说话。

(3)将每队队员分成三组,分别安置在盲人岛(基层员工)、哑人岛(中层管理者)、珍珠岛(高层决策者)。此项目强调主动沟通、信息共享的重要性,表现出主管者运用资源和决策的能力。

(4)开场白示例:全体成员由于遇到风浪,船只沉没,人员被冲成3小队,分别飘游到三个孤岛上;第一个孤岛上的队员由于误食了一些有毒的水果,导致全体失明;第二个孤岛上的队员由于误食动物的肉,导致全体变哑;第三个孤岛物产丰富,所有的队员很健康;目标是将所有的成员集中到第三个岛屿(珍珠岛)(图7-14)。

(5)项目开始,各组分别接到任务卡片及道具。

(6)第一个任务完成后才能离开盲人岛;岛的周围是激流,任何人和物品一旦落水都将被冲到盲人岛。

(7)30分钟之内,海水将漫上岛屿,人员将失去生还机会,要求在规定时间内完成各自的任务并集合到珍珠岛上。

图7-14 孤岛求生游戏图

4. 项目操作步骤与要求

(1)大家在同一艘船上,在海上遭遇了暴风雨,被冲向三个不同的岛屿。每个岛屿上只有一张任务书和相关物品,团队被冲散到三个岛屿上,大家将怎样去完成任务。过程中培训师对违反规则的行为给予制止并扣除若干时间。

(2)队长整队,培训师进行项目与规则表述。团队分为盲人、哑人、健全人三个小团队;按(盲人→哑人→健全人)顺序依次将人员带上相应的模拟岛屿,全过程中盲人蒙上眼罩,哑人不许说话。

(3)进入情境,分发相关物品。发放任务书,进入项目实施直至各团队最终完成任务或失败。

（4）实施进程中，拓展培训师不做任何指示，只随时记录现场情况，项目结束后对各团队精神拓展项目完成情况进行评价，引导队员回顾思考，提出相关的问题，分享孤岛求生技巧。

（5）队员人数不得少于 8 人，其中哑人不少于 3 人。如果团队中有队员做过该项目，安排其到盲人岛上并告知其又聋又哑，不用过多参与，或者安排作为记分员或观察员。

（6）可以先分组，比如将队员在岛上角色与职业角色互换，以达到换位思考的目的，采取随机分组也是尽量如此。男女搭配分开，哑人岛上尽量安排力气大的男队员。

（7）严格要求队员，如果违规应迅速制止并告知将受到处罚。密切注意哑人在盲人未投进球前不得挪动木板，违规将受处罚。

（8）如时间过去大半还无人下岛，应即时告诉队员反复、认真、仔细看任务书。时间过半可以利用队员偶然落水的机会将其带到盲人岛。

（9）除盲人外其他人均不得触球，盲人长时间无法扔进桶可以适当将桶靠近。健全人、盲人不得帮助哑人搭放木板，木板的一端轻微着地时可以不将木板拖到盲人岛。

（10）如果发现队员有隔岛传递或者两岛队员传看任务书的情况要制止。项目结束后所有器械必须立即复位，团队回顾总结后任务书回收。

5. 孤岛求生游戏任务书

（1）盲人岛任务书。

①请将一个球投入到盲人岛旁边的一个桶内。

②将所有人集中到同一个地方。

③任何人和物品一旦落水，都将被冲到盲人岛。

④珍珠岛任务书第一题的答案。

（2）哑人岛任务书。

①只有哑人才能帮助盲人移动至珍珠岛。

②盲人岛上的人要完成任务书上第一个任务后，哑人岛的人才能移动木板。

③哑人岛上的人是唯一可以移动木板的人。

④只有盲人可以触球。

⑤将所有人集中到同一个地方。

⑥任何人和物品一旦落水，都将被冲到盲人岛。

（3）珍珠岛任务书。

①请将这四个数字“5，5，5，1”，通过加减乘除运算（顺序可以颠倒），使结果等于 24。每个数字只能用一次。

②用所提供的道具——透明胶、筷子、若干报纸，将鸡蛋包裹起来。从高处扔下并保证鸡蛋不碎。

③将所有人转移到珍珠岛。

④任何人和物品一旦落水，都将被冲到盲人岛。

6. 项目培训要点与回顾问题示例

（1）作为盲人、哑人或健全人，在本项目中的最大感受是什么？

（2）通过本项目，大家对沟通、信任与合作有无新的理解？

（3）本项目中有无体现领导艺术、突破思维定式？

（4）在团队中进行如何合理分工，并能够分清主次目标？

项目十四　云梯

1. 项目简介

两人一组，每人握住一根木棒的一端，多组并排组成云梯，每个队员轮流爬过云梯。同时，整个云梯以接力的形式前进，从起点到达终点。整个过程讲究团队配合，主要用于建立小组成员间的相互信任。虽然游戏设计简单，但是非常有效。

2. 项目道具

10~12 根硬木棒或水管，要求每根长约 1 米，直径约 32 毫米。

3. 项目操作步骤与要求

（1）每个队员找一名搭档。如果参加人数为单数，让余下的一个人第一个爬云梯。如果参加人数为双数，那么随意叫出一对搭档，让其中一个人爬云梯，另一个人做监护员。

（2）给每对搭档发一根木棒。让每对搭档面对面站好，所有搭档肩并肩排成两行。

（3）每对搭档如图 7-15 所示握住木棒，木棒与地面平行，其高度介于肩膀和腰部之间，这样整个形成了一个类似水平摆放的云梯的形状。每根梯线的高度可以略有不同，以形成一定的起伏（图 7-15）。

图 7-15　云梯示

（4）把选好的爬梯者带到云梯的一端，让他从这里开始爬到云梯的另一端。在只有四五对搭档参加游戏的情况下，教练可以让前端的搭档等爬梯者通过后，迅速跑到末端站好，这种方法可以帮大家随意延长云梯。

4. 项目安全

（1）要确保木棒或水管表面光滑，避免划伤或扎伤爬梯者。确保每个人都能牢牢抓住木棒，千万不能在队友经过的时候失手。如果有人不慎失手，丧失的信任感将很难恢复。

（2）不允许将木棒举到比肩膀还高的位置。

5. 项目变通

（1）可以调整队形，形成一个弧形的梯子。

（2）可以把爬梯者的眼睛蒙起来，但不要蒙住做“梯子”的队员的眼睛。

6. 项目培训要点与回顾问题示例

（1）每个人爬梯之前和之后感受如何？大家在云梯上是什么感觉？

（2）队员们做“梯子”时有何感受？从该项目中有哪些收获？

项目十五　滴水不漏

1. 项目简介

滴水不漏是一个考验团队意志力的项目，一个让团队处于临界点时的检验真实反应的项目。本项目除了收获快乐，还能收获更多团队管理的技能。所有参训队员共同灌水，将水灌满水管至浮球掉落地面为完成任务，按完成任务所用时间排名次。

2. 项目道具

（1）PVC 水管（内径 18~30 毫米，初级版本的高度为 1.8 米，搭人梯加强版本的高度为 2.3 米，附件旋紧胶水密封底部，三个型号的水管的孔径分别为 8 毫米、12 毫米、15 毫米，对应个数为 10、5、3 个，所有水管规格相同）。

（2）水桶（容积是水管容积的 1/10）、浮球（可用乒乓球或各种浮球）、水源（干净、无限量、损耗少、各队距离一样，即 5~10 米，如队员人数较多可适当增加距离）。

（3）项目活动场地可选择沙滩、球场，或者任何不怕湿水而且平坦的地方。

3. 项目操作步骤与要求

（1）该活动项目团队讨论时间为 15 分钟，讨论过程中不可以取水或清理所提供道具。

（2）所有道具必须由培训师提供。不允许培训师提供其他道具。

（3）水管必须处于垂直状态，不能随意放手或让水管倒地（水加满时水管会很重）。

（4）禁止通过将手指塞进漏水孔的方式堵水，除身体部位外不可以通过任何其他工具堵塞漏水孔。

（5）参与活动的队员将身上所有贵重物品取出放在指定位置，项目结束后方可取回。

（6）活动开始前，培训师将浮球放进水管内，除灌水外不允许通过外力协助球溢出水管并掉到地面（图 7-16）。

（7）项目开始后，以水满球溢出掉到地上为有效时间，按用时短长列名次。

图 7-16 滴水不漏

4. 项目安全

（1）告知队员如沟通协助不好，会出现漏水湿身状态，故不能携带不防水物品。

（2）活动开始前 10 分钟为团队讨论时间，不允许取水演练，需明确流程和道具和水源；告知队员水管装满水后会很沉，可以把人压倒；因此球掉地上后不可以马上放手。

（3）全队队员用双手扶水管，水管难免有所移动，所以不可以将手指伸进漏水孔。

（4）每队一份道具，禁止使用外来工具或两队合并使用工具。

5. 项目培训要点与回顾问题示例

（1）分解目标。将一个大目标分解成可以一步步可实现的若干小目标，明确知道现阶段应该完成的小目标是什么。

（2）合理分工，让每一个人参与其中，计划、合作、执行，创造不可替代的价值。

（3）作为团队领导或成员是如何了解团队现有资源和有效的资源的？是如何合理配置来提高资源利用价值的？又是如何合理利用团队成员的优势、合理分配工作的？作为团队的成员，是如何找到解决问题的办法并实施的？

第三节　高空项目

项目一　高空断桥

1. 项目简介

本项目主要是挑战队员在队友加油鼓励下完成自我挑战的项目。每位队员都要在安全保护情况下，爬上断桥，从断桥的一侧跳到另一侧，然后再跳回来，最后安全下桥(图 7-17)。通过本项目，队员能体验高空项目的挑战和战胜自我的成就感；提高在危机情况下自我控制和目标管理的能力；培养队员间互帮互助的同理心。

图 7-17　高空断桥

2. 项目道具

在距离地面 8 米的高空搭起的一座独木桥，桥的中间是断开的，间距 1.2~1.4 米；安全带和保护绳。

3. 项目操作步骤与要求

(1)培训师布置任务：每位队员在做好安全保护的前提下，顺柱子一侧的梯子爬上断桥，从断桥的一侧跳到另一侧，然后再跳回来，居中，抓住安全绳，收双脚，由培训师将队员放下来。

(2)在断桥上的跳跃不允许助跑，不允许双脚起跳；要单脚起跳，单脚落地；跳时脚前部略探出板沿；建议可单手扶保护绳，但不要双手紧抓不放。

(3)由培训师示范，带领队员原地练习桥上的跳跃，一字排开，逐个练习。

（4）介绍头盔、安全带、上升器的使用方法以及基本性能、注意事项。

（5）队员逐个上去挑战，其他队员为他加油鼓励。

（6）三重检查原则：安全装备（安全带、头盔、上升器）需队员自查，安全员复查，培训师检查，大体重的队员由培训师为其穿全身式安全带或大号半身安全带加扁带。

（7）所有队员从一开始需将身上硬物、易坠物品去除。

4. 项目安全

（1）事先了解队员病史，特别关注有无高血压和心脏病史，不能强求队员都参与挑战。

（2）培训师在队员爬断桥前必须检查安全用具的穿戴、上升器的位置，提醒其他队员不要站在断桥的正下方，不要擅自攀爬器械等。

（3）队员来到桥上后先让他站在相对安全的位置，挂好铁锁，由桥上的培训师亲自复查队员的安全带、头盔的松紧情况。

（4）在桥上，培训师在帮助队员时，如需换位，不得互换铁锁。

（5）从队员上桥开始直至队员下至地面，培训师要全程监控队员的安全。

（6）随时根据队员的身体情况调整断桥的跨度。

5. 项目培训要点与回顾问题示例

（1）通过活动提高队员的灵活性，增强队员面对挑战时应具备的生存能力和适应能力，从而提升他们的综合素质，并使他们认识自己的无限潜能。

（2）自我突破、自我超越、激发潜能。挑战者面对的是空中一小步，收获的是人生一大步。

（3）感受到对感知、认知与能力的判断，在地面上的感受与在空中的感受有不同。

项目二　空中单杠

1. 项目简介

空中单杠是拓展培训中一个以自我挑战为主的项目，属于高空、高难度项目，整个过程需要在队友加油鼓励下独立完成。项目要求每一位队员独自爬上一个 9 米高的高台，并在直径仅为 25 厘米的圆盘上站立，然后从圆盘上奋力越出，去抓住横在空中的单杠。

2. 项目道具

2~3 只安全防护头盔、2 副全身安全带、2 副半身安全带、2 条长扁带、2 根保护绳、4 把钢锁、5 个丝扣主锁、1 根动力绳、1 根静力绳、2 个“8”字环。

3. 项目操作步骤与要求

（1）培训师先把参加人员集合起来，讲解空中单杠项目的操作过程，明确所有人员都听清楚。

（2）培训师仔细讲解安全装备的用法，必须确保每个人都知道用法。

（3）在项目开始前，队员们都要做好热身活动。

（4）对地面上的保护队员讲解正确的保护手法，严肃强调安全注意事项。

（5）接着要考虑到队员的体能情况，调整单杠的远近。

（6）挑战队员先对自身做好保护措施，穿戴好安全装备；然后爬到立柱上跳跃处，完成跳跃任务。只要有跳出去就算挑战成功，不论有没有抓到单杠。

（7）工作人员在队员上立柱前须再次确认检查其是否把全部的安全装备穿戴好。

（8）挑战队员在立柱上起跳前，要把双脚的前三分之一伸出平台边沿，接着抬头向前上方看，两腿呈弯曲 120 度状，膝关节微微向内扣，两只手臂向后伸展，起跳时两腿充分向前上方蹬出，两只手臂尽情向前上方挥起来，在空中身体要充分伸展（图 7-18），完成动作后要注意缓冲一下。

图 7-18　空中单杠

4. 项目安全

（1）培训师要详细示范讲解安全装备的穿戴及使用方法，直到队员全部清楚为止。

（2）穿戴装备的时一定要特别注意安全带反扣，并且女队员要把头发束起来。

（3）培训师讲解时可以让队员先在地面尝试跳几次，感受一下高空抓杆的感觉，明确自己可以跳起来的高度和远度。

（4）选手下降的时候要注意不要和柱子撞到一起。

5. 项目培训要点与回顾问题示例

（1）挑战自我，克服心理障碍，增强自我的控制能力，建立并培养自信心。

（2）面对机遇，增强果断把握自我决断的能力。

（3）用积极的心态去争取和获得机会。培养队员一种战胜自我、挑战自我心理极限的健康心态，树立为团队荣誉而战的信心与决心。

（4）通过相互鼓励、相互保护，体验队员之间相互信任、相互负责的团队精神。

项目三　垂直天梯

1. 项目简介

垂直天梯也叫巨人梯，这是一个以两人共同挑战和团队配合相结合的项目。项目具有一定的难度和心理冲击力，相对需要消耗较大的体力。该项目让大家认识到要想不断获得新高，就需要互相帮助、相互配合，既要有甘为人梯的精神，也要做到吃水不忘打井人。

2. 项目道具

（1）室外组合训练架或垂直天梯专项训练架。

（2）长度不少于 25 米，直径为 10.5 毫米的动力绳 2 条。

（3）40 厘米宽的扁带（绳套）6 条：上保护点 4 条，下保护点 2 条。

（4）D 形锁 4 把，用于上保护点；主锁 6 把。

（5）坐式安全带 4 条，头盔 4 顶。

（6）保护队员用的手套 6 副。

3. 项目操作步骤与要求

（1）检查场地器材，清楚尖、硬物品所在位置。让所有队员取下随身硬物，问清队员有无近期手术、心脑血管疾病、习惯性脱臼等情况，不适合挑战的队员可以做保护员或给队友加油、拍照等。

（2）培训师讲解安全带的使用，分清坐式安全带和胸式安全带的使用方法及不同点；介绍安全锁、8 字环、头盔等安全装备的使用。

（3）队员穿戴好安全装备后，两人一组，开始攀登，两人共同到达第五根横木并抱住第六根横木即为完成任务。攀登过程中可以利用的只有横木和两人的身体，不允许拽拉胸前的保护绳和两边的缆绳。保护者适当收紧保护绳，但是不能提供拉力帮助队友完成。

（4）可适当调整人员搭配，尽量不要把身体素质都很好或者都很差的队员分在一组。队员人数如果为单数，允许有 1 名体力好的队员攀爬两次。

（5）适当的时候给予队员鼓励和指导。具体操作为一个人踩在另一个人的大腿上先上去；上面的人抱横木十指交叉扣紧；两个人站在同一条垂直线上，下面的人可以抓上面的人的腰间被安全带上去（图 7-19）。

（6）对于非体能原因准备放弃的队员，给他们设定一个阶段性目标，比如让他们努力再往上爬一根，如觉得还有潜力，再鼓励继续往上爬一根。对于严重超时的队员实施心理辅导和施加必要的心理压力，以达到激励的作用。

（7）对违规行为及时制止，严格要求。注意烘托团队气氛，发动队员之间相互激励和关注。拓展教练不得和队员一起攀爬,不允许队员一个人攀爬,队员下降时须注意安全。

(8)保护员须注意力集中,有队员身体不适应时立即停止或者采取安全措施。培训师注意随时观察队员的表现。

图 7-19　垂直天梯

4. 项目安全

(1)严格要求队员取下身上的硬物。

(2)培训师必须亲自检查队员安全带、头盔的穿戴,并亲自给队员摘挂主锁,挂锁前应将保护绳的拧转除去。

(3)发现队员拉拽胸前的保护绳、保护员拽拉保护绳帮助队员的情况时,应立即制止。

(4)培训师在每位队员开始攀登前必须要求收紧保护绳,两名队员攀登到第一根横木后,培训师应该站在攀爬队员身后,双手伸出,防止队员坠落。

(5)队员意识到两人应相互合作时,提示队员踩踏的安全部位,必须踩大腿或者肩膀。队员攀爬由静止转为动态的时候,一定要收紧保护绳。

(6)监控保护员的人数与保护动作,项目进行过程中不断强调安全事项。队员攀上第二根横木后,培训师应该站到攀爬队员的对面指导。

(7)天梯下禁止站人,队员完成挑战后,禁止两人同时下降。可以组织其他非保护人员,将天梯固定或者略拉向下降队员的另一侧。

(8)全体队员轮流,如第一组队员攀登,第二组准备,第三组做主保护,第四组做副保护,以此类推。

5. 项目培训要点与回顾问题示例

（1）对所有完成挑战任务的队员给予鼓励，让每一名队员都讲一讲自己的感受并给予肯定。

（2）总结分组与搭档和完成任务之间的关系、相互合作的重要性。有些时候任务是一个人无法完成的，要正视这种事实的存在。

（3）对最先挑战的学员的选择与他们的努力给予肯定。第一组学员总结的经验对于随后挑战的队员的价值与影响有哪些？

（4）信心和鼓励对完成挑战有何影响？阶段性目标对于实现最终目标的重要意义有哪些？

（5）珍惜别人的帮助，懂得感恩是能够继续前进的无形助力。

（6）有时候互相帮助是基于共同利益，有时是彼此的需要，还会有其他情况吗？

项目四 合力过桥

1. 项目简介

合力过桥是一个典型的个人挑战与团队合作相结合的项目。个人挑战的成功除了自身的努力外，团队的支持起着至关重要的作用。要想成功，最佳的方法就是融入团队，相信队友，目标一致，相互配合，不怕困难。该项目要求队员站在距地面 8 米的高处，踏上并越过一块块悬在空中的摇晃的木板，最后到达离出发点 8 米的对面，队友要帮助他顺利地走过每一块木板。

2. 项目道具

（1）合力过桥的专用设施和场地。

（2）队员需安全帽、半身式安全带 4 副。

（3）保护员需安全帽、安全带各 1 副，铁锁 1 把，下降器 1 个，手套 1 副，50 米主绳 1 条。

3. 项目操作步骤与要求

（1）培训师介绍项目性质，所有队员必须在 120 分钟之内完成挑战。

（2）培训师介绍安全带的使用方法。

（3）队员学习吊板下保护绳的拉动方法，尝试以上方吊索为支点寻求平衡的用力感受。

（4）培训师讲解安全要求，包括取下身上的装饰物，活动中的注意事项以及影响心理安全的沟通方式。

（5）挑战队员正确穿戴好安全装备，依次通过距地面 8 米高的不同形式的桥，其他队员用力拉住桥下面的绳子，让桥保持平衡，使队员有信心并轻松通过（图 7-20）。

（6）挑战队员通过之后从另一侧扶梯爬下。所有队员全部完成后，即宣告游戏结束。

图 7-20　合力过桥

4. 项目安全

（1）讲解、示范坐式安全带：腿带是保证舒适的辅助工具，腰带是保证安全的辅助工具。穿戴时商标冲外，腰上打反扣，松紧适度；腿上适中，不要太紧，感觉舒适即可。脱下时松开即可，不要把系扣的带解得过松，以免脱开。

（2）主锁的使用：注意轻拿轻放，不要摔，不能磕碰，系在安全带腰前的环里，扣上以后拧紧，用手试一下是否能够打开，然后把丝扣回半扣，以免锁死。

（3）8 字环的作用是增大摩擦力，使速度减慢。

（4）登山绳直径为 9~11 毫米，能承受 1 吨质量冲坠 2 米。所有人员注意严禁踩踏主绳，避免造成其出现内伤，形成安全隐患。

（5）安全帽：帽圈和系带都可以调节，要松紧适度，不要勒得太紧。戴在头上时，帽檐是平的，把头顶和前额保护好，女生的长发都要放在帽子里。

（6）队长安排一名安全员帮助队员检查安全带、主锁有没有穿好、挂好。队长为队员安排完成项目的顺序，保证在限定时间内每个人都能完成。

5. 项目培训要点与回顾问题示例

（1）培养团队成员之间的相互信任感，增强队员克服困难和恐惧、挑战自我、激发潜能、勇往直前的勇气。

（2）培养团队意识和面对困难时的团结精神。

（3）培养队员换位思考的意识。

（4）用积极的心态去争取和获得机会。

（5）犹豫时间较长的队员是什么原因促使他最终完成挑战？

第四节 水上项目

项目一 扎筏泅渡

1. 项目简介

扎筏泅渡（抢滩登陆）要求团队在规定的时间扎成一只可以承载人渡河的筏子（图 7-21，图 7-22），所有人坐在扎好的筏子上，教练检查筏子并确认其是否合格、牢固，小组成员在河流或大海中漂流一段时间，将筏子划到指定地点即为挑战成功。该项目适宜 20~80 人，每个小队 15~18 人。

图 7-21 自制筏子

图 7-22 将筏子抬至河面

2. 项目道具

（1）救生衣每人 1 件；长粗毛竹（长约 4 米，直径约 10 厘米）4 根；短细毛竹（长约 2 米，直径约 6 厘米）5 根；大塑料圆桶 6 只（每只高约 95 厘米，直径约 50 厘米）；长绳（长约 6 米）6 条；短绳（长约 2.5 米）8 条；船桨 6 把。

（2）项目场地条件如下。

①足够大的自然水面或标准游泳池。

②自然水面平坦、开阔，堤岸质硬，便于观察和救护。

③户外气温 20 摄氏度以上。

3. 项目操作步骤与要求

（1）项目布置：①培训师必须确认器材的安全性（包括救生衣）；并且寻问队员中是否有不会游泳的人，并进行鼓励，消除其心理障碍；②强调团队合作是每一个人安全抵达目的地的保证；强调入水后对筏子牢固性的要求；消除急于求成的心理，重要的是完成全员往返任务，而不是一味追求速度。

（2）活动阶段：①培训师及项目活动助理在活动过程中进行关键点记录、典型事例记录，并在必要时进行时间控制、技术指导；②队员讨论时间过长时，予以剩余时间提示并提示队员注意竹筏的坚固程度；③竹筏下水即散落时如还有一定剩余时间，可组织再次扎筏，不能让队员轻言放弃；④时刻注意观察队员的表现，对于队员违反安全规则的行为予以及时制止；⑤项目开始和成功以后带领队员唱队歌进行庆祝鼓励，注意培养队员的团队精神，要求每个队员自始至终保持对活动的参与。

（3）回顾阶段：要求每个队员都对本队的任务完成过程进行回顾，做出相应的简短评价；队长对本项目以及自己在本次活动中的领导表现进行回顾，总结成败的经验教训；队员可对其他队员的表现进行评价和发表自己的看法；对于表现特别好的队员应该给予更多的鼓励。

4. 项目安全

（1）队员扎筏划出时，培训师必须跟随队员们的筏子。

（2）出发和返回时必须清点人数，非本队队员不得参与本项活动。

（3）出发前培训师应了解队员是否会游泳等情况，以在出现特殊情况时有重点地进行保护。

（4）培训师、救护员必须穿游泳衣，并且准备好救生、救护用品，如救生圈、绳索（一端系好漂浮物）、竹杆、木板等，随时准备救生。

（5）筏子散落时，必须保持冷静，注意观察，重点监控不会游泳者的位置，出现紧急情况要立刻进行器材救护或直接入水救护。

（6）培训师根据水情，指导队员学习自救方法，如筏子在有水草地方散落时的应急方法。筏子散落，队员落水，不会游泳者会惊慌失措、大声呼救或呛水，这时培训师或救护员要迅速靠近落水者，大声告知其保持镇静，放松身体，在恢复身体平衡后慢慢划回岸边；筏子倾覆，队员被筏子击打入水，这时培训师或救护员要迅速入水，靠近队员，尤其是要迅速靠近不会游泳者，帮助队员推开筏子，引导队员游向岸边（图7-23）。

（7）筏子入水、上岸时，队员不准站在筏子的前后。

（8）培训师在筏子下水之前应安排队员做准备活动，提醒队员注意避免扎脚，摘去眼镜手表等物品。

（9）允许队员因身体原因、健康原因或其他特殊原因不下水。

5. 项目培训要点与回顾问题示例

（1）项目体现了团体的力量，个人不可能脱离团体生存，个人利益和团队利益是相互结合的。个人的强大与团体的强大是紧密相关的，个人所在团队的建设是个人成功的前提。

（2）团队在本项目分工中是否根据每人的不同特质合理分配的？

（3）本活动中体现了计划、组织、指挥、沟通、互助等管理学原理，大家从中悟到哪些知识呢？

（4）一些正确的建议可能被忽视或者否决，培训师可以拿一些案例进行讨论，让队员发现沟通中的障碍，增强队员善于倾听他人看法的意识；对于管理者，在决策上一定要集思广益，不能忽视那些微弱的声音。

图7-23　竹筏泅渡

项目二　纸船渡江

1. 项目简介

“划纸船”是一个很有历史的活动，1962年，美国一人提出了这个概念，当时只是作为一个设计课题。后来，纸船活动逐渐风靡。纸船渡江是好玩新奇的团队挑战项目，轻松幽默的游戏让参与者感受愉悦和兴奋之外，能在欢乐的气氛中感受到积极向上的正能量。所有队员要十分认真地设计并制造自己队伍的独特纸船，并在纸船上进行装饰。纸船的大小可根据各自的要求有不同设计，可以是仅容得下 1 人的小船，也可以是容纳多人的大船，站着划的船也是允许的。

2. 项目道具

（1）纸板、保鲜膜、胶带、皮筋、吸管等。

（2）救生衣若干。

3. 项目操作步骤与要求

（1）每个小组都要想尽各种办法来制作这艘小船，但是内部成员之间的合理分工和协作是很重要的。要根据各个人不同的特长和能力合理分配工作，保证各司其职，以便达到最高效率。

一般的步骤：①比赛开始后，小组队员可以进行分工，两个队员负责制作小船，两个队员负责制作小旗子；②负责制作小船的队员经过讨论，最后制订出一套执行方案，全组按照这个方案实施；③然后选出一位负责人，负责监督项目的实施。纸船的参考做法：用皮筋将吸管固定在船底，增加船的浮力和坚固度。

（2）在游戏过程中，团队成员间的沟通与协作是非常重要的，群策群力才能造出坚固耐用的产品。

（3）纸船渡江只有一次机会，设计和制作坚固、可行的船体是必要的选择，就如人生一旦做了决定，不管是什么样的后果都需要自己承担。在纸船渡江开始后，团队以小组为单位，队员穿上救生衣划纸船渡江或行驶一定距离，到达目标地后返回（图 7-24）。

图 7-24 纸船渡江

4. 项目安全

项目尽量在浅水边进行，培训师要提醒队员防止落水，尤其要保护不会游泳的队员。

5. 项目培训要点与回顾问题示例

（1）培养团队解决问题的能力，完成任务需要队员共同策划、共同参与、统筹决策。

（2）使队员明确工作绩效的产出标准（包括安全性、实用性、经济性）。

（3）分工协作是项目完成的保障，使队员在实践中理解群策群力的道理。每组是怎样分工的？

（4）解决问题的切入点和关键是什么？

第五节　野外及其他项目

项目一　野外露营

1. 项目简介

都市生活使人们越来越忙碌，离大自然越来越远。通过野外露营活动，人们可以有一个与大自然深度接触的机会，这种接触不同于走马观花地欣赏风光，而是深入去体会森林、小溪、山谷等大自然的风景，让生活在钢筋水泥丛林里的人们去感受大自然的美好。在共同的活动中，大家摘掉城市生活中的面具，会觉得每一个人都有真、善、美的一面，只是大家平时缺少沟通与了解，缺少发现美的机会。野外露营活动的主要目的是增进人与人之间相互合作和相互沟通的潜意识，并让这种良好的潜意识在将来的工作与生活中发挥作用。

2. 项目道具

项目道具主要有帐篷睡袋、防潮垫或气垫、头灯、指南针等。帐篷一般分三季帐、四季帐和高山帐；按使用人数可分单人、双人、三人、多人帐。一般户外店普遍销售的是三季双人帐，即春夏秋普通休闲露营活动用帐篷，结构分双层、单层帐。双层帐外帐防雨，内帐透气，在夏季天晴可不加外账，因此双层帐越来越普遍。帐杆分玻璃纤维杆和铝合金杆以及碳纤维。

3. 项目操作步骤与要求

（1）了解当地情况：①提前看好天气预报，现在的天气预报软件能显示 15 天以内的天气情况；②了解当地的地形、地貌条件，做相应的准备，如湖泊、高山的地形不同，气候也各异；③风力、水文情况也需要考虑，准备方向风力表，了解水文情况，大大提升安全系数。④随时观注当地的新闻，看看是否有大事对出行产生影响。

（2）整理装备。在户外露营前整理装备是一个非常烦琐、重要的事情，下面列出一些必备的装备供参考，队员结合实际情况进行选择，原则是宁多勿缺。①基础装备：帐篷、睡袋、防潮垫、大背包、蜡烛、营灯、手电筒、指南针、地图、相机、登山杖等。②鞋服:冲锋衣、户外鞋、御寒棉服、换洗衣物、棉袜等。③药品:感冒药、腹泻药、消炎粉、云南白药、解毒剂、纱布、胶带、绷带等。

(3)选营地。①在搭帐篷之前,必须仔细勘察地势,营地上方不要有滚石、滚木以及风化的岩石,尤其是靠岩石壁越近的地方越要留意,尽量要避免在凹状的地方扎营。万一发现滚石,应立即大声喊叫,通知同行队友。②许多石块有被泥土包裹的痕迹,这是识别发生过泥石流的主要标志。营地不要选在离泥石流通道太近的地方。③如果是在雷雨天,不要在山顶或空旷地上安营,会引起雷击;也不要在河滩、河床、溪边及川谷地带建立营地,以防被突如其来的洪水冲走。④谨慎考虑一些便于欣赏风景的营地,这里虽然是理想的露营场所,一旦下雨,理想场地也可能变成灾难之地,如山谷里的水会突然暴涨,使河岸没入水中。⑤选择营地时,要选择排水情况良好的地方,还需时常注意水源的流量、水流的浑浊情况以及流水声。一旦感觉异常,就要赶快逃。深夜或疲惫时都是灾难可能发生的时间,不可粗心或观察不仔细。

(4)搭建营地。选择合适的营地后就要建设营地,建设营地按如下步骤操作:①平整场地,选择好搭建帐篷的区域,然后平整土地,清理杂物,收拾干净;②场地分区,场地平整后将场地区分为帐篷宿营区、用火区、就餐区、娱乐区、用水区(盥洗区)、卫生区等。

宿营区,选在靠近营地中间安全、背光、背风的地方,有多个帐篷时,帐篷之间要留一些距离,帐篷门要朝同一个方向。

用火区,选在下风处,距离宿营区稍远一些的位置,免得引起火灾。

就餐区,选在近用火区处,而且有供坐卧的平整区域,方便做饭及就餐、收拾等。

娱乐区,选在就餐区的下风处,避免带起的灰尘污染餐具杂物,并距离宿营区稍远,避免影响同伴休息。

用水区,选择水流的上游,与卫生用水分开。

卫生区,远离其他区域,而且要选在比较隐秘的地方,避免污染。

(5)搭帐篷。搭帐篷时应尽量选择在平坦、坚硬的地上搭建(图 7-25, 7-26)。沙地、草地、或岩屑地等排水佳的地方都是理想的营地。入口要背风,尽量远离有滚石的山坡。不要在河岸和干涸的河床上扎营。帐篷四角要用大石头等重物压住。帐篷内要保持空气流通。如果要在帐篷内做饭的话,要注意防火。为了防止飞虫进入帐篷,可在帐篷周围撒一圈煤油。搭建帐篷时,最好选择朝南或东南,能够看到清晨阳光的地方。为了晚上不会太冷,可以选择在有凹槽的地方搭建。

图 7-25　露营

图 7-26　雨中收帐篷

4. 项目安全

野外露营是指不依赖山屋、旅社等人工设备，而是用自己准备的道具，在山野中生活过夜。野外露营虽然很有趣，但新手却要注意以下问题。

（1）应尽量在坚硬、平坦的地上搭帐篷，不要在河岸和干涸的河床上扎营。

（2）帐篷的入口要背风，帐篷要远离有滚石的山坡。

（3）为避免下雨时帐篷被淹，可以在篷顶边线正下方挖一条排水沟。

（4）帐篷四角要用大石头或其他重物压住。

（5）帐篷内应保持空气流通，在帐篷内做饭时要注意防火。

（6）晚间临睡前要检查是否熄灭了所有火苗，帐篷是否固定结实了。

（7）时刻保持有水，万一引起火灾，能够及时扑灭。

（8）野外出行时，最好留下标记，万一迷路也能慢慢找到回路。

（9）学一点户外常用的急救常识，万一发生意外，可以自己先简单处理。

（10）夜间休息时最好大家轮流值守，万一有情况，好能及时察觉。

5. 项目培训要点与回顾问题示例

（1）本次野外露营给各位队员印象最深的是什么事？

（2）本次露营队员们有哪些收获？

（3）通过本活动，队员们得到了哪些野外生存经验？

项目二　定向越野

1. 项目简介

定向越野是一种借助地图、指北针或其他导航工具，在一个设定的范围内，通过途中的各种障碍，快速到达各个目标点位，并且完成各个点位任务，最后到达终点的运动。

2. 项目道具

地图、控制卡、指北针等。

3. 项目操作步骤与要求

(1)标定地图。标定地图就是为了使越野图的方位与现地的方向相一致。这是使用越野图的最重要的前提。

①概略标定。越野图上的方位是:上北、下南、左西、右东。当我们在现地正确地辨别了方向之后,只要将越野图的上方对向现地的北方,地图即已标定。这种方法简便迅速,是定向越野比赛中最常用的方法。

②利用磁北线(MN 线)标定。先使透明式指北针圆盒内的定向箭头"↑"朝向地图上方,并使箭头两侧的平行线与越野图上的磁北线重合(或平行),然后转动地图,使磁针北端对正磁北方向,地图即已标定。

③利用直长地物标定。利用直长地物(如道路、土垣、沟渠、高压线等)标定地图,首先应在图上找到这段直长地物,对照两侧地形,使图与现地各地形点的关系位置概略相符,然后转动地图,使图上的直长地物与现地的直长地物方向一致,地图即已标定。

④利用明显地形点标定。当你位于明显地形点上,并已从图上找到该地形点的位置(即自己所在的站立点)时,可以利用明显地形点标定地图。方法是先选择一个图上与现地都有的远方明显地形点(目标),然后转动地图,使图上的站立点至目标的连线与现地的站立点至目标的连线相重合,此时地图即已标定。

(2)对照地形。对照地形就是要通过仔细地观察,使图上和现地的各种地物、地貌一一"对号入座",即相互对应。对照地形在定向越野比赛中的作用主要有两个:一是在站立点尚未确定时——只有正确地对照地形,才能在图上找出正确的站立点位置;二是在站立点已经确定,需要变换行进方向时——只有通过对照地形,才能在现地找到已选定的最佳行进路线。对照地形一般应先标定地图,然后根据不同的需要采用不同的对照方法。

① 在站立点尚未确定前:应概略地标定地图,然后迅速地观察一下周围,记清最大或最有特征的地物、地貌的大概方位与距离,并从图上找到它们,此时站立点的位置即可概略地确定。若想较精确地确定,则需按条目(3)中所介绍的方法去做。

②在站立点已经确定之后:同样首先应概略地标定地图;然后从图上查明自己选定的运动路线上近前方两侧的特征物,同时记清它们的大概方位与距离,并将它们在现地辨别出来;最后再前进。如果地形太复杂,如山丘重叠、形状相似等,不易进行对照,可以先采用较精确的方法标定地图,然后用带刻度尺的指北针的长边切站立点和特征物,并沿这条直长边向前瞄准,则特征物一定在此方向线上。如此方法还不能解决问题,应变换对照位置,或者登高观察和对照。在这里需要特别强调的是,无论在什么情况下进行现地对照地形,都必须特别注意观察和对照地形的顺序与步骤问题。现地对照地形的顺序一般是:先对照大而明显的地形,后对照一般地形;由近及远,由左至右;由点及线,由线及面;逐段分片,有规律地进行对照。在步骤方面,首要的、也是必不可少的是要保持地图方位与现地方位的一致,然后再根据不同需要进行下面的步骤。

（3）确定站立点。熟练地掌握在图上确定站立点的各种方法是学习使用地图的关键。对于这些方法，除了要记住它们各自的步骤、要领，尤其重要的是要学会根据不同情况，对它们进行选择使用和结合使用。

①直接确定。当自己所处位置是在明显地形点上时，只要从图上找出该地形点，站立点即可确定。这是一种在行进中，特别是奔跑中最常用的站立点确定方法。但是，采用直接确定法的困难在于：在紧张的进程中，怎样才能很快地发现可供利用的明显地形点；当同一种明显的地形点互相靠近的时候，这样才能够正确地区别它们，防止“张冠李戴”。可以称得上是明显地形点的地物主要有：单个的地物；现状地物的拐弯点、交叉点（呈“十”字形）、交汇点（呈“丁”字形）和端点；面状地物的中心或者有特征的边缘。可以称得上是明显地形点的地貌主要有：山地、鞍部、洼地；特殊的地貌形态（陡崖、冲沟等）；谷地的拐弯、交叉和交汇点；山脊、山背线上的转折点、坡度变换点。

②利用位置关系确定。当站立点位于明显地形点附近时，可以采用位置关系法。利用位置关系法确定站立点主要是依据两个要素：一是站立点至明显点的方向；二是站立点至明显点的距离。在地形起伏明显的地方，还可以结合高差情况进行判定。

③利用交会法确定。当站立点附近无明显地形点时，可以利用交会法确定站立点。按不同情况，它又可以具体分为90°法、截线法、后方交会法和磁方位角交会法。这些方法的优点：不需要判断或测量距离也能确定出较为准确的站立点位置，这对于初学者学习、巩固使用越野图的知识是很有意义的。但是，它们中的一些方法，要么只能在某些特定的条件下才能运用，要么就是步骤烦琐，费时费力，因此在定向越野比赛中一般较少使用。

（4）利用地图行进。利用地图行进是定向越野的基本运动方式，它有赖于运动员对前面所述各种专项技能的综合运用（图7-27）。换句话说学习辨别方向，识别越野图以及标定地图，对照地形确定站立点，都是为了能够熟练地利用地图行进。

图7-27 定向越野

4. 项目安全

迷失方向怎么办？当在现地找不到目标，同时又无法确定站立点时，就是迷失了方向。下面介绍的是寻找正确方向的几种常用方法。

（1）沿道路行进时。标定地图，对照地形，判明是从哪里开始发生的错误以及偏差有多大，然后根据情况另选迂回的道路前进。如果错得不多，可返回原路再行进。

（2）越野行进时。应尽早停止行进，标定地图后选择最适用的方法确定站立点，然后尽量取捷径插到原来的正确路线上去，不得已时再返回原路。

（3）在山林地中行进时。根据错过的基本方向、大概距离，找出最近的那个开始发生偏差的地点，并以此为基础，确定出站立点的概略位置。如果错得太远，确定不了站立点，又不能返回原路，就要在图上看一看，迷失地区附近是否有较大型或较突出的明显地形（最好是线状的），如果有，就要果断地放弃原行进方向向它靠拢，并利用它确定站立点。如果没有这个条件，那么就继续按原定方向前进，待途中遇到能够确定站立点的机会后，再迅速取捷径插向目的地。在山林中行进，最忌讳在尚未查明差错程度和正确的行进方向都不清楚的情况下，匆忙而轻易地取"捷径"斜插，这样很可能造成在原地兜圈子。

如果在山林地中迷失了方向，甚至连"总的正确方向"都无法确定，那么就需要使用指北针。

5. 项目培训要点与回顾问题示例

（1）各位队员在参与本项目过程中碰到了什么问题？

（2）队员们是如何对问题进行分解的？每个人的任务是什么？

（3）通过本项目，队员们学习到哪些野外技能？

（4）如何将这个游戏和我们的实际生活联系起来？

项目三　飞越激流

1. 项目简介

本项目会使参加者思维活跃、热血沸腾。项目重点培养团队合作、沟通和计划能力。项目用时为 30 分钟 ~1 小时。可将队员划分成若干个由 8~12 个人组成的小组。

2. 项目道具

每个小组选 1 棵树枝很高的大树（用来捆绳子）、一根粗绳子（这根绳子至少要能承受一个人的重量，以最重的参加者为准）、两根 4~6 米长的木条，或是准备两根绳子和 4 个木桩（用来标记河岸）、一桶水（代表液体炸药）。

3. 项目操作步骤与要求

（1）准备工作。①选择一个高大粗壮的树杈，在上面系上准备好的粗绳子。绳子的用处是帮助小组成员"渡河"。绳子要足够长，以保证参加者能抓着绳子，从"河"的一边，像荡秋千一样，荡到河的对岸（图 7-28）。②根据飞越的方向，确定河的位置和宽度。通过放置两根木条，或是用绳子拉出两根线标记河的两岸。如果使用绳子标记河岸，最好先打出 4 个木桩，然后再拉绳子。③给每个小组的桶里装水，水面距桶边 2 cm 或 3 cm 为止。

图 7-28　飞越激流

（2）分好小组后，做开场白，开场白如下。队员们在野外勘探稀有金属矿石，挖掘工作正在进行中。突然，正在开凿的岩洞出现部分坍塌。大家所在的小组侥幸逃了出来，可是还有很多成员被困在岩洞中，艰巨的营救工作落到了我们小组的肩上。营救的唯一希望是炸开落下的巨石。咱们小组赶回营地，取了一桶液体炸药。现在大家需要快速返回到出事地点。不幸的是，一条急流挡住了队员们的去路。队员们可以通过绳子从河上荡过去，但是在飞越的过程中必须有人要携带那桶液体炸药，而且一滴也不能洒出。如果不小心弄洒了炸药，即便只有一点点，携带炸药的人都必须回去，重新开始。如果有人在渡河的过程中不小心碰到了河面，这个人就会被河中的鳄鱼吃掉。一旦发生了这种情况。整个小组都必须回到对岸，重新开始。大家面临的第一个挑战是绳子悬在河中央，必须想办法把它拉到岸边来。注意，任何人都不许接触河面。

（3）等所有小组都完成项目之后，培训师可引导队员就团队合作、克服困难等话题展开讨论。

4. 项目安全

通常情况下，不允许在悬挂的绳子上打结，如果队员坚持这样做或者队员年龄较小时，可以考虑在绳子末端打一个距地面 1 米左右的结，这样他们就可以用两腿夹住绳结，比较容易荡过去。

5. 项目变通

（1）设置完成项目的时间限制，告诉队员岩洞中的氧气仅能维持一段时间，他们必须在规定的时间内完成渡河任务。

（2）可以利用体育馆内的爬绳在室内开展此类项目。

6. 项目培训要点与回顾问题示例

(1)队员们在完成项目过程中碰到了什么问题？大家是如何对问题进行分解的？每个人的任务是什么？

(2)哪些因素有助于成功完成本项目？

(3)项目开展过程中有无领导者产生？ 这个游戏揭示了什么道理？

(4)如何将这个项目和我们的实际生活联系起来？

第八章　大学生团队精神拓展训练与课程思政

第一节　大学生团队精神的内涵与思政理论基础

一、大学生团队精神的内涵

团队精神是团队的灵魂。大学生的团队精神既具有一般意义上的团队精神的共性特征,也具有其特殊性。具体而言包括以下几个方面。

首先,大学生团队精神表现为团队成员对团队的强烈归属感与一体感。团队成员强烈地感受到自己是团队的一员,并且由衷地把自己的前途与团队的命运连在一起,愿意为团队的利益与目标尽心尽力。团队成员对团队具有无限的忠诚,决不允许有损害团队利益的事情发生,并且极具团队荣誉感,为团队的成功而喜悦,为团队的困境而忧虑。在处理个人利益与团队利益的关系时,团队成员会义无反顾地采取团队利益优先的原则,个人服从团队,宁愿牺牲私利。

其次,大学生团队精神表现为成员间的相互协作及共为一体。团队成员彼此把对方视作"一家人",都是团队的一分子。他们相互依存、荣辱与共,体现在以下几个方面:一是互敬互重,待人礼貌谦逊;二是相互宽容,容纳各自的差异,在发生冲突时,求同存异;三是彼此信任,待人以诚,相互深信不疑;四是相互帮助,在学习上互相协作、共同提高,在生活上彼此关心。

最后,大学生团队精神表现为团队成员对团队事务的尽心尽力。团队在发展过程中努力争取对成员的全方位投入,培养成员的责任感,让成员参与管理、共同决策。不但让成员发挥其体力,还运用其脑力和心力,充分调动其积极性和主动性。团队成员把团队的事视为自己的事,干事积极主动,不仅尽职尽责,而且尽心尽力,认真勤勉,充满活力。

二、大学生团队精神的思政理论基础

马克思在《资本论》中对"劳动协作"做出过深刻的论述,明确指出:"许多人在同一生产过程中,或在不同的但互相联系的生产过程中,有计划地一起协同劳动,这种协作性的劳动形式就称为劳动协作。""协作的结果是,通过协作所生产出来的东西,比之同样多的人在同样的时间内分散劳动所生产出来的东西要多,或者说通过协作所生产的使用价

值，在另一种情况下是根本不可能生产的。”由于分工协作，每个劳动者负责一部分工作，这样就大大缩短了劳动时间，从而增加了生产效益。劳动者之间也因为彼此竞争，提高了劳动的活跃性，使劳动者的精力更加集中，进而加强了生产效率。劳动协作不仅体现生产组织的平均劳动力，还强化劳动竞争，创造新的生产力，是整体劳动力的越升。这就为我们大力提倡培养大学生团队精神提供了坚实的思想政治理论依据。团队精神的核心是协同互补，即利用个性和能力差异，实现优势互补，发挥积极协同作用，在理论上是互通的。我们要以马克思主义中关于劳动协作的相关论述为指导，充分认识团队合作的重要性，把整个高校看成一个大的系统，协调好高校、家庭、学生之间关系，认真调整好高校内部结构，促进学生提高协同合作能力。

1. 马克思的集体主义理论

马克思指出："首先应当避免把‘社会’当作抽象的东西同个人对立起来。个人是社会存在物。”每个人都生活于社会当中，个人与社会的发展是协调一致的，个人不能脱离社会独立发展而必须在社会当中得到发展。人要以社会成员的形式存在与社会中，其所处的社会关系可以说明其是一个怎样的人。同时，马克思指出："只有在集体中，个人才能获得全面发展其才能的手段，也就是说，只有在集体中才有可能有个人自由。”这表明个人若想得到全面发展其才能的机会，只有投入团队活动中，与其他团队成员相互学习、沟通和交往，学习别人的长处，不断提升自身综合素质。

依据马克思的集体主义理论，集体的状况好坏可以影响大学生发挥其主动性和创造性的能力，并制约其个人利益和需要的满足程度。同时，增强集体的力量也有赖于构成集体的每个要素之间的团结协作。因此，培养大学生团队精神有利于促进大学生全面自由的发展、大学生形成健康人格、同学间的沟通交流、提高大学生团队协作能力和促进班级同学间的合作、激发学习兴趣，有利于大学生在相互合作竞争中获得全面发展，也有利于团队的整体发展。

2. 马克思的劳动协作理论

恩格斯说："许多人协作，许多力量融合为一个总的力量，用马克思的话来说，就产生‘新力量’，这种力量和它的单个力量的总和有本质的差别。”

恩格斯在写给约布洛赫的信中提到："历史是这样创造的：最终的结果总是从许多单个的意志的相互冲突中产生出来的，而其中每一个意志，又是由于许多特殊的生活条件，才成为它所成为那样。这样就有无数互相交错的力量，有无数个力的平行四边形，而由此就产生出一个总的结果，即历史事变，这个结果又可以看作一个作为整体的、不自觉地和不由自主地起着作用的力量的产物。因为任何一个人的愿望都会受到另一个人的妨碍，而最后出现的结果就是谁都没有希望过的事物。所以以往的历史总是像一种自然过程一样地进行，而且实质上也是服从于同一运动规律的。但是各个人的意志——其中的每一个都希望得到他的体质和外部的、终归是经济的情况（或是他个人的，或是一般社会性的）使他向往的东西——虽然都达不到自己的愿望，而是融合为一个总的平均数，一个总的合力，然而从这一事实中决不应作出结论说，这些意志等于零。相反，每个意志都对合力有所贡献，因而是包括在这个合力里面的。”

这段话对合力理论给出精确说明，体现出个人的意志和个人的意志相互作用所产生的“合力”之间的关系，既承认社会发展的客观规律性，又承认人的主观能动性，把二者有机地结合在一起，并做出科学的论述。

团队精神就是要培养团队成员具有合作精神、奉献精神、大局意识以及对团队事物全心全意参与的精神。每个团队成员要深刻认识这个道理，那就是所有团队成员形成合力要比一个人的力量强大许多，更优于一个个力量的总和。

由此可见，作为大学生，一个人的力量是有限的，创造出的成功可能是短暂的，只有团队的力量是无穷尽的，是可持续发展的。个人只有依靠团队成员的帮助和扶持，与团队一起成长，才能保有个人活力，才能形成一股强劲的合力。因此在大学智育基础上要引入团队精神教育，使大学生不但养成团队精神，更善于运用团队精神帮助自己创造更多的价值。

大学生来自五湖四海，其性格、爱好、成长经历、教育背景各异，而大学阶段是其世界观、人生观、价值观形成与逐渐走向成熟的重要阶段。大学阶段养成团队精神对大学生综合素质发展有重要意义。

三、拓展训练在大学生全面发展教育中的作用

拓展训练是借助于社会学、教育学、心理学、组织行为学等相关学科的成果，针对社会需求和学员特点设计出来的一种体验式课程模式。在高校引入拓展训练课程，可以提高大学生的社会适应性，构建和谐社会关系；可以磨炼大学生意志，提高心理承受能力；可以锻炼大学生的体魄，促进智力发展，对大学生的全面发展起着重要促进作用。

1. 激发潜能、开发智力，提高科学文化素质

潜能，是潜藏在人体内的一种特殊的能力，由“enevgeia”意译而来，是一个相对于“dgnamis（现实）”的概念，意为“可能性的存在”，潜能发挥的程度在某种意义上决定了人和社会的发展，而教育是唤醒潜能最有效的方法。拓展训练的原始价值在于它能够通过体验式培训项目激发学员的求生潜能，是实现生存极限的突破与超越。以高空、半高空和水上为主的拓展训练项目本身极具冒险与挑战，学员很容易产生恐惧、犹豫、不自信等反应。正是这种身心承受的巨大压力促使个人“极点”的产生。人类求生的本性会激发人们意想不到的潜在力量，帮助学员突破极点，从而获得精神上的突破和认识上的提高。这种体验会让体验者重新审视自己过去的许多经历，特别是对过去许多失败行为有了新的认识——“是因为自己没有全力以赴，所以才会发生这样的事”。这种体验也会在未来一定时间内督促体验者全力以赴地去做想做的事情，从而全面提高自身的各项能力。

2. 促进健康，调节心理，提高大学生身心素质健康

无论是场地项目、水上项目、野外项目、室内项目或者大型活动场地项目，拓展训练对参训者有着较高的体能要求。最初的拓展训练是要求至少 7 天完全与外界隔离，每天从早到晚都合理安排各种极具挑战的活动。实践证明，体质强健的人更能在面对活动的各种困难时，表现出坚韧不拔的品质。受训者只有身体健康才能承受一定的体能负荷，并在活动过程中遵循要求和规范完成项目，达到引发认知活动、情感活动、意志活动和交往活动等心理活动的目的。此外，拓展活动通过制造特定的环境和气氛，帮助受训者通过努力克服心理惰性，磨炼毅力，控制情绪并塑造冷静、果断、坚忍等良好的心理健康状态。不仅如此，高峰体验还能够帮助患心理疾病的受训者打散心理病态的秩序，建立健康的心理秩序，有效地提高大学生的心理健康水平。

3. 培养团队精神，提高大学生社会适应性

团队精神是“一个群体为了实现某一特定目标，通过主动调节群体内部的矛盾和行为，而呈现出通力合作、一致对外的精神面貌”。团队精神的核心必须与个体和组织具有相同的价值观，这样，个体更容易发挥特长，激发创造力，组织更具凝聚力和稳定性，从而实现个体利益与组织利益的全面最大化。现代组织行为理论认为团队精神应该包括三个方面的内容：团队成员对团队的强烈归属感、成员间的相互协作和团队成员对团队事务尽心尽力及全方位的投入。

四、拓展训练在大学生全面发展教育中的运用策略

1. 认清学校拓展课程的理论基础，明确拓展课程开设目标

拓展训练课程是一门涉及不同学科知识体系、综合性极强的课程。具体体现如下。

第一，拓展训练课程的心理学理论基础主要涉及归因理论、社会学习理论、目标设定理论、态度理论和团队学习理论。这些理论在拓展训练的诸多项目中得到体现。

第二，拓展训练的管理行为学和组织学理论基础主要体现在“内训”中，“内训”以“时间管理”和“目标管理”等企业管理培训为主要目标，涉及计划制定、组织协调、领导力、过程控制以及管理阶层的角色定位、团队的理论等管理学及组织行为学的理论体系。

第三，拓展训练的教育学理论基础十分广泛。首先，拓展训练的目的是促进人的全面发展，其核心功能是对受训学员进行教育，具备教育的功能。其次，拓展训练目的、内容、方法、形式以及过程等都与教育教学过程十分吻合。最后，体验式学习理念及建构主义教学理念是著名的教育理论，也是拓展训练的理论依据和实践范式。

第四，拓展训练的体育学理论基础在于促进身心健康发展，运动保健、身心健康和技能提高等都是拓展训练的理论基础。

第五，由于人具有客观的社会属性，任何人都需要与社会发生关系，并且受社会制度和社会舆论的影响，因此，拓展训练从产生之初就具有广泛的社会学理论基础。拓展训练

涉及的户外运动和求生基础主要包括：户外运动的装备及其使用、户外运动给养的准备，定向越野和攀岩技巧及保护、野外生存、户外运动领队及户外运动的风险管理等。

在高校拓展课程的实践中，由于开设拓展课程的目的不同，各高校选择教学内容的侧重点也不同，开设的主体也各不相同。如拓展训练侧重于对学生心理健康教育作用，开设的主体可能是教育学院或者学生心理辅导中心；侧重于对学生身体健康和生存技能的训练，开设的主体可能是体育学院；侧重于对学生社会适应等方面的教育，开设的主体可能是就业指导中心。由于不同的主体开设拓展课程的目的不同，其遵循的拓展理论基础也不相同。因此，高校应该梳理拓展训练课程的理论基础，结合学校专业培养目标选择教学内容，明确开设拓展课程的目标。

2. 加强师资培养、器材场地建设，完善拓展训练教学资源保障体系

拓展训练资源主要包括人力资源、场地器材资源和教学资源等三个主要类型。人力资源主要是指拓展训练教师。高校要通过培训和引进等方法加强师资队伍建设。由于体育教师具有身体素质过硬、运动天赋高等先天优势，如果在拓展企业进行学习和训练后，能胜任拓展企业培训师的职位，足以承担拓展训练课程。这是培养拓展培训课程教师的最便捷途径。另外，拓展企业培训师一般都具备相关专业的本科学历，经过在拓展企业一段时间的工作后，掌握了拓展训练的相关知识和技能，因而从拓展企业引进拓展训练课程教师也是高校拓展课程师资建设的重要途径。

很多高校认为拓展训练项目场地和器材简单，开设起点低，因此，拓展训练在高校呈现“遍地开学”之势，但效果却与目标相差甚远。固然一些诸如连环手、雷阵、高台演讲等项目可以在普通体育场地进行，也可以因地制宜选择器材使用，但拓展训练大多数是专业性极强的项目，专业的场地和设备资源是十分必要的。实践中，一些高校十分重视拓展训练，购置器材并建设训练场地，但由于拓展训练场地和器材的市场不成熟，诸多小的器材经营商不按照国家或地方标准生产经营，因此，诸多场地器材专业性不强。如果国家制定并严格执行拓展场地器材生产的国家标准，严惩不符合标准经营行为，不仅能提高高校拓展训练课程的安全性，还可以为校企共享拓展资源提供可能。

教学资源主要包括教学大纲和教材等教学载体资源。目前，高校拓展课程开设历史较短，学科建设基本空白，一些教学研究分散在体育教学研究中。教学大纲和教材的编写也是在体育技术课程大纲基础上加以修改并完善而成，教材选用则直接参考拓展企业的培训计划，没有形成拓展训练课程体系。教学大纲和教材质量直接决定着教学效果，高校应该积极开展拓展训练教学研究，积累经验，逐步完善教学大纲，并组织专家针对不同教学目标编写系列高校拓展训练教材。

3. 健全管理制度，构建拓展训练教学安全保障体系

一是资源安全。场地和器材安全是拓展训练课程安全的前提。基地建设的整个过程（包括基地调研、拟定标书、勘查施工、工程验收及售后服务等）和购买的器材必须遵循国家体育总局出台的《体育场所开放条件与技术要求第19部分:拓展场所》(GB 19079.19—2010)和UIAA(国际登山联合会)标准全部规定。二是制度安全。拓展训练项目种类繁多,每个项目的训练目的不同,因此存在的安全隐患也各不相同。为了将风险控制到最小,高校应该分项目建立安全守则并要求师生共同遵守。此外,对于一些风险较高的高空项目和水上项目应该增加保护教师的数量,确保师生人身安全,必要的时候,购买商业保险进行风险管理。三是应急预案。为了应对拓展培训课程中可能发生的意外突发事件,应该配备专业的救护人员、救护物品和紧急交通工具,还应该事先制订科学的、操作性强的应对措施,并坚持执行。

第二节 培养大学生团队精神的原则及意义

一、培养大学生团队精神遵循原则

团队精神是构建社会主义和谐社会的一个重要文化内容。大学生团队精神是每位大学生应具有的一个优良品质,是整个大学教育阶段都应该始终坚持的教育内容,对大学生的培养主要应遵循以下几点原则。

1. 集体主义原则

高校是培养大学生团队精神的教育基地,在培养过程中应始终贯彻集体主义原则,同时进一步将团队精神深化到社会主义精神文明建设中去。团队精神的概念来源于西方,其中包含很多易变动的活跃因素并存在一些弊端,不利于大学生形成健康向上的团队精神。因此,我们要摒弃西方团队精神中的不利因素,将集体主义原则作为培养大学生团队精神的指导思想,最大限度地发挥集体主义和团队精神的共通性,来指导大学生的团队和团队精神建设,克服功利主义、实用主义和极端个人主义,以及不良社会现象的影响,帮助大学生树立正确的人生观、价值观、世界观,将培养大学生团队精神作为集体主义教育的重要载体为思想政治教育创造新的突破口。培养大学生团队精神要建立学校、家庭、社会三位一体的大学生思想道德教育组织体系,充分发挥三者各自的功能和作用,形成有利于大学生健康发展的良好环境,营造培养大学生团队精神的浓厚氛围。团队精神的核心是整体内部的协调和个体之间的合作。培养大学生团队精神是将大学生作为一个整体,根本目的是促进每个大学生团队精神的形成和提高,这符合集体主义精神的要求,其实践是面向全体大学生的,而不局限于部分寻求帮助和指导的大学生。在快速多变的社会环境里,每个大学生都会遇到无法融入团队、缺乏合作精神、沟通能力不强等问题,所以学校的教学工作、教师队伍建设与学生工作在实际中要密切配合、互相促进,正确运用和发挥集体主义精神和原则,推动和促进每个大学生的团队精神发展,只有这样才能实现团队精神的价值。

2. 个性原则

在一个快速发展、多元化的社会中，每个人都有其存在的价值，都有自己的个性特点和爱好特长。团队精神是富有个性的人进行自由选择的结果，自然也能够发挥出作为个体的最优效能。只有个性得到张扬、自主意识实现觉醒的人，才有资格来谈合作。

当代大学生思维活跃、知识面宽、善于独立思考、有创造力；其行为表现为有主见，不盲从，能仔细思考日常生活和实践活动中遇到的问题并想办法解决。然而，大学生的心态、理念、价值取向等心理品质存在个体差异，且受到外界环境因素的影响，每个大学生的团队精神状况都不同。

培养大学生的团队精神，要充分尊重学生个体，承认个体存在差异，宽容对待作为教育对象的大学生的个性存在差异这一客观现象，不能用同一标准衡量个体的发展。应给予每一个人充分的发展机会，以独特的、个性化的方式去协助他们积极发展和深度挖掘自身的表达力与潜力，最终促进每个大学生都能人尽其才，享受充实而快乐的人生。

3. 整体性原则

世界上的万事万物是纷繁复杂的，同时又是普遍联系的。高校培养大学生的团队精神，要始终坚持整体性的工作原则，要建立起学校、家庭、社会三位一体的大学生思想道德教育组织体系，充分发挥三者各自的功能和作用，形成有利于大学生健康发展的良好环境，营造培育大学生团队精神的浓厚氛围。

团队精神的核心是整体内部的协调和个体之间的合作。培养大学生团队精神是将大学生作为一个整体，根本目的是促进每个大学生团队精神的形成和提高。因而它是面向全体大学生的，而不局限于部分寻求帮助和指导的大学生。

在快速多变的社会环境里，每个大学生都会遇到无法融入团队、缺乏合作精神、沟通能力不强等问题，所以学校的教学工作、教师队伍建设与学生工作在实际中要密切配合、互相促进，推动每个大学生团队精神，推动和促进每个大学生的团队精神发展，只有这样才能实现团队精神的价值。

4. 理论与实践相结合原则

时代的发展对人才提出了新的要求，除了具有扎实的专业知识和成熟技能之外，各企事业用人单位都注重毕业生是否具有团队精神。大学生是未来社会中的职业人士，在其培养过程中应把握理论与实践相结合的原则。高校在对大学生进行教学设计与课程教学过程中，除了向大学生教授专业理论知识，还应尽可能地结合实践活动来突出所授课程的职业价值。因而，培养团队精神是对大学生适应未来社会的一种能力的培养，因此要重视运用理论与实践相结合的原则。

二、培养大学生团队精神的意义

1919 年，以北大学生为首的中国青年在国破家亡之际站了出来，他们自发组织起来挽救国家于危亡。五四运动时期，青年大学生们敢作敢为，他们具有强烈的爱国主义情怀和团队合作精神，为将帝国主义赶出中国作出了重要贡献。当今大学生多是独生子女，培养团队精神对这部分大学生更有意义。他们从小习惯于一个人玩，一个人独占房间，得到父母的全部关注。他们缺少与他人分享、合作、游戏的集体生活，在团队活动中一旦有不如意、感觉不受重视，更容易出现自怨自艾、牢骚满腹，难以从小形成合作意识，致使团队意识不足，团队精神缺乏。而如果在初高中阶段过度重视应试，也会导致学生积极主动参与团队活动的主动性缺乏。大学生只有参与到团队活动中，与其他团队成员协同合作才能促成团队利益实现最大化，才能满足大学生的个人心理需要，也才能更好地实现个人价值。紧密合作的团队活动和团队中良好的合作氛围，能够提升大学生的综合素质，使他们更加乐观、开朗、能分享团队成果。

因而，在大学阶段重视对大学生团队精神的培养对于大学生成长、成才是非常重要的一项任务，也是国家对人才的一种约束。每到用人单位招聘的高峰期，学校和社会都会组织各种规模、形式的招聘会，其中很多优秀企业提供的用工条件让毕业生们心生向往。然而，不难发现，不论任何领域、何种规模的企业，甚至招聘服务员的餐饮企业，在用人条件中都明确要求应聘人员需有良好的沟通能力和表达能力，并有较强的团队意识和服务意识。

在经济知识时代，团队精神得到人们越来越广泛的重视，成为时代精神的标志之一。在这个时代，加强对大学生团队精神的培养及研究具有非常重要的研究意义，既与社会主义市场经济相适应，又赋予思想政治教育以时代精神和民族特色。

1. 传承儒家思想需要

团队精神源于中国儒家的“和”思想，与东方儒家文化有着密切渊源。儒家的“和”思想是儒家思想的重要哲学思想之一。古代大思想家孔子提出了“和为贵”“君子和而不同，小人同而不和。”孟子也提出“天时不如地利，地利不如人和。”

儒家的“和”思想并不意味着抹杀个性，而是在承认事物存在着差异性、矛盾性的基础上，又同时主张和谐共处，创造“和”力量。将整个世界看作一个系统，整个系统是要素与要素之间的关系，通过不同要素之间的相互补充、相互融合而构成和谐的整体。

儒家思想对中国文化的影响非常深远，是我国特有的、丰富的民族文化遗产，大学生应借鉴儒家思想中的相关内容来培养自己的团队精神。例如，运用“公忠为国”精神，借鉴儒家思想的“以义制利”精神，启示大学生们正确对待合作与竞争态度；还可以借鉴儒家思想的仁爱精神，来培养大学生们的奉献意识等①。

2. 满足社会发展需要

大学生团队精神的状况和发展趋势对我国构建和谐社会具有重要而深远的意义。首先，从我国国情来看，我国长期处于农业社会，工业化发展相对滞后，从劳动生活习惯的

① 夏道辉：《“和”的思想与团队精神》，载《闽西职业大学学报》，2003，5(2)，26~28 页。

角度来看，人们缺乏现代工业化大生产社会间高度依存和协作的习惯意识。但是，进入21世纪，随着科学技术的迅猛发展、网络的普及，全球经济一体化的进程不断加快，世界成为一个地球村，合作交流、共赢成为这个时代的一个主流文化。社会分工益加明确对于彼此间的协同合作有了更高的要求。其次，社会的发展要求我们不断提高国民素质，而我国社会工业化发展中的实际情况是先进的工业与落后的农业并存；先进的都市与落后而又广袤的农村并存。因而，提高国民素质是一项长期而艰巨的任务，就建设和谐社会的要求来讲，团结协作精神的培养显得非常重要。

团队精神是中华民族传统文化的体现，培养大学生团队精神已成为当今的社会发展需要。社会对人才的素质提出了新的要求，除具有扎实的专业理论知识和熟练的技能外，还要具有团队精神。大学生肩负着建设社会主义祖国的重任，培养大学生团队精神有助于提高其综合素质和竞争力，对满足社会发展需要具有重要意义。

3. 落实高校素质教育需要

高校的素质教育应以大学生全面发展为目标，而要完成这个目标就离不开对大学生团队精神的培养。培养大学生的团队精神，不仅是高校思想政治教育的重要内容，而且对完成高校新时期教育工作具有非常重要的现实意义。

首先，高校思想政治工作的主要目标之一是塑造大学生的良好人格、思想观念、道德规范，这与培养团队精神的目标相同。大学是学生们从学校进入社会的纽带阶段，大学生团队精神培养不仅和个人成长有直接关系，更关系到民族的未来和祖国兴盛。大学生毕业离开大学，步入工作岗位，他们具有的团队精神水平、团队精神状况，都关系到企事业单位的和谐发展。其次，能够有效提高大学生的创新意识。有效的团队活动能够促进大学生彼此形成良性互动，年轻人聚集在一起能够激发更多的想象和创造能力。而创新意识培养不仅有利于大学生个人发展，对于祖国腾飞发展更具有非凡意义。因而，高校在教学活动和课外活动中逐渐渗透团队精神具有现实意义。

三、大学生团队精神培养的路径

长期以来，众多高校一直很重视对大学生进行团队精神的培养，但成效不太理想。部分学生只注重个人能力的发挥，忽略团队合作的重要性，这对大学生今后的发展产生了阻碍。培养大学生团队合作精神，与使学生能更快、更好地适应社会，这不仅关系到学校教育实现“以学生为本”，还关系到每个大学生的综合素质的提高和未来的职业发展。

1. 传统的大学生团队精神的培养途径

（1）加强思想政治类理论课程的教学。团队精神是建立在正确的世界观、人生观、价值观基础之上的一种协同工作精神，而思想政治类理论课是帮助学生树立正确的世界观、人生观、价值观的重要途径。在授课过程中，高校应着重加强对大学生集体主义思想的培养，引导学生在学习科学文化知识的同时，学做人，学做事。教师应将政治理论教学同当前社会发展形势相联系,结合当代大学生的思想状况,改进教育模式,改善教学方法,培养学生的集体意识和集体荣誉感,从而提高学生的团队合作意识和团队协作能力。

(2)发挥班团组织建设的积极作用。在一个具有良好班风的班集体中,全体成员往往具有共同的目标和相同的集体荣誉感。这对培养大学生团结互助、平等互利、协同工作的团队合作精神能够起到良好的推动作用。反之,在一个班团建设混乱的班级中,学生们各自为政,犹如一盘散沙,学生的沟通合作能力得不到充分挖掘。可通过定期召开班会、团支部会,开展“我的团日,我做主”自主团日活动、班级集体活动等,加强学生之间的沟通、交流、协作,从而提高学生的集体意识和集体荣誉感。高校辅导员、班主任要充分认识班团建设对培养大学生团队合作精神的重要性,针对不同班情、班风,抓好班团组织建设,增强班集体成员的凝聚力和号召力。

(3)营造良好的校园文化活动氛围。高校要赋予校园文化活动以内涵,注重团队协作活动的开展,如举办多人制球类比赛、团体知识竞赛、合唱比赛、拔河比赛、辩论赛等群体类项目。这些项目既能丰富大学生的课余生活,提高校园文化水平,又能有效促进大学生团队合作能力和集体荣誉感的提高。

(4)鼓励大学生参加社会实践活动。高校应鼓励学生参加社会实践活动,让学生在社会实践中学知识、受锻炼、长才干,更好地将理论与实践相结合,同时也体会社会中的竞争与合作,提前适应社会工作状态。在实践单位的团队工作中,学生能够切身体会合作的重要性,找到自身不足。通过参与一系列寒暑期社会实践活动、专业实践活动,大学生的专业技术水平、沟通交往能力得到了提升,团队合作精神得到了培养。

(5)开展心理健康教育。高校应根据大学生的思想现状,通过开展心理健康讲座、趣味心理知识竞赛、心理影片赏析、日常心理咨询、心理图片展览等活动,有针对性地培养大学生的良好心理素质和自尊、自爱、自律、自强等优良品质,增强学生承受挫折、克服困难的能力,促进他们互相关爱、相互理解、友好协作,消除沟通、交往上的障碍,建立良好的人际关系。还可在“5.25”大学生心理健康日开展一系列活动,使学生关注自身心理健康,关心他人,建立良好的合作前提。

(6)推动大学生社团建设。发展大学生社团活动是实施素质教育的重要途径和有效载体,在强化学生的团队意识、协同工作能力、综合素质等方面发挥着不可替代的作用。大学生社团活动内容丰富多彩,涵盖文化、学术研究、科普、文艺、体育、发明创造、公益、志愿服务等方面。各类社团均由一群有着共同兴趣爱好、具有一定的组织协调能力、乐于奉献、能够自律、有良好团队精神的学生组建并发展起来,社团活动需要每个成员的组织分工、相互协作才能够完成。推动社团的发展,能为更多的学生提供参与团队合作的机会,有效促进大学生合作意识的提高。总之,培养大学生的团队精神,可为大学生步入社会奠定坚实的基础,是高校教育中的一个重要方面。

2. 开设团队精神拓展训练实践课程

有些高校对MBA、EMBA、人力资源管理等专业开设了团队精神拓展训练实践课程。通过专业的拓展训练培养学生的团队精神。团队精神拓展训练课程，以体能活动为引导，引发出认知活动、情感活动、意志活动和交往活动，有明确的操作过程。一般都实行分组活动，强调集体合作，每一名参训同学竭尽全力争取集体荣誉，从集体活动中吸取巨大的团队力量和信心，在集体中显示个性；并以改善合作意识和受训集体的团队精神为目标，通过复杂而艰巨的活动项目，促进同学之间的相互信任、理解、默契和配合。通过拓展训练，大学生可以充分认识自身潜能，增强自信心，改善自身形象；克服心理惰性，磨炼战胜困难的毅力；启发想象力与创造力，提高解决问题的能力；认识群体的作用，增进对集体的参与意识与责任心；改善人际关系，学会关心，更为融洽地与群体合作；学习欣赏、关注和爱护大自然。

对大学生团队精神的培养以传统的日常培养为主，团队精神拓展训练实践课程则是起到画龙点睛之功效，让大学生的团队意识、合作精神等有提升和升华。

第三节　“团队精神拓展训练”课程思政案例

北京联合大学人力资源管理专业为每届学生开设了“团队精神拓展训练”的集中实践课程，该课程为期2周，共计2学分。授课对象为人力资源专业本科大三学生和专升本大一学生。

一、授课教师基本情况

本课程因为参加学习的学生较多，故近几年都是由四五位教师组成教学团队共同授课。教学团队以人力资源专业的教师为主，同时有体育、心理咨询等专业的教师参与，使得教学团队专业互补，为更好地完成“团队精神拓展训练”这门集中实践类体验式教学课程打下了坚实的基础。

二、课程内容简介

“团队精神拓展训练”课程以体能活动为引导，引发出认知活动、情感活动、意志活动和交往活动。在课程思政建设过程中，更加注重通过丰富的内容设计，培养学生形成以团队精神为核心的综合素质，形成科学的人生观、价值观和世界观。如通过复杂而艰巨的活动项目，促进同学之间的相互信任、理解、默契和配合；通过拓展训练，促进学生认识自身潜能，增强自信心，克服心理惰性，磨炼战胜困难的毅力，启发想象力与创造力，提高解决问题的能力，进而培养学生形成正确的公私观、义利观、苦乐观、荣辱观和幸福观。

三、课程思政教学目标

（1）通过团队精神拓展训练，学生可以充分认识到自由、民主与集中的辩证关系，利用矛盾论学会具体问题具体分析，认识个人与集体的依存关系。

（2）通过团队拓展项目的实践、认识、再实践、再认识，学生可以充分认识自身潜能，增强自信心，改善自身形象；克服心理惰性，磨炼战胜困难的毅力；启发想象力与创造力，提高解决问题的能力。

（3）学生在活动开展过程中能够与团队成员密切合作、有效沟通，能够互相配合并以结果为导向完成项目；能够发现身边同学的优点和美德；能够感受到并表达感恩之情。

（4）学生能够陈述并解释团队建设的原则、流程及相关规范；能够比较与界定个人英雄主义和团队精神的联系与区别；能够掌握和选用团队凝聚力建设的常用做法。

四、课程思政融入元素

课程的思想政治教育通过课程设计将育德目标融入团队活动项目中，通过同学们参与、感悟、分享再到认知的提高。本课程思政教育的融入元素举例如下。

1. 自由、民主与集中的辩证思想

毛泽东对自由、民主、集中的著名论述有："在人民内部，民主是对集中而言，自由是对纪律而言。这些都是一个统一体的两个矛盾着的侧面，它们是矛盾的，又是统一的，我们不应当片面地强调某一个侧面而否定另一个侧面。在人民内部，不可以没有自由，也不可以没有纪律；不可以没有民主，也不可以没有集中。这种民主和集中的统一，自由和纪律的统一，就是我们的民主集中制。在这个制度下，人民享受着广泛的民主和自由；同时又必须用社会主义的纪律约束自己。"故我国的民主集中制"是在民主基础上的集中和在集中指导下的民主"。

邓小平为民主集中制的定义表述增加了"相结合"三个字，党的十四大将民主集中制表述为："民主基础上的集中和集中指导下的民主相结合"。

关于自由、民主与集中的辩证关系，"民主基础上的集中和集中指导下的民主相结合"的思想，在团队精神拓展训练课程里始终有正向的引导。比如在团队的组建环节，遵循一定规则的基础上由同学们自由组合，组建小团队，然后公平选举产生团队领导，体现了"民主基础上的集中"和"集中指导下的民主"。在所有项目开展中都有团队成员讨论及总结的环节，要求所有成员发表意见，然后对小组意见进行归纳、总结，充分体现民主与集中、自由与民主的思想。

2. 矛盾论的思想

矛盾是普遍的、绝对的，存在于事物发展的一切过程中，又贯串于一切过程的始终。每一矛盾有其特殊之处，研究矛盾的特殊性，以区分矛盾，分析矛盾，矛盾的普遍性和特

殊性辩证统一。一个事物的发展过程中有多组矛盾,抓住主要矛盾,一个矛盾中有两个方面,抓住主要方面,矛盾的两个方面,也是辩证统一的,对抗是矛盾斗争发展到了最后,矛盾双方采取外部对抗的形式,发展为革命,只是矛盾斗争的一种形式。

团队精神拓展训练通过拓展项目的设计,首先,引导学生用全面联系发展的眼光看任务,要看到项目任务的本质,以及项目涉及的事物本身的发展规律和各事物间存在的联系;其次,具体问题具体分析,不死板地套用公式、套用经验。不但如此,还需抓住矛盾中的主要矛盾,同时也不能放过次要矛盾,要看到矛盾的主要方面和次要方面。例如,同心鼓拓展项目,既讲究全体成员动作的整齐划一,更讲究对角线高矮、力量等的对称等。

3. 个人与集体的依存关系

个人与集体是相互依存的。一方面,个人生活在一定的集体中,离不开集体;另一方面,集体是由个人组成的。个人的一言一行都会影响整个集体的利益和发展。我们应正确看待个人与集体的关系,个人利益与集体利益总是息息相关的,个人只有在集体中承担一定的职责、使命,才能使自身价值得以实现。如果脱离了集体,个人就丧失了作为这一集体的成员的资格,也就无须承担这一集体的义务,也无权享受这一集体的成员能够享受的权利。既然集体是由个人组成的,那么,集体对个人就有一种制约的力量。这种力量是必要的,因为集体从其自身的角度着想和从其中的大多数成员的角度着想,必须使个人从属于集体,把集体的属性赋予个人,从而才能产生一种不可抗拒的凝聚力,既保证集体有机体健康并具有生机勃勃的发展势头,又保证个人的价值利益得到充分实现。

在团队精神拓展训练项目中,所有的项目都必须要由整个团队一起完成,个人必须要依赖团队协作才能发挥自身价值,而团队完成任务离不开团队中的每个成员的努力。个人利益和集体利益实现统一。

4. 实践与认识的循环

实践是认识的来源和推动认识发展的动力;社会实践是人们认识外界的真理性的标准;实践还是认识的目的。人们的认识过程,首先经历由实践到认识的过程,即在实践基础上从感性认识上升到理性认识,这是认识过程的第一次能动的飞跃;经过实践得到的理性认识,还须再回到实践中去,这是认识过程的第二次能动的飞跃,是更重要的飞跃。

人类认识发展的全过程是实践、认识、再实践、再认识。这种形式的循环往复是无穷的,而实践和认识的每一循环,都使其比较地进到了高一级的程度。

实践论为团队精神拓展训练提供了认识并解决项目任务的基本原理和方法。课程中,学生在认识并解决项目任务的时候,习得了不急不躁、由表及里、全面观察、由感性到理性、了解事物的演进变化、分清事物彼此间的区别联系、大胆假设、小心求证、循环往复,不断加深对事物的认识。在接受每个项目的任务布置后,团队不断探讨、探索、试验、总结循环,从实践到认识,再实践到再认识,逐步提高,最终圆满得到解决方案。

5. 社会主义核心价值观

任何事情都是对立统一的，而面对这种对立统一，我们既应该全面看待，也要重点选择最有利于前进和发展的那一方面。什么对我们有用，什么对我们用处不大甚至有害，都要看清楚，选择对，这就是价值观；而社会主义核心价值观是当下所有价值观中最系统、最全面、最正面、最精辟的概括。“团队精神拓展训练课程”的设计注重培养学生的社会主义核心价值观。比如在高台演讲活动中，学生站在 1.2~1.5 米的高台上演讲，主题设定为“我最崇敬 / 敬佩 / 喜欢 / 不喜欢的人”“对我影响最大 / 最让我难忘的一件事”等，宣扬“爱国、敬业、友善、诚信”及传统的尊师、爱老等文化，通过传统文化的传承及正能量观点的分享，引导学生形成积极、正确的价值观。

6. 同理心、同情心，关爱弱势群体

同情心，是认知到别人的痛苦，从而引起恻隐之心。同理心，是能够感同身受，设身处地为他人着想，实际感受到他人的痛苦。同情心和同理心都需要从小培养，但是很多父母会将两者混淆，同理心比同情心程度更深，因而更难达到，在人际关系中发挥的作用也更大。在盲人方阵和盲人足球等拓展项目中，学生被蒙住双眼，模拟盲人完成项目任务，使他们切实感受残疾人、陷入困境的人、弱势群体等的茫然无助。通过在其他未被蒙住双眼的同学指导、指引下完成任务，大家学会了帮助他人、帮助弱势群体，使学生们在处理人际关系时更加能够从同理心出发，并保留纯洁的同情心。

7. 团队的力量、团队利益和大局观

团队中的每个人都应以团队利益为重。尤其是在遇到困难时，团队成员之间互助合作的优势便发挥出来了。个体单独抵挡哪怕只是一次小小的打击是困难的。一个团队的成员相互鼓励，会让大家的情绪稳定下来。在很多团队拓展项目里，都设计了团队的分工协作、相互支持、相互打气等环节。例如，穿越电网项目考验团队成员在拿到任务后的计划性、组织性、团队分工和协作，以及在任务执行过程中如何做到关注细节、大局意识、整体规划等，从而最终整个团队完成个人不可能完成的任务。

在大多数拓展项目中，通过设计，都能让参与的同学感受到团队协作、团队鼓励等团队的力量。比如，高空断桥项目考验个人克服恐惧心理和战胜困难的勇气与决心，学生们感受到战胜自我的喜悦的同时，也感受到来自集体对个人的支持和激励。

8. 创新精神

创新是指以现有的思维模式提出有别于常规或常人思路的见解为导向，利用现有的知识和物质，在特定的环境中，本着满足理想化需要或社会需求的目的，改进或创造新的事物并能获得有一定有益效果的行为。在团队精神拓展训练项目中，要求每个小团队在解决问题时不局限于已有方法，要勇于尝试新方法，不断创新。例如，很多团队精神拓展训练项目都在让学生不满足已有认识（掌握的事实、建立的理论、总结的方法），不断追求新知，在信息传输等项目上得到了很好的体现与应用；不墨守成规（规则，方法、理论、说法、习惯），敢于打破原有框架，探索新的规律、新的方法等方面都有引导和实施。

五、典型教学案例

案例1　“同舟共济”项目

1. 知识点

了解同舟共济的基本内涵，理解“同舟共济”项目的特征、方式及团队角色分配与协作的重要性，掌握有效开展同舟共济项目的方法，并根据各自自身特点及职责有效完成任务，认识合理运用人力资源的重要性。

项目重点：突破自我，增强团队成员间的协作、配合，有效沟通。培养全体成员同心协力、共同战胜困难的决心与信心。

项目难点：在团队面临危机时，如何在积极思考解决办法的同时更加注重思想动作的统一性，用强有力的执行去弥补思考、计划的不足。

2. 思政目标

一是培养团结协作能力，认识到只有通过团队的合作才能完成项目任务；二是培养毅力和信心，认识到任务并不是很容易达成，而是要充分发挥团队所有成员的优势，相互协作，不断试验，不断挑战，才能取得好的成绩；三是实现智慧分享，通过团队总结分享，让所有成员看到其他团队是如何协作、分工，最终漂亮地完成任务的。

3. 教学过程

第一步：项目引导（情景模拟）。引导词：“你们现在身处茫茫大海中，你们的船即将沉没，现在露出水面的甲板面积在一点点地缩小，救援人员正火速赶来。你们的任务是尽量在最少的面积上站立最多的人”。

第二步：布置任务。每个人会得到一小块“甲板”（用报纸作道具），起始时，每个人都必须站在自己的“甲板”上，小组中每人的“甲板”要相连，不允许有断开的地方。之后“甲板”面积逐渐减小，每个人仍然要想办法站在上面。整个过程中，任何人的身体的任何部位不得接触地面或其他物体，可以依靠或支撑同伴的身体。当有人犯规或认为项目不能再进行时，所剩的“甲板”个数或面积是最后的成绩。

第三步：项目讨论。各小组各自讨论、试验20~30分钟。每个小组自行找到合适的场所、进行充分讨论，达成一致目标，并形成可行的方案；将任务分解、分工协作，并不断试验，直至目标达成。

第四步：项目实施。各组依次按照第三步讨论出的试验计划与步骤进行演示，在演示小组演示过程中，其他小组观战和监督，教师监督并记录成绩。

第五步：项目总结 / 小组分享。项目实施完毕后，每个小组推选出代表进行总结，对项目从接到任务开始，到讨论阶段、试验阶段和演示阶段的每个环节中的每个队员的参与程度、贡献等，项目中成功的地方、存在的不足以及可以提高改进的环节等进行认真的分析并与其他各组进行分享。

第六步：教师总结与提升。教师对各组的实施过程和总结进行点评和提炼，肯定成绩，指出问题，并提炼出闪光点，结合课程思政教育的目标做适当的延伸和提高。

案例 2 “信任背摔”项目

1. 知识点

“信任背摔”项目源于心理拓展训练，它对学生的心理锻炼有很强的作用，尤其对责任感及同学间的信任感等集体精神的培养非常有效，且此项目具有极限挑战性和趣味性。每一位同学依次从高为 1.5~1.8 米的背摔台上直身向后倒下，其他学员在背摔台下平伸双臂做保护。学员在自己无法控制局面的情景下，靠理智及对同伴的信任战胜恐惧，切身体验什么是“充分信任、相互依赖”。

2. 思政目标

一是发现自我，战胜内心恐惧，能够从 1.5~1.8 米的高台背向后倒下去，需要勇气；二是培养人与人之间的信任，正是基于对队友们的信任，台上的人才敢背摔下来；三是培养责任感和奉献精神，台下面的队友凭什么接住背摔者呢，毫无疑问是责任，队友用胳膊接住背摔者时体现的就是一种无私的奉献精神。

3. 教学过程

第一步：让所有的学生摘下手表、戒指、眼镜等均有尖锐物件，并将衣兜掏空。

第二步：选一名志愿者，让他站到高台上，第一个开始。其他学生在高台下，面对面站成两排，伸平双臂，掌心向上，分别搭在对面学生的肩上，右腿在前成弓步，头后仰，形成一个安全的接人区。

第三步：教师站在平台上，指示背摔者背对接人区，将背摔者双手绑在胸前（这是防止背摔者在倒下时伤到承接的学生），并调整他的位置，保证他能安全落到接人区里。教师还要查看承接者是否按力气大小顺序排列，必要时让他们重新排队。

第四步：背摔者下落时要始终挺直身体，不能弯腰。背摔者准备好后，大声问台下的承接者：“准备好了吗？”台下的承接者要大声回答：“准备好了，×××（名字）我们支持你！”等类似的语句，之后背摔者才可以倒下。

第五步：台下的承接者接住背摔者后要始终抬着背摔者的身体，直到他双脚落地。

第六步：刚才的背摔者这时变成队尾的承接者，靠近平台的承接者变成了台上的背摔者，以此方式循环，直到所有的人都参与了项目。

第七步：总结、分享和提高。所有队员完成背摔后，教师主导队员分别进行总结和分享，围绕下列问题展开。①最初你们对游戏有什么认识？参加之后有什么感受？②当你站在平台上准备后倒时，你有什么感想？③当你站在下面做承接者时，你有什么想法？

六、教学反思

之后，我们会进行问卷调查。从调查结果来看，还是“团队精神拓展训练”课程取得了不错的思政育德效果，大多数同学都能通过项目认识到自由、民主与集中的辩证关系，学会用矛盾论针对具体问题进行具体分析，认识到个人与集体的依存关系，更好地认识了自我，学会了突破思维的局限，增强了团队合作意识，提升了协作能力，提高了沟通表达能力，学会了与他人分享和欣赏等；更可喜的是几乎所有同学在活动中都可以远离手机，做到了自律。但诸如“同舟共济”“信任背摔”等拓展项目是综合性的，每个项目蕴含的德育目标较多，致使活动项目的主题不够鲜明。

关于项目中德育目标的主题不够鲜明的问题，授课教师团队决定不断对活动项目进行总结、升级，明确每个项目的思政主题，按主题梳理或开发、设计活动项目。

教师在教学过程中发现很多学生都能够积极投身到项目中去，展示了年轻人的朝气、活力和责任担当，发挥出各自的优势与特长，为团队任务的顺利完成贡献自己的能力。但也有极少数同学游离于团队之外，没有参与到团队活动中去。对这些同学，教师团队给予了及时关注和适当心理疏导，同时让每个小组的队长积极将他们带入活动中。因为，只要参与就会有收获，只要有收获就能够激发这些消极同学的兴趣。

第三篇　实践篇

第九章　团队精神的经典案例

第一节　火神山医院建设中的团队协作精神

2020 年 2 月 4 日，武汉火神山医院开始正式接诊新型冠状病毒肺炎的确诊患者，上午 9 时许首批患者收治完毕（图 9-1）。

图 9-1　火神山医院开始接诊新冠肺炎确诊患者

在数以千万“云监工”的在线督战下，仅用 10 天时间，万众瞩目的火神山医院从一片荒地上拔地而起。如何在短短十天里建设总建筑面积为 3.39 万平方米、可容纳 1 000 张床位的医院？10 天 10 夜，是谁完成了“不可能的任务”？这 10 天，发生了什么？又是怎么做到的？

一、10 天时间见证“中国速度”

2019 年末，疫情笼罩荆楚大地并波及全国。

2020 年 1 月 24 日下午，天上飘着小雨，体感温度只有几摄氏度，在武汉市蔡甸区的知音湖大道武汉市职工疗养院所在地，拥有 1 000 张床位的武汉火神山医院的建设现场，千余名建筑工人鏖战正酣。

上百台挖掘机、推土机、压路机运作有序，正在进行芦苇塘填平及铺设碎石路的工作（图 9-2）。武汉火神山医院，是参照 2003 年抗击非典期间北京小汤山医院模式，在武汉职工疗养院所在地建设的一座专门医院，集中收治新型冠状病毒肺炎患者。

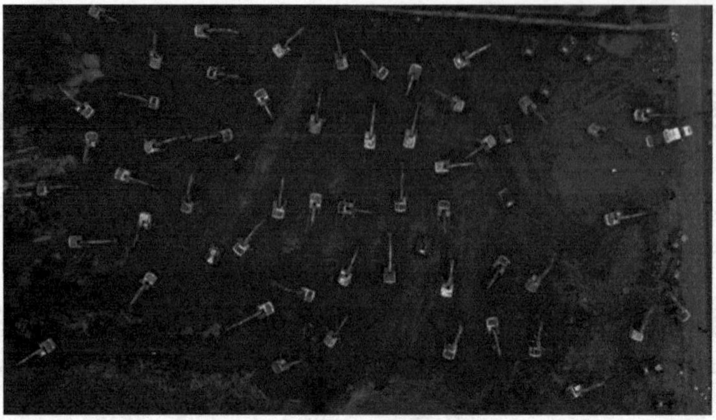

图 9-2　火神山医院的建设现场

让我们一起来回顾一下火神山医院建造的全程。

1 月 23 日，武汉决定参照北京小汤山医院模式建设火神山医院。当日 13 点 06 分，国机集团中国中元收到武汉市城乡建设局关于“应急医院设计”的求助函。中国中元立即组建以全国勘察设计大师、中国中元顾问总建筑师黄锡璆为组长的技术专家组，这支曾经设计过小汤山医院的设计团队时隔 17 年再次集结。78 分钟后，修订完善的小汤山医院图纸送达武汉。几个小时后，中建三局接到建设火神山医院的建设任务，并第一时间召集在汉单位召开应急医院施工筹备会即刻筹备各项施工资源。晚上 10 点，来自中建三局和武汉建工、武汉市政、汉阳市政等企业的上百台挖掘机、推土机等工程机械从武汉全市各处赶来，紧急集合，通宵进行场平、回填等施工。

1 月 24 日（除夕），夜晚，火神山医院施工现场灯火通明，各种机械开足马力，仅用一天时间，大部分土地平整工作完成！钢筋、管材陆续进场。

1 月 25 日（初一），中建三局牵头，火神山医院正式开工建设，场地整平、碎石回填全部完成，管沟开挖、高密度聚乙烯（HDPE）膜铺贴持续进行，北区开始板房基础混凝土浇筑并同时进行流水作业，第一批箱式板房开始搭设。国家电网变压器、线杆等设备、设施和 10 支施工队伍约 200 余人到位。中国电信、中国联通、中国移动、中国铁塔、中国信科、诺基亚贝尔等负责建设的火神山医院 5G 基站挂站开通。

1 月 26 日（初二），中建三局完成现场大部分土地平整工作。

1 月 27 日（初三），李克强总理来到火神山医院，当总理问现场工作人员：“能完成任务吗？”现场所有人齐呼：“能！保证完成任务！”

1 月 28 日（初四），火神山医院效果图正式发布。当日上午 10 点，中国石油的油罐车为紧张施工的各类车辆、发电机、工程器械快速加注油品。晚上，中国建材准时将火神山医院工程建设所急需的石膏板、龙骨及配套材料送至工地。

1 月 29 日（初五），国资委党委书记、主任、应对新型冠状病毒感染肺炎疫情工作领导小组组长郝鹏在中国建筑总部视频连线火神山医院建设工地现场的相关人员。下午 4 时，中建三局等全部完成现场场地平整和回填，水电暖通设备、机电设备等全面到位，同步开始安装作业。

1 月 30 日（初六），中国铁建驻武汉的中铁十一局集团接到支援命令，集结近百名电焊工、板房安装工、钢结构工，驰援建设火神山医院，不计一切代价，拼尽全力加快工程施工进度。

1 月 31 日（初七），国资委党委书记、主任、应对新型冠状病毒感染肺炎疫情工作领导小组组长郝鹏到国家电网调研指导，与武汉供电公司视频连线。当日 23 点 49 分，火神山医院全部通电！中国电信协助解放军总医院仅用 12 小时完成基于千兆光纤的远程会诊系统的建设，实现解放军总医院医疗能力快速服务火神山医院。

2 月 1 日（初八），中午 12 时，火神山医院项目场地基础施工全部完成。

2 月 2 日（初九），火神山医院正式交付！

二、什么是“中国速度”

时不我待，分秒必争！

真正的速度，是见证这个伟大国家崛起的速度！中国速度之快令世界惊叹，令国人自豪。中国速度有多快？是 10 天的时间，建设起一座合乎防疫要求的医院，这个速度即使放眼全球，都是无法想象的。而在这场战役里，短短几天各个项目进展飞速。我们不能忘记这背后为之付出的成千上万的劳动者，是他们齐心协力完成了这项不可能完成的任务。以更大视野来看，火神山医院的建成何尝不是全国上下众志成城的生动缩影？

近些年，网络上流传一句话：大灾大难时，你的背后是“整个祖国”。何谓“整个祖国”？是国家行动，是政府作为，更是 14 亿同胞的守望相助。

在面对灾难时，大家都在用自己的方式积极眺望未来。这一次我们悲恸而不苦痛，哀伤而不绝望，关切而不惊慌，焦急而不失信心。

三、火神山医院建设中的团队精神

78 分钟整理出 17 年前北京小汤山医院的建设图纸，1 天内拿出设计方案；国家电网、中国电信、中国石油等央企披星戴月确保施工现场电、网、油、气等的供应；全国各地 1 608 家供应商、952 家分包商积极参与医院建设；4 万名建设者踊跃报名，逆行出征；上亿“云监工”24 小时在线加油鼓劲；社会各界倾力援助、不求回报……

建设火神山医院，是这场中华人民共和国成立以来规模最大的医疗支援行动中的一个缩影。在10天建成火神山医院这令世人惊叹的“中国速度”“中国力量”“中国精神”的背后，是党领导下社会主义“集中力量办大事”的政治优势，是这政治优势下凝聚的全社会的合力和众志成城，也是火神山医院建设者们夜以继日劳作、无私无怨奉献的奋斗结晶。充分体现了众多单位、众多建设者无缝链接、共同协作的团队精神。

第二节 女排精神

2021年8月2日，中国女排以小组赛2胜3负的战绩提前结束了东京奥运会的征程。赛后，主教练郎平接受采访，她在总结失利教训的同时，也表达了对中国女排未来的信心（图9-3）。

尽管在备战阶段遇到一些困难，但中国女排在将近两年的时间里把准备工作做得非常充份。奥运会开赛前，大家都觉得中国队打进奥运会八强不是问题，但最后的结果却出乎所有人的意料。

图9-3 2021年8月2日，中国队球员在比赛后向主教练郎平鞠躬致谢

从2013年到2019年，中国队已经习惯了在遇到困难的时候依靠朱婷“啪啪”下两个球就解决问题，第一场输了以后，朱婷和全队的压力更大了。自郎平2013年接队之后，九年时间，朱婷、张常宁、袁心玥等一批队员日渐成熟，球队也取得了一些不错的成绩。从里约奥运会捧杯、蝉联世界杯冠军到东京奥运会小组出局，这样的剧情出人意料。但郎平认为，这就是生活的历练，需要去面对。正如很多球迷所言，“赢了一起狂，输了一起扛”。中国女排之所以为人们所称颂，不只是顺境时乘风破浪，更在于逆境中倔强不服输。多给女排姑娘一些鼓励、一些宽容，陪伴她们去迎接每一场比赛。无论最终结果如何，只要拼出精气神，中国女排的旗帜就依然闪亮。

一、女排精神的界定

国内有关女排精神的文章很多，对女排精神有明确界定的，有不少学者给出了自己的看法。程惠哲（2016）将女排精神的内涵归纳为集体意识、核心意识、担当意识、拼搏意识、坚强意识[①]。该概念认为女排精神是一种意识，符合精神的内涵，但五个词不能涵盖女排精神的全部内涵。董杰（2016）认为“团结奋斗、顽强拼搏、勇攀高峰”就是女排精神[②]，但这三个词都是形容女排的如何努力和奋斗，忽略了女排的爱国、创新等因素。赵麑指出：女排精神是中国女排队员在训练、比赛实践中生成与升华的，具有丰富的内涵，包括爱国奉献、团结协作、顽强拼搏、勇于创新和追求卓越[③]，这种说法较为准确，值得借鉴。

在女排精神中，因“女排”这一运动项目而得名，这一名词是竞技体育的产物，而在更多的时候，女排精神集中反映的是中华体育精神，它已超越了体育的范畴，成为中华民族精神财富的重要组成部分。在 1981 年中国女排首次夺冠之前，体育报告文学《中国姑娘》[④]，首次提到了“女排精神”这一名词，但不能说女排拿了冠军才有女排精神，而是中国女排从响应国家“把体育重新搞上去”的号召组建起队伍时期起，在艰苦训练中，在拿到第一次世界冠军之前的其他比赛中，女排精神就已经开始孕育。

既然是中国女排，所以中华民族精神必然在是中国人的“女排”身上体现。而从女排精神形成的领域上来讲，女排精神形成于竞技体育当中，而竞技体育从起源来讲，它是形成于西方文化中，我们参与其中，需要遵循竞技体育的“游戏规则”，因此女排精神除了来源于中华体育精神，也来源于外来的竞技体育文化。因此，在总结女排精神时，应遵循兼顾双方的原则。基于此，有学者总结：女排精神是指中国女排在重大体育赛事中（世界杯、世锦赛、奥运会）体现出来的以爱国、合作、拼搏、创新为价值导向的意识、思维活动和一般心理状态。在此概念中，“爱国”指爱国主义精神，“合作”指团队精神，“拼搏”指拼搏精神，“创新”指创新精神[⑤]。

二、女排精神的时代内涵

2019 年 9 月 30 日，习近平总书记专门邀请刚刚获得 2019 年女排世界杯冠军的中国女排队员、教练员代表，参加“庆祝中华人民共和国成立 70 周年”招待会，并在会前亲切会见了女排代表。习近平总书记指出：“广大人民群众对中国女排的喜爱，不仅是因为你们夺得了冠军，更重要的是你们在赛场上展现了祖国至上、团结协作、顽强拼搏、永不言败的精神面貌。女排精神代表着一个时代的精神，喊出了为中华崛起而拼搏的时代最强

① 程惠哲：《发扬女排精神　礼赞女排气质》，载《人民论坛》，2016（25），40~41 页。

② 董杰：《习近平总书记为何点名表扬中国女排》，载《人民论坛》，2016（9），38~40 页。

③ 赵麑：《符号和记忆：女排精神的内涵、特征及价值》，载《体育文化导刊》，2017（8），8~12 页。

④ 鲁光：《中国姑娘》，载《当代》，1981（5），105~133 页.

⑤ 向桂芳：《从里约奥运会探求女排精神的形成过程和构成》，硕士学位论文，武汉，武汉体育学院，2019。

音。”这是国家领导人对女排精神的最精准的高度概括，也是女排精神新的时代内涵：女排精神是中国奥运精神和中华体育精神的生动彰显，也是中国精神的时代表达。

回顾中国女排的一路征程，爱国是灵魂，团结是法宝，拼搏是特质。这也是女排精神穿透时代的力量所在，学习女排精神，核心就在于在实际的工作和生活中践行爱国、团结和拼搏。

1. 专业中的爱国

“每一次比赛，我们的目标都是升国旗、奏国歌。”郎平的这句话大家都非常熟悉，这是最简单但也是最深沉的爱国。“升国旗、奏国歌”单靠精神不能实现，还必须技术过硬。这需要队员们热爱并敬畏自身的职业，练好、打好每个球，这也离不开国家的发展和支持。比如中国在国际奥林匹克委员会席位的恢复，就为女排获取了征战世界的门票；在国家发展基础上的硬件改善和专业大团队则成为女排身后坚实的力量。因此，对于每个行业和每个人来说，爱国首先是要正确认识个人与国家的辩证统一关系，得其大者可以兼其小，将小我融入大我，传好历史的接力棒。更重要的是，将爱国的情感转化为理性的认知和自觉的行动，坚守好自己的岗位，做好自己的本职工作，将职业做成专业，在国家需要的时候能豁得出也能顶得上。

2. 集体中的个性

郎平曾在文章中写道：“在我的字典里，‘女排精神’包含着很多层意思。其中特别重要的一点，就是团队精神。女排当年是从低谷处向上攀登，没有多少值得借鉴的经验，但是在困难的时候，大家总能够团结在一起，心往一块想、劲往一处使。”执教中国女排时，郎平用上了团队协作的法宝，采取“大国家队”的训练模式，不拘一格选队员、个性化订制培训计划，每年都有“天才少女”不断涌现，增强了中国女排的团队实力。所以说，一个好的团队，既要有个性的凸显和光芒，更要有集体的统一和进步。在社会分工越来越专业、也越来越细化的今天，我们既需要个性，更需要共性和强调合作，因此我们要学会辩证对待与正确处理个人与他人、个人与集体、个人与社会的关系，学会竞争与合作，实现集体与个人的双赢。

3. 拼搏中的幸福

2020 年全国两会上，中国女排国家队队长朱婷在答记者问时说，女排精神不是在胜利的时候才有，有时候明知道得不到冠军，也会竭尽全力不在乎胜负，这种信念一直都在。从“竹棚”训练场上“三从一大”的刻苦训练，到“一个球哪怕你接不住，也要拼尽全力冲过去”，从“一分一分咬下来”到“有时候知道不会赢，也竭尽全力”。奋斗拼搏成就了中国女排，这是中国女排让几代国人热泪盈眶的原因，也激励着几代国人投入使国家富强、民族振兴和人民幸福的奋斗征程中，推动中华民族的伟大复兴。

由此可知，女排精神不是喊出来的，是拼搏出来的。女排精神也是中华民族性格的缩影。我们的社会主义也是一步步拼出来、干出来的，同样，我们每个人的幸福也是奋斗出来的。学习女排精神，就是要学习踏实付出，在不服输、不放弃中把美好的愿景转化为实际的行动。

三、女排精神的构成

女排精神的内涵决定了女排精神是由“爱国主义精神”“团队精神”“拼搏精神”“永不言败”等构成。

1. 爱国主义精神

任何国家的繁荣、富强都离不开强大的爱国主义的精神力量，女排精神作为中华体育精神的重要标志性符号，能够超越体育范畴，成为中华民族共同的精神力量，是因为女排精神在萌芽和形成阶段继承了中华民族在发展的历史长河中的爱国主义传统。始建于 1972 年的福建漳州体育训练基地，是中国女排最早的集训基地，见证了中国女排赢得“五连冠”的感人历程，也见证了爱国主义精神作为女排精神的核心在各届队员间的继承与发扬。老女排队长孙晋芳回顾女排奋斗历程时表示，引导更多年轻人敢于担当的责任感，为祖国尽一份力，就是对女排精神最好的传承。

2. 团队精神

团队精神是体育团队所有成员理想信念、价值追求、道德修养、意志品质的整合并在团队整体作风、纪律性、凝聚力和士气等方面的综合体现。排球作为一种集体项目，团队精神必是其绕不开的问题。运动场上，女排队员展现出来的团队精神主要有共同目标、团队士气、协同合作、奉献意识四方面（图 9-4）。

图 9-4 中国女排

（1）共同目标。团队的共同目标是团队向心力和凝聚力的重要基础，任何一个团队的基础都需要一个共同的目标，这一共同的目标有时可能与团队中个人的目标相同，但更多的时候这个目标与个人目标不尽相同。对中国女排而言，最高层次的共同目标是国家和民族的目标，中间的是体育界的目标，最后才是运动员个体的目标。而从不同个体来讲，队员、助理教练、队医每个人的目标都是不相同的。对于参加过往届奥运会的老队员来说，其目标可能是弥补遗憾；新队员的目标可能是开阔眼界，增加经验；而对于助理教练来说，其目标是帮助队员训练，让每位队员都有一个良好的竞技状态。但仅有个人目标还不足以形成团队的凝聚力，只有明确女排这个团队共同的目标，并且团队中的每位成员将个人目标与团队目标有机融合，使中国女排的每位成员对实现同一目标有共同的价值认同，才能激发起对实现共同目标的责任感和使命感。

郎平曾在其自传中这样写道："对于一个集体项目来讲，根本问题在于团结和凝聚力，而这个'根本'，可以由教练来控制，凭我多年的经验和我的人品，我能抓住这个'根本'。"团队目标作为团队团结及形成凝聚力、向心力的基石，是除教练外最主要的因素。

(2)团队士气。团队士气是指在团队共同完成任务和对抗作战的时刻，团队中每个成员发挥主观能动性而形成的一种必胜的信念和不罢休的氛围。对于团队作战而言，高昂的士气可以激发出巨大的精神力量。排球作为一项集体运动项目，在需要体能、技能的同时，高昂的团队士气是团队作战的关键。在里约奥运会上，中国女排在"八进四"面对东道主巴西队的生死决战中3比2取胜，之后又在决赛中以3比1的比分战胜塞尔维亚，两场比赛中国女排都是在先输一局的情况之下，是依靠集体的士气，拼下每一分，是用每一个优秀个体的发挥成就了中国女排这个冠军的团队。

集体项目的比赛就好似打仗一样，实力固然是一个非常重要的制胜因素，但是不能忽视团队士气的作用。正如郎平所说："越是在困难的时候，越是要忍耐、要乐观、要坚强，要稳定情绪，无论如何士气不能丢，军心不能散"，哪怕是输，也要输得让人害怕。

(3)协同合作。团队精神中的协同合作强调的不仅仅是一般意义上的合作，它要求团队成员在合作中都发挥自身的优势，在团结协作中实现优势互补，发挥积极协同效应，带来"整体大于部分之和"的效应。因此，在排球这样的集体项目中，想要发挥出整体的优势，达到战术意识的统一、技术配合的协同，就必须实现团队成员能力上的互补，发挥每个人的特长。

女排精神体现出的团队精神与排球项目的特点有关，要求很高的协同合作意识。排球规则规定：发球队员在击球瞬间，双方任何队员必须在规则规定的位置上；比赛中获得发球权的球队按顺时针方向轮转位置；运动员不得持球、连击、四次击球、借助击球和同时触球；不得过网击球、不得触网、不得过网拦网、不得拦发球。在排球比赛中除发球外，每项技术都是场上六人配合完成，没有有效的配合，单靠个人技术是难以发挥战术并达到赢球目的。在排球这种需要队员集体高度配合的项目中，假使某个队员发挥不佳，其他队员也不能让他坐冷板凳，只能鼓励并给予信任。

在朗平看来，女排精神不是赢了就有，输了就没有，真正的女排精神是在你觉得你坚持不了的时候，有队友支持你，队友有困难，你能顶上去，最后几分就是意志力的较量。

（4）奉献意识。团队精神中的奉献意识表现为团队成员在自己的岗位上“尽心尽力”，“主动”为了整体的和谐而甘当配角，“自愿”为团队的利益放弃自己的私利。一个团队中，有红花，就必定有绿叶。女排团队中 12 名队员，有主力，就得有替补，要实现团队的目标，不管是谁都要以一种强烈的责任感和使命感并充满活力和热情，和队友一起努力奋斗，积极进取，为团队做贡献。

排球比赛不是一个人的战斗，在比赛进程中并每得一分都是靠配合得来，在比赛中任何情况都有可能发生，单靠首发七名主力很难顺利拿下比赛。郎平在里约奥运的中巴生死之战的关键时刻换上了刘晓彤，及时扭转了局面，为最终取胜创造了条件。但养兵千日，用兵一时，刘晓彤在被换上场后，她一改之前的不自信，抛开顾虑，尤其在首局告负，次局落后命悬一线的关键时刻，刘晓彤在和队友的配合下打了个巴西队一个措手不及，终以 3∶2 战胜败巴西，杀入四强。这场扣人心弦的交战，中国队实现了逆转，刘晓彤以替补身份救场立下大功，从而也有了“超级替补”的美誉。

团队总是有明确的目标，而实现这些目标不可能单靠其中一位或几位成员来实现。作为其中的一员，不论力量的大小，都为团队目标的实现全力而为，这是奉献精神的体现。

3. 拼搏精神

在竞技体育中，拼搏是永远的主题，奥运精神就是一种顽强的拼搏精神，是一种永不言输、永不放弃的精神。拼搏精神在女排精神中的表现是具有代表性的，以至于人们提到拼搏精神会自然地想起女排精神，如果说女排精神是中国民族精神的典型代表，那么可以说拼搏精神是女排精神的代表。里约奥运会中，中国女排的拼搏精神主要体现在坚定的信念、有勇有谋和全力搏斗（图 9-5）。

图 9-5　中国女排队在里约奥运夺冠后欢呼庆祝

（1）信念坚定。在社会实践活动中，当人们确信某种思想见解或理论主张并将其付诸实践时，就表明人们形成了一定的信念。拼搏精神是尽最大的努力，不顾一切地奋斗，去实现自己的目标和计划。这里的目标，就涉及信念层次，女排精神中的信念是拼搏精神的前提，女排精神中的“信念坚定”不仅与“我可以，我要赢”意识相联系，而且更重要的是与在平常训练努力中克服一切困难去实现自己的目标的行为相联系。

在困难中要坚持自己的路，哪怕前面的路再难走。中国女排会全力争取一点一滴的训练时间，这种传统从袁伟民带队时期就开始了。如“五连冠”时期，女排队员在飞越了半个地球刚下飞机后，还没来得及倒时差，袁指导就在第一时间安排女排训练。正是这种信念感支撑着中国女排为目标的实现全力以赴。

（2）全力搏斗。拼搏精神是一种在精力和效率成正比关系支配下，充分发挥主观能动性，全力以赴的态度。在女排精神中主要表现在训练和比赛场上的全力以赴。训练中，中国女排坚持从最基础的基本功开始练起，每一步都做得很扎实，不怕苦，不叫苦；总结会上，哪怕是队伍赢得比赛，也要找出比赛中的不足，作为下一次比赛的经验教训；比赛场上，一分一分拼，一分一分搏，不对每一分掉以轻心，不管结果如何，都在赛场上全力以赴。

（3）有勇有谋。真正的拼搏精神并不提倡蛮干，而是寓于科学之中。拼搏精神强调的“勇气”是在针对自身的情况做出科学分析和计划后，在考虑对手状态并“步步为营”中，审时度势地展现出的英勇果敢。相比与冒险家堵上所有的蛮干，有勇有谋表现出的是“有头脑”的、经过深思熟虑的巧干。在排球场上，战术和战略的运用也是如此，在实力相当的比赛中，用“斗智”指导“斗力”就会别开生面。

里约奥运会的中巴大战中，面对实力强劲的对手，场边的郎平运筹帷幄，一刻不歇地观察场上局势，大脑在高速运转下指挥比赛，在关键时刻换上巴西队员并不熟悉的刘晓彤，打了对手个措手不及，这是谋略的体现。赛场上，徐云丽、魏秋月、刘晓彤等老队员带领朱婷、张常宁、龚翔宇等新队员全力配合，面对东道主巴西，打出了气势，这是勇气的体现。正是这样“有勇”有“有谋”的精神，中国女排在赛场上挑战自我、完成逆袭，以一种不服输的勇气、快速调整战略的智慧来迎接对手、战胜对手，把决赛的入场券硬生生从巴西女排手中“抢”了过来[①]。

4. 永不言败

2016年，距离中国女排第一次夺得世界冠军已经过去近40年，教练、队员换了一茬又一茬，期间女排成绩有起有落，甚至经历了较长时间的低谷。然而，全国人民始终关注、热爱、支持中国女排，因为其团结、拼搏、奋进的精神始终延续并体现在一代代中国女排身上。

正是靠着这种精神力量，在2004年雅典奥运会女排决赛中，中国女排在0∶2落后

---

① 向桂芳：《从里约奥运会探求女排精神的形成过程和构成》，硕士学位论文，武汉，武汉体育学院，2019。

的绝境下，上演惊天大逆转；在2016年里约奥运会上，中国女排姑娘们愈挫愈勇，绝地反击斩获金牌。

弥足珍贵的女排精神早已超越体育范畴，成为一代代中国人的精神遵循。

2020年3月，驰援武汉的一位“90后”女护士，在微博上晒出自己身穿画着女排队员朱婷的漫画形象、写有“朱婷时代，与有荣焉”字样防护服的图片，引来网友点赞。她说：“在任何时候，想到朱婷和中国女排，对战胜困难就更有信心。”

随着时代向前发展，女排精神的内涵在不断丰富。40多年前，刚刚打开国门的中国需要用冠军和奖牌向世界证明自己，今天的中国已经跨过了那个历史阶段。当代中国人以更自信、更开放的大国心态面向世界，中国女排呈现出新的时代精神与风采：自信自强、顽强拼搏、永不言败、愈挫愈勇的姿态；祖国至上、团结协作、顽强拼搏、永不言败的精神面貌。

“女排精神不是赢得冠军，而是有时候知道不会赢，也竭尽全力。是你一路虽然走得摇摇晃晃，但站起来抖抖身上的尘土，依旧眼中坚定。”2016年，中国女排又一次赢得奥运冠军、享受巨大荣光时，主教练郎平这样说。

东京奥运会上，中国女排遭遇重挫，没能小组出线，卫冕失败。回国后，中国女排姑娘们表示，团结协作、顽强拼搏的女排精神是队伍取得佳绩的法宝，也是队伍遭遇挫折时的精神指引。她们将继续发扬女排精神，携手奋进。

女排姑娘没有气馁，抖擞精神再出发；女排球迷没有泄气，一如既往喊加油。40年多来，中国女排最宝贵之处，在于她们以坚定强大的内心、砥砺进取的意志、从头再来的无畏，让“失败”成为下一次成功的“基石”。

历久弥新的女排精神，成为中华民族宝贵的精神财富。在实现中华民族伟大复兴的新征程中，大力弘扬女排精神，将激励全体中华儿女团结一心、不畏困难、不惧挑战，为全面建设社会主义现代化国家、实现中华民族伟大复兴的中国梦而奋力拼搏。

时代在发展，历史在前进，但中国女排的祖国至上、为国争光的初心始终未变，顽强拼搏、团结协作的风貌一如既往，永不言败、勇攀高峰的精神一脉相承，历久弥新并在新时代不断丰富新的内涵。在实现中华民族伟大复兴的中国梦的关键时期，前进道路上的挑战和风险仍有许多，难以想象的惊涛骇浪也有可能出现，除了奋发图强、勇敢斗争，我们别无选择。发扬好“祖国至上、团结协作、顽强拼搏、永不言败”的新时代女排精神，保持昂扬斗志和磐石般定力，我们一定能在新征程上赢得新胜利，拓展新境界。

第三节　华为精神

在被加拿大政府扣押1 030天后，2021年9月25日，中国公民孟晚舟乘坐中国政府包机返回祖国。这是党中央坚强领导的结果，是中国政府不懈努力的结果，是全中国人民鼎力支持的结果,是中国人民的重大胜利。

2018 年 12 月 1 日,孟晚舟在温哥华机场被非法扣押,美国申请引渡至美国受审。12 月 7 日,加拿大法院首次就孟晚舟事件举行听证会。12 月 11 日,加拿大法院做出裁决,批准了孟晚舟取保候审的诉求。之后 3 年,孟晚舟主要在加拿大温哥华的家中度过。直到 2021 年 9 月 24 日,加拿大方撤销对孟晚舟的引渡要求。

据华为官网信息显示,孟晚舟现任公司副董事长、首席财务官(CFO)。孟晚舟毕业于华中理工大学, 1993 年加入华为,历任公司会计部总监、华为香港公司首席财务官、账务管理部总裁。

孟晚舟事件的背后是美国对中国华为公司的极力打压。

一、美国对华为打压概述

华为为大众熟知可能是因为手机品牌,但同时它是世界一流的信息与通信技术公司,也是最大的通信设备商。2016 年 11 月 17 日,华为的极化码方案在 3GPP(第三代合作伙伴计划)会议上被通过,成为 5G 的最终方案, 5G 时代拉开帷幕,华为也成为 5G 标准的主导者之一。

5G 技术将推动大数据、云计算、人工智能、区域链等颠覆性技术的发展。而在当下,这个由计算机网络控制着最强有力武器的时代,任何主导 5G 技术的国家,将在 5G 时代拥有经济、情报和军事上的优势。

华为不得不在激烈的国际竞争中寻求 5G 设备商的领导地位,而美国联合某些其他国家展开了对华为强力打压和制裁,阻止华为抢先在 5G 领域站稳脚,抢下 5G 市场。孟晚舟正是在此背景下经美国授意,被加拿大政府非法扣押的。

从 2019 年 5 月 15 日开始,美国就宣布将把华为及其子公司列入出口管制的“实体名单”,为了阻止华为的发展,美国一再修改其对华为的禁令,进行技术封锁。2020 年 5 月 15 日从禁止华为使用美国芯片设计软件,到 2020 年 8 月 17 日禁止含有美国技术的代工企业生产芯片给华为,再到 2020 年 9 月 15 日禁止拥有美国技术成分的芯片出口给华为。自此,美国对华为的芯片管制令正式生效,台积电、高通、三星等多家公司将不再供应芯片给华为。

实际上美国政府对于华为的打压由来已久,大概在 20 年前华为就进入美国的视野,对华为打压是逐步升级的过程:限制华为的收购购买、禁止华为进入美国市场、以安全为理由游说和威胁他国放弃华为产品、将华为列入“实体清单”、对麒麟芯片实施技术封锁;此外,鸿蒙操作系统、MHS 服务、华为软件商店也遭到了美国全方位地围追堵截。这意味着华为的自救之路刻不容缓。

二、美国为何要不惜一切代价打压华为？

1. 科技是决定中美博弈结果的关键因素

美国司法部长威廉·巴尔在“中国行动计划会议”演讲中提到：“5G 技术处于正在形成的未来技术和工业世界的中心。”中国已经在 5G 领域建立了领先地位，占据了全球基础设施市场的 40%。这是历史上第一次，美国没有引领下一个科技时代。”“从国家安全的角度来看，如果工业互联网依赖于中国的技术，中国将有能力切断各国与其消费者和工业所依赖的技术和设备之间的联系。与我们将屈服于中国主导权这个前所未有的杠杆影响相比，美国今天使用的经济制裁力量将显得苍白无力。”

从 3G 到 5G，华为经历了从跟随到参与再到主导的崛起历程。现如今，中国技术攻势对美国构成了前所未有的挑战，华为在 5G 领域的领先地位使美国的危机感尤为强烈。美国要掌控技术和品牌，不希望华为成为新兴产业领导者。华为正是新兴产业代表者。美不甘心接受华为在 5G 领域的优势，为了维护科技霸权选择对华为进行打压。

2. 市场份额

5G 是一项基础设施业务，华为的 5G 业务在全球占有很大的市场份额。

IHS Markit 这家科技市场研究公司的报告显示，华为成为 2017 年唯一一家市场份额获得增长的电信设备商，并超越爱立信，成为全球通信设备领域的“老大”（图 9-6）。

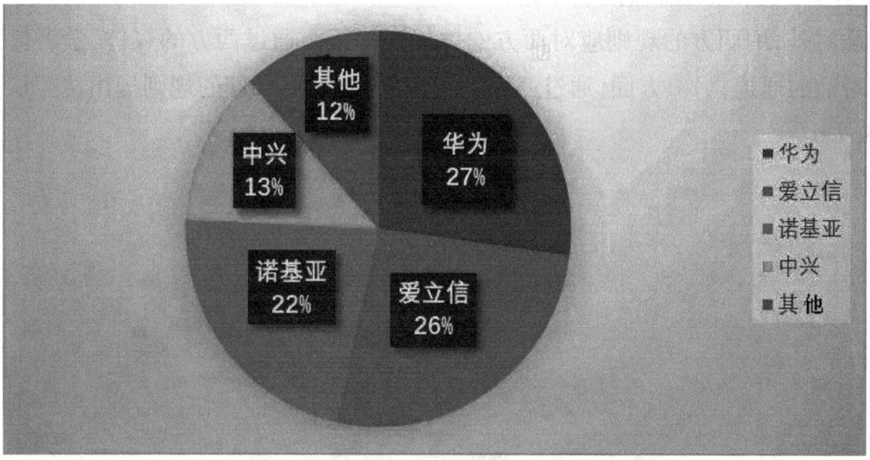

图 9-6　2017 年全球通信设备商市场份额

根据 Dell’ Oro 集团的数据，按销售额计算，华为 2021 年占全球通信设备市场的份额达 28.7%，居于首位，同比增长 7%；爱立信以 15% 位居第二，其次是诺基亚（14.9%）、中兴（10.5%）、思科（5.6%）和三星电子（3.1%）。

华为在研发方面的高投入是业内共识。2021 年，华为研发投入达到 1 427 亿元人民币，占全年收入的 22.4%，十年累计投入的研发费用超过 8 450 亿元人民币。目前，华为研发投入在全球企业中位居第二。轮值董事长郭平表示，人才、科研和创新精神，是华为赖以生存和发展的三要素，华为在任何时候都会注重对人才特别是顶尖人才的吸引，要解决华为的问题，需要靠人才。

公开数据显示，华为“天才少年”项目启动以来，共计有 17 人入选。华为目前至少拥有包括 700 多名数学家、800 多名物理学家、120 多名化学家的专家团队，还有 15 000 人在从事基础研究，以及 6 万多产品研发人员。华为公司年报显示，2021 年华为从事研究与开发的人员约有 10.7 万名，约占公司总人数的 54.8%。

郭平强调：“华为将沿着数字化、智能化、低碳化方向前进，依靠人才、科研和创新精神三要素，持续加大投入，力求实现基础理论、架构和软件的技术底座重构，构筑长期竞争力。”

3. 军事

美国一直高度重视 5G 在未来军事中的应用，将其视为改变未来战争的关键技术之一。2018 年 6 月 12 日，美国国会研究服务部发布《5G 移动通信技术对国家安全的影响》的报告，指出 5G 技术在自动驾驶、指挥控制以及情报、监视和侦察等领域具有巨大军事应用潜力，还可以实现“蜂群”等新作战概念。

三、华为的应对策略

华为的应对策略，主要有以下两点。

一是对外，用西方的规则应对西方的挑战：一方面，通过西方的媒体、学者打开与西方社会对话的通道；另一方面，通过西方的司法体系，对不合理的规则提出法律层面的挑战（图 9-7）。

图 9-7　面对美国的多次制裁，华为依旧屹立不倒

二是对内，做好打持久战的准备：一边做好技术储备，囤粮过冬；另一边投入自主研发和推进华为内部的改革，完成转型。

华为对内自助、自救的措施主要有以下几点。

1. 建立自主芯片制造厂

华为的当务之急是芯片，华为创办人任正非在一场座谈中表示，华为目前的困难在于，所设计的先进芯片，中国国内的基础工业还造不出来。华为消费者业务首席执行官（CEO）余承东也坦承，没有中国芯片制造业支持，华为面临着没有芯片可用的问题。中国企业在全球化过程中只做了设计，“这也是教训”。根据外电报导，华为目前计划与政府支持的上海集成电路研发中心合作，在上海成立不使用美国技术的芯片生产工厂，这家全新的工厂，预计会交由长期合作伙伴——上海集成电路研发中心（ICRD）负责运营。目前传出，此芯片厂规划将从制造 45 纳米制程芯片起步，计划于 2021 年底前产制 28 纳米制程芯片，届时，这些芯片将可供应华为的智慧电视与物联网设备。

尽管并非易事，市场推测，华为的目标是在 2022 年底量产 20 纳米制程芯片，20 纳米制程的芯片已经可以用于 5G 网络的硬件了。相比较，目前华为的高端手机采用的芯片是 5 纳米制程，因此这家独立自主的芯片厂仍解决不了华为高端机种的“缺芯”问题。但现在不起步，就算高通已恢复供应华为芯片，说不准哪一天美方又禁供，芯片终究要自制，已经不会再改变了，也毫无悬念。

2. 出售荣耀品牌，避开美国禁令

华为投资控股已公布，出售荣耀品牌业务资产，收购方为深圳市智信新信息技术公司，未来华为将不占有荣耀品牌任何股分。华为切割荣耀后，预料新荣耀将可以避开美国禁令，顺利取得智能手机相关零组件，让原来主攻中阶手机市场的荣耀品牌，得以继续存活。

3. 建立自主操作系统和应用服务系统

由于美国禁令，华为无法在手机上预载 Google 的原生服务（GMS）。因此，华为已推出华为行动服务（HMS），其应用程序商店 AppGallery，目前已成为仅次于苹果 App Store、Google 的 Google Play 的全球第三大的手机应用程序商店。目前，华为 AppGallery 的全球活跃用户已达 4.9 亿。

虽然 Android 为开放系统，但为防万一，华为也已完成自家操作系统鸿蒙（Harmony OS）的开发，该系统不仅可应用于智能电视和手机，还能延伸到电脑、车载系统，以及智能可穿戴设备。

4. 进军自动驾驶汽车领域

作为通信界的巨头，华为对于物联网的布局可谓不遗余力，车载智能系统是物联网非常重要一环，这也是华为进军汽车界的最大原因之一。5G 汽车已经成为汽车产业发展的战略制高点和创新热点，5G 技术的高速率、低时延和高可靠将给智能网联、智能交通、自动驾驶等场景打开全新的想象空间。

虽然华为一直坚称不造车，但在造车领域，华为的身影频频出现。2021年，仅一年时间，华为就与几十家新能源造车企业达成合作，无论是与二三线车企（如北汽、东风小康），还是与一线龙头（奔驰、沃尔沃等）都有合作立项。2021年12月23日，在华为冬季旗舰新品发布会上，AITO问界M5现身。这是汽车第一次出现在华为新品发布会上，而且作为重点产品现身。

华为在年报中展望，未来十年，电动化+智能化的大潮不可阻挡，ICT技术与汽车产业趋于融合。预计到2030年，中国自动驾驶技术的新车渗透率将超过20%；车载算力将整体超过5 000 TOPS；车载单链路传输能力（带宽）将超过100GB/S。抓住智能化趋势，产业将迎来智能驾驶、智慧空间、智慧服务和智能生产的大发展，华为希望以自身的信息通信（ICT）技术赋能产业智能化，帮助车企造好车。

5. 整体控制供应链

实际上，虽然华为遭受美国制裁，但是仅限于手机高端芯片，华为的产品除了手机，还有笔记本电脑、平板、物联网（IOT）产品等，这些都还在出货。总体上，华为目前仍然可以控制整体供应链的稳定。分析师普遍预期，美国联合欧洲、日本盟友对于中国施压可能仍然是未来趋势，华为过去认定的全球化趋势、所采取的全球分工策略，将不得不改弦易辙，作出调整，如三星一样，华为将自主创建拥有从半导体、面板、电池等各零组件一条龙的生产模式。为了保险起见，就算不能实现全部零部件自己制造，起码也要保证在中国本地本土提供完整的供应链。

可以相信，一个企业经历如此磨砺，在百折不挠的奋进中，终将迎来世界对它的尊重，成为国人之骄傲。

三、华为精神

华为的崛起，并不是一蹴而就的，华为现在所拥有的世界地位离不开华为精神。

1. 质量第一的工匠精神

华为的理想是什么呢？任正非曾回应西方记者："我们的理想是为人类提供信息化服务，我们认为，人类未来二三十年，一定会发生一场巨大的革命，就是信息社会智能化，信息会像'海啸'一样爆炸。我们牺牲了个人、家庭，牺牲了陪伴父母，这些都是为了能站到世界最高点，就是踏踏实实地将产品质量做到世界第一。"

事实证明，华为真的在5G领域做到了世界第一。华为生动地阐释了什么是勇当世界第一的工匠精神，这种精神值得当代中国各行各业的人们认真学习。

2. 持之以恒的奋斗精神

估计每一家企业都梦想做"世界第一"，不过，如果不能像华为一样数十年如一日、持之以恒、艰苦卓绝地努力奋斗，梦想就很难变成现实。

任正非曾谈到华为精神时，说过这样一段话："艰苦奋斗是华为文化的魂，是华为文化的主旋律,我们任何时候都不能因为外界的误解或质疑动摇我们的奋斗文化,我们任何时候都不能因为华为的发展壮大而丢掉了我们的根本——艰苦奋斗。”

近十年来,华为在无线芯片技术上的投入累计超过 10 亿美元。而纵观手机芯片市场,很多国产品牌仍严重依赖中国大陆以外的科技公司。而华为早就有了长远的目光。十年艰辛,只为一朝亮剑。

3. 开放宽容的共赢精神

现在是一个群体奋斗、群体成功的时代。在谈到美国芯片时,任正非说:“我们不会排斥美国,狭隘地自我成长。”如果真出现供应不上的情况,华为所有的高端芯片都可以自己制造。即使是在和平时期,华为的做法也是一半买美国公司的芯片,一半用自己的芯片。虽然用自己芯片的成本低得多的多,但华为还是愿意高价买美国的芯片,与合作伙伴实现共赢。

面对媒体的信任,任正非很客观地评价自己:“美国在科学技术上的深度、广度,都是值得我们学习的,我们还有很多欠缺的地方,走老路是到不了新地方的。”

理想主义的伟大之处在于永远不狭隘的看待别人,哪怕是自己的对手。这样的华为,具有真正的开放心态与领袖气质。对这样的华为,即便它在美国的商业伙伴也会尽力加以协助的。

在回应美国“90 天临时执照”时,任正非还提到:“我们最重要的还是把自己能做的事情做好,美国政府做的事不是我们能左右的。”

30 余年来,华为生于忧患,从一家一穷二白的初创企业,扩张、成长为全球行业领导者之一,背后凝聚着强大的意志与定力,这恰恰是中国经济韧性强劲的缩影。无论外部风云如何变幻,最重要的就是上下同欲做好自己的事情,坚持自主创新,自力更生,艰苦奋斗。奋斗的民族、个人才有前途,同样,奋斗的企业才有未来。今时今日,我们要全力以赴将命运掌握在自己手中,不畏风雨,不惧艰险。

华为的企业文化,让华为有了战无不胜的力量。面对美国的多次制裁,华为依旧屹立不倒。惊涛骇浪面前,华为的表现是如此的坚定、无畏和自信。面对美国及其盟友的围剿,华为以大义凛然的悲壮提刀上马。华为已经不是一个公司,它已成为 14 亿中国人的牵挂,是中国创新、中国革命的缩影。华为已经不是一家普通意义上的公司,这家公司所体现出来的民族大义和民族气节值得全世界尊重。华为精神也不再是单纯的企业精神,已经上升为民族精神和国家精神。

第四节 中国空间站建设背后的团队协作

2021 年 10 月 16 日 0 时 23 分,搭载神舟十三号载人飞船的长征二号 F 遥十三运载火箭,在酒泉卫星发射中心按照预定时间精准点火发射,约 582 秒后,神舟十三号载人飞船与火箭成功分离，进入预定轨道，顺利将翟志刚、王亚平、叶光富3名航天员送入太空，飞行乘组状态良好，发射取得圆满成功。随着神舟十三号载人飞船成功发射，并与中国空间站的天和核心舱完成了径向交会对接。3名中国航天员进入核心舱，开启了为期6个月的太空生活。

中国空间站由一个核心舱和两个实验舱组成，每个舱都重达20吨以上，这种三舱构型可以对接两艘载人飞船、一艘货运飞船。从提出中国人自己的空间站计划的第一天起，中国空间站研发团队就做好了开天辟地的准备。第一个航天员杨利伟进入太空，他们花了整整11年时间。此后他们步伐越来越快，2008年，航天员翟志刚迈出了中国人出舱活动的第一步；2016年，景海鹏、陈冬伴随天宫二号，在太空整整遨游33天；再到2017年，中国第一艘货运飞船"天舟一号"顺利升空，中国载人航天工程突破了一系列关键技术，为中国的空间站时代做好了准备。

2021年4月29日11时23分，中国长征五号B遥三运载火箭搭载中国首个空间站核心舱"天和"号在文昌航天发射场发射成功，此后还将择机发射"问天"实验舱和"梦天"实验舱。建造空间站，解决有较大规模的、长期有人照料的空间应用问题，是我国载人航天工程"三步走"发展战略中第三步任务目标。

一、众多的专利技术

从火箭发射，到核心舱入轨，以及后续的空间站建设，这其中包含了众多世界领先的专利技术。据Sixlens搜索显示，申请人是中国的有关空间站的专利共有6 949项。申请人中既有公司企业，比如南京中网通信有限公司、北京中交通信科技有限公司、深圳中科智星通科技有限公司等，也包含高校、科研院所，比如普天信息技术研究院、上海航天测控通信研究所、北京无线电计量测试研究所、北京航空航天大学、南京邮电大学、清华大学等。

二、搭建"天和"宜居环境和连接舱外"生命通道"

1."高速网"助"天和"搭建宜居环境

中国航天科技集团公司第九研究院提供的环控生保分系统电缆网产品，如同"天和"核心舱分系统的信息"交通枢纽"，确保了各子系统之间控制指令、信息传递畅通无阻，为"天和"核心舱宜居环境打通"绿色通道"。

2. 连接宇航员舱外活动的"生命通道"

航天员在"天和"核心舱、"问天"实验舱、货运飞船外工作时所使用的舱外服，包括脐带电缆、背包电缆、脐带转接装置、舱载电缆等产品，它们承担着宇航员与核心舱、实验舱和货运飞船保持顺畅联系的重要使命，被形象地誉为宇航员与空间站之间的"生命通道"。

据Sixlens显示，中国航天科技集团公司第九研究院第七七一研究所在电数字数据处理错误检测、程序控制装置等技术领域专利量明显较多。这些技术都为空间站的建设贡献了重要力量。

三、激光交会对接雷达和第三代柔性太阳电池阵

1. 激光交会对接雷达

在空间站核心舱的前向、后向、径向对接口上装有中国电科二十七所（以下简称“27所”）研制的三组激光雷达，它们可多方位、大范围地反射激光雷达的光信号，配合激光雷达完成距离、角度等飞行参数的测量，确保后续实验舱、飞船与可以从多个对接口与核心舱完成精准交会对接。

交会对接激光雷达的主要作用包括：在空间站建设阶段能够精准引导三舱进行对接；在空间站运营阶段可以精准引导载人飞船和货运飞船实现人员和物资的运送。历经几代人近二十年的奋斗，27 所在载人航天交会对接激光雷达领域已经处于世界领先地位。

根据 Sixlens 显示，在 27 所的技术路线图上，激光技术的研究排位领先，同时该所在定位系统、天线与零部件结合等技术领域的研究都比较领先。

2. 第三代柔性太阳电池阵打造巨能“翅膀”

中国电科自主研制了第三代太阳电池阵技术——柔性三结砷化镓太阳电池阵，并成功应用于天和核心舱。太阳电池阵是航天器在轨状态下的唯一能量来源，也是决定任务成败和在轨工作寿命的核心要素。该型太阳电池阵具有三大优势：一是轻型超薄可展收；二是能量足寿命长；三是技术指标自主可控。

四、中国空间站建设离不开科研团队的奉献与协作精神

从火箭发射，到核心舱入轨，以及后续的空间站建设，离不开科研团队的日夜奋战，以及在技术领域深耕的专业人才（图 9-8）。

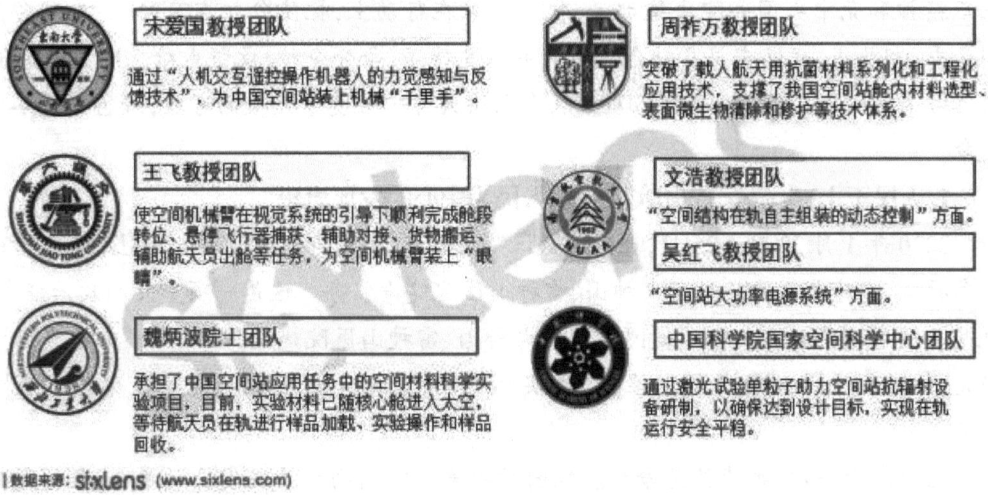

图 9-8　天和核心舱部分研发团队

中国空间站天和核心舱的成功发射入轨，离不开背后众多的科研团队的支持。根据Sixlens人才数据显示，西安交通大学王飞教授团队从事空间站机械臂视觉系统设计、软件开发与硬件产品的研制工作，为空间机械臂装上"眼睛"；西南交通大学周祚万教授团队，配合航天五院总体设计和研制部门，开展了长效、广谱无残留抗菌材料及相关产品研制，支撑我国空间站舱内材料选型、表面微生物清除和修护等技术体系；南京航空航天大学各团队为空间站的建设提供科研技术支撑，航空学院的文浩教授团队在"空间结构在轨自主组装的动态控制"方面，自动化学院的吴红飞教授团队在"空间站大功率电源系统"方面，机电学院的田威教授团队在"核心舱复杂结构原位多机器人协同装配技术"方面，航天学院的陈金宝教授团队在"机械臂和展开机构"方面、王小涛教授在"空间在轨机器人"方面、陈传志副教授在"新型空间弱撞击对接机构及其柔顺控制技术"方面为核心舱顺利研制提供了技术支撑。

按照规划，2021—2022年，我国会接续实施11次飞行任务，包括3次空间站舱段发射、4次货运飞船以及4次载人飞船发射，于2022年完成空间站在轨建造。空间站的建设任重道远，除了以上提到的科研力量与科学技术的加持外，还有许多没有提到的幕后英雄，天宫空间站是众多单位和科研及技术人员团结协作的结果。天官空间站建设的背后，是我国航天科技实力的体现，极大地增强了我国的航天话语权和国际影响力。

拓展阅读

践行初心使命 建成火神山雷神山医院

周乃翔（中国建筑集团有限公司）

新冠肺炎疫情发生以来，中建集团坚决贯彻落实习近平总书记重要讲话、重要指示批示精神和党中央国务院决策部署，把初心落在行动上，把使命担在肩膀上，在国务院国资委、湖北省、武汉市以及社会各界的关心支持下，争分夺秒，攻坚克难，10天建成武汉火神山医院、12天建成雷神山医院，在大战大考中经受了严峻的考验，履行了应尽的使命。

1. 人民至上、生命至上，切实践行以人民为中心的发展思想

2020年1月23日、25日，在湖北武汉疫情肆虐、急需专门医院救治新冠肺炎患者的紧急时刻，中建集团先后接到火神山、雷神山医院建设任务。这是一项重大的政治任务，也是一项急迫的救命工程。集团党组把火神山、雷神山医院建设作为增强"四个意识"、坚定"四个自信"、做到"两个维护"的实际行动，义无反顾地扛起这项光荣而艰巨的任务。

生命高于一切，疫情就是命令。集团党组第一时间向全系统发出动员令，集团总部实行24小时应急值守，地处武汉抗疫一线的子企业中建三局当即投入医院建设，中建一局、二局、四局、五局、七局、八局、中建装饰、中建科工、中建安装、中建西部建设、中建科技等 11 家子企业，从全国各地昼夜兼程驰援武汉。

疫情初期，武汉市面临患者数量激增与床位资源严重不足的突出矛盾，建设专门医院收治患者迫在眉睫。建设火神山、雷神山医院，彰显了党中央、国务院对人民负责、对生命负责的鲜明态度，体现了党和国家战胜疫情的坚定决心，寄托了武汉人民、湖北人民乃至全国人民对挽救生命的期盼和信心，也牵动着成千上万一线建设者的心。“早一分钟建成，就能早一分钟收治患者”，广大建设者与时间赛跑，与死神竞速，千方百计克服一切困难，竭尽全力完成每一项任务，快点、更快点，用最快的速度高质量建成医院，在最短时间让患者得到救治。

为确保按时完成建设任务，火神山医院建设现场机械设备火力全开，24 小时不间断施工。不同于当年北京小汤山医院建在平原，超过 7 万平方米的火神山医院临水而建，地面高差最大处近 10 米，既有建筑物要拆除，还有大片芦苇荡要清淤、鱼塘要回填，土方开挖、砂石换填量近 40 万立方米，而这些场地平整任务必须在两天之内完成。

3 月 10 日，在武汉疫情防控的关键时刻，习近平总书记专门赴湖北省武汉市考察疫情防控工作，第一站就来到火神山医院。这是对所有火神山、雷神山医院建设者的巨大鼓舞。习近平总书记多次强调，人民至上、生命至上，保护人民生命安全和身体健康可以不惜一切代价。总书记的指示和要求，是中建人攻坚克难的巨大力量源泉。

2. 众志成城、共克时艰，有力彰显中国共产党领导和社会主义制度的政治优势

一方有难，八方支援。疫情发生后，全国上下紧急行动，依托强大综合国力，开展全方位的人力组织战、物资保障战、科技突击战、资源运动战，全力支援湖北省和武汉市抗击疫情。建设火神山、雷神山医院，是这场中华人民共和国成立以来规模最大的医疗支援行动中的一个缩影。当时，正值武汉疫情最严峻时期和春节假期，工人休假、工厂停工、武汉封城，给人员组织、物资采购、设施设备调配带来极大困难。中建集团党组强化组织领导和统筹协调，充分发挥长期以来形成的产业链齐全、“大兵团作战”优势，举全集团之力，调集一切力量推动项目尽快开工，第一时间拨付专项资金，组织承担过北京小汤山医院建设任务的技术人员提供专业支持，统筹最优秀的设计、土建、安装、装饰等专业管理队伍，调配最优质的劳务、材料、设施设备等施工资源，以最快速度向项目现场集中。参与医院建设的集团各单位党组织，坚决服从统一指挥，不讲条件、尽锐出战，自带队伍、自带材料、自带设备，自行安排后勤保障，主动融入项目建设。2 500 余台大型设备及运输车辆、4 900 余个箱式板房、20 万平方米防渗膜，以及大量电缆电线、配电箱柜、卫生洁具等物资，短短几天就集结武汉，为医院建设的全面提速提供了有力支撑。

国务院国资委紧急动员，中央企业纷纷响应，国家电网、中国电信、中国石油等央企披星戴月确保施工现场电、网、油、气等供应。北京中元国际工程设计研究院 78 分钟就整理出17年前北京小汤山医院的建设图纸，中信武汉设计院1天内就拿出设计方案。湖北省、武汉市高度重视，强化支持保障，调集专门力量，开通绿色通道，保证运输畅通，帮助解决项目建设各类难题。武汉建工、武汉市政、汉阳市政等当地国企和众多民营企业共同参与项目建设。

中建集团各级党组织齐心协力、迅速动员，4万名建设者踊跃报名、逆行出征。有的一门三将齐上阵，有的夫妻双双上前线，有的推迟婚期为战疫。接到火神山医院建设任务的当晚，第一批场地平整团队300多人带着40余台(套)机械设备迅速开进现场，在寒风中冒雨奋战十几个小时，到第二天大年三十中午都没喝上一口水、吃上一口饭，平整场地5万平方米。医院开工建设后，很多医护人员与设计、施工、监理人员共同值守现场，边沟通、边设计、边施工、边调整。四面八方汇聚而成的澎湃力量，筑牢了项目建设的坚强保障。

全国各地1 608家供应商、952家分包商积极参与医院建设，提供了充沛的人力和物力保障。社会各界倾力援助，不求回报，他们只想在国家危难时刻尽一分力量、做一份贡献。火神山、雷神山医院建设牵动着全国人民的心，上亿"云监工"24小时在线，为项目建设加油鼓劲。全国人民成为医院建设的坚实后盾。

对于中国采取的抗疫举措，世界卫生组织总干事谭德塞评价说："中方行动速度之快、规模之大，世所罕见，展现出中国速度、中国规模、中国效率，我们对此表示高度赞赏。这是中国制度的优势，有关经验值得其他国家借鉴。"

放眼世界，只有中国共产党领导，只有中国特色社会主义制度，才能够进行如此恢宏的社会动员和资源整合，形成集中力量办大事办难事的社会合力。正是这一政治优势，不断强化全社会的集体意识、国家观念、家国情怀，激励人们同心同德、无私奉献，汇聚起共克时艰、共渡难关的磅礴力量。

3. 挺身而出、使命必达，充分展现国有企业关键时刻的担当作为

火神山医院占地面积7万平方米，建筑面积3.4万平方米，床位1 000张；雷神山医院占地面积22万平方米，建筑面积7.99万平方米，床位1 600张。建设工期从正常情况下的至少两年时间分别压缩到了10天和12天，给项目的如期建成带来了难以想象的困难和巨大的压力。火神山、雷神山医院都是应急工程，建设过程中设计不断变更、使用标准不断提高、工程内容不断增加，加剧了工期紧张程度。不少人说："这几乎是不可能完成的任务!"

"顶梁柱"必须顶得住，要坚决打赢这场攻坚战，把"不可能"变为"可能"。中建集团克服工期极短、困难极大、要求极高的挑战，迅速构建起高效健全的现场管理体系，有效开展疫情防控、安全生产、质量控制和进度管理。项目指挥部和分指挥部研判精准、决策果断，制定了"小时制"作战地图，倒排工期计划，同步推进规划设计、方案编制、现场施工、资源保障各项工作，实现数百家分包单位、上千道工序、几万名建设者的无缝对接、密切协作。作为火神山、雷神山医院的建筑主体，箱式房安装是医院建设的核心环节，项目部把拼装吊装时间计算至极致，在场外用极短时间对全国发来的各类箱式房进行拼装改装，同步进行内部设备安装并编码，提前布置吊机点位，根据现场需要有序组织进场，仅用 72 小时就将 1 832 个箱式房安装到位。

科学技术是战胜疫情的锐利武器。火神山、雷神山医院建设广泛应用了自主研发的装配式建筑医院系列，精准契合医院建设需求，实现了极短工期下的建成即交付、交付即使用。创造性应用自主研发的建筑信息模型（BIM）平台，让设计产生的 BIM 模型通过互联网服务于工厂制造、工地施工和全程运维，提前对 36 万米长的各类管线、6 000 多个信息点位进行模拟铺搭，确保现场安装一次到位。集成应用智能化技术，借助 5G、人工智能（AI）、云计算、大数据等现代信息技术，研发出智能化运维管理平台，连接医院 5 大类 17 个信息系统，实现了智慧安防、智慧物流、智能审片、“零接触”运维，以及火神山医院与北京 301 医院的远程会诊。

维护务工人员的合法权益，善待每一位务工人员，是负责任央企的应有担当。中建集团和项目指挥部扎实严密做好全体项目建设者的疫情防控工作，整个建设过程中自始至终保持“零感染”。中建集团党组划拨特殊党费用于现场作业人员营养补贴，确保每人每天一盒牛奶和足量的饮用水；项目指挥部想尽各种办法，提供优质便捷稳定的“衣食住行”服务。集团党组始终把保障务工人员待遇作为大事来抓，项目开建之初就专门研究部署他们的工资支付问题，各参建单位都不折不扣地加以落实。医院建成后，全力做好建设者的留观返乡工作，参考一线医护人员标准，为每名务工人员发放隔离补贴。隔离结束后，对一时无法返乡的滞留人员进行妥善安置，提供免费的食宿服务，开展心理疏导、健康关爱。接到返乡通知后，立即主动对接务工人员所在的市、县、乡、镇、村，细化接收工作，提供“点对点”“一站式”包车服务，并为每人发放封城滞留一次性补助和返乡交通补贴，实现所有参建人员安全返乡返岗。

当前，面对严峻复杂的国际疫情和世界经济形势，中央企业更加需要深刻领会和把握“两个大局”，按照党中央、国务院的决策部署，统筹推进疫情防控和生产经营，扎实做好“六稳”工作，全面落实“六保”任务，在危机中育新机，于变局中开新局，切实增强国有企业竞争力、创新力、控制力、影响力、抗风险能力。

4. 冲得上去、豁得出来，有效发挥基层党组织的组织力、号召力

习近平总书记指出，基层党组织是贯彻落实党中央决策部署的最后一千米，要以提升组织力为重点，突出政治功能，把各领域基层党组织建设成为实现党的领导的坚强战斗堡垒，充分发挥广大党员在改革发展稳定中的先锋模范作用。在火神山、雷神山医院建设中，各级党组织和广大共产党员，勇当先锋，敢打头阵，用行动树立起了标杆和榜样。

在火神山、雷神山医院建设过程中，4 万名建设者舍小家顾大家、舍小我取大义，千里“逆行”而来，倾力抢建、无私奉献，用团结奋战筑牢项目建设的钢铁长城，生动诠释了同舟共济、众志成城的精神伟力。

项目全过程见证了党的领导核心作用。集团各级党委以身作则，靠前指挥，项目一线领导干部既当指挥员，又当战斗员，与广大员工同吃同住、并肩作战。基层党组织的创造力、凝聚力、战斗力充分发挥，"堡垒"筑在工地上，力量聚在党旗下。哪里任务险重，哪里就有党组织坚强有力的领导，党旗飘扬在一线，引领广大建设者奋勇争先、一往无前。

火神山、雷神山医院的圆满建成，充分展现了基层党组织在应对重大挑战时的巨大组织优势。中建集团将认真学习贯彻习近平总书记关于国有企业改革发展和党的建设重要论述，不断提高政治站位，全面增强基层党组织的政治功能和组织力，推动党的建设和改革发展、生产经营深度融合，实现企业高质量发展。

5. 守望相助、同舟共济，大力弘扬伟大民族精神

在火神山、雷神山医院建设过程中，武汉疫情还在蔓延，每一位参建者都深知被病毒感染的可能性极大。但 4 万名建设者不惧风险，勇往直前。他们舍小家顾大家，舍小我取大义，把个人价值与国家命运紧紧连在一起，用自己的行动展现了家国情怀、民族精神。所有火神山、雷神山医院的建设单位不甘落后，昼夜鏖战，抓进度、保质量；各作业班组相互比拼，争分夺秒，赛速度、保节点；广大参建人员不怕疲劳，无畏艰险，下苦功、保完成。火神山医院建设安装项目总工程师金晖，白天在现场协调生产，晚上到设计院沟通方案，连续 10 天高强度作业，血糖下降到 3.0mmol/L，在施工现场几近昏厥，却坚持不下火线。大疫当前，每个人都是一道防线，每个人都是一名战士。

广大务工人员是项目建设的主力军、生力军，他们风餐露宿、席地而卧，夜以继日地连续作战，为项目建成付出了辛劳，作出了贡献，是真正的无名英雄，是武汉战"疫"的"最美建设者"。

社会各界倾力援助医院建设，当地企业和群众捐赠建材产品、防护用品、生活物资，为医院建设伸出援手、献出爱心。一家民营建筑企业拆除现有施工现场的箱式板房，支援火神山医院建设。许多餐饮、物业管理、物流企业为参建员工的后勤保障日夜奔波，付出辛劳。河南一位退伍老兵，大年三十自驾 300 多千米，从河南沈丘赶到火神山医院建设现场，将自己种的 9 000 斤蔬菜捐献给项目部。他说："看到武汉人民众志成城、攻坚克难，我也想尽一份绵薄之力。"

所有参建单位、全体建设者和社会各界，大家只有一个共同的信念，就是早日建成火神山雷神山医院，使之尽快投入使用。他们共同创造出了新的中国速度，弘扬了以伟大创造精神、伟大奋斗精神、伟大团结精神、伟大梦想精神为内涵的伟大民族精神。

仅用 10 天建成占地面积 7 万平方米、建筑面积 3.4 万平方米、床位 1 000 张的火神山医院，仅用 12 天建成占地面积 22 万平方米、建筑面积 7.99 万平方米、床位 1 600 张的雷神山医院，都堪称“世界奇迹”，充分彰显了中国共产党领导和我国社会主义制度的巨大政治优势。

习近平总书记指出，我们要建设的社会主义现代化强国，不仅要在物质上强，更要在精神上强。精神上强，才是更持久、更深沉、更有力量的。中建集团将更加深入地学习贯彻习近平新时代中国特色社会主义思想，不忘初心、牢记使命，将从火神山、雷神山医院建设历程中汲取的强大精神力量，转化为统筹推进疫情防控和生产经营、加快建设世界一流企业的实际行动，始终做到对党忠诚、听党召唤，为党分忧、为民造福，不畏艰险、力挑重担，为实现中华民族伟大复兴作出应有贡献。

第十章 团队精神拓展行业代表人物和组织

第一节 曲向东和他的玄奘之路

一、人物资料

曲向东，1992 年毕业于北京大学中文系文学专业，分配到中国核工业音像出版社，先后从事过电视编辑、摄像、编导，作品多次获得中国科协和国防科工委嘉奖。1995 年创立数字视频工作室，从事三维动画和影视数字特技制作，工作室制作的音乐电视（MTV）作品在 1996 年和 1997 年两次获得中央电视台（CCTV）全国音乐电视大赛金奖。1997 年 8 月，曲向东加盟 CCTV《经济半小时》，开始成为一名记者；1999 年 8 月，担任《经济半小时》主持人；2000 年 8 月，担任 CCTV 新创栏目《对话》主持人；2004 年 3 月起担任《大家》主持人。

曲向东是一位社会活动家。2006 年，他策划发起了中印友好年大型文化考察活动“玄奘之路”，此后，他又倡导发起了“玄奘之路国际商学院戈壁挑战赛”（图 10-1）。参赛者在玄奘当年九死一生并最终实现了从坚持到超越的瓜州戈壁，进行连续 4 天、徒步 120 千米的体验式竞赛。至今，该赛事已连续成功举办多届。清华、北大、复旦、交大、中国人民大学、长江商学院、中欧国际工商学院、香港科技大学、新加坡国立大学、新加坡南洋理工大学等近百所院校的近五万名 EMBA 和 MBA 学员参加了该比赛。

图 10-1 曲向东在戈壁

5·12汶川地震之后，曲向东又倡导发起成立了“玄奘之路志愿救援队”，利用企业家的资源和力量，储备专业救援人员，推动普及5·12全国防灾减灾日活动。

二、玄奘之路商学院戈壁挑战赛

1. 赛事缘起

玄奘之路国际商学院戈壁挑战赛（以下简称“赛事”）缘起2006年，当时北京行知探索文化发展集团有限公司携手中央电视台，策划实施了中印友好年重点文化考察活动——玄奘之路。活动感召了来自中国社会工商界、学术界、新闻界的精英人士，组成联合考察队，上高原、下戈壁、翻天山、过雪岭，穿越荒无人烟的罗布泊，经过战乱之中的阿富汗，亲身考察和体验玄奘法师不平凡的人生旅途和心路历程，体会玄奘这样一位历史伟人如何缔造了惠及千秋的伟大功业。

在参与此次大型文化考察活动的商界精英的推动下，第一届挑战赛于2006年5月19日至23日成功举办。此后，赛事每年举办，于2020年举办第十五届。

2006年11月，玄奘之路考察队成功抵达印度，在新德里受到了正出访印度的时任中共中央总书记、国家主席胡锦涛的亲切接见，胡锦涛总书记高度赞扬了玄奘之路文化考察活动，他说：“国与国之间的文化交往，同政治交往、经济交往一样，能够更加深远地促进两国人民之间的和平友谊，是推动和谐世界的重要力量。”

2. 赛事简介

挑战赛是在全球知名商学院中开展的一场体验式文化赛事。比赛路段为甘肃和新疆交界的莫贺延碛戈壁滩（史称“八百里流沙”）其中一段。一千三百多年前，玄奘法师在这里经历了追杀、背弃、迷路、彷徨、生死……最终立下铮铮誓言：“宁可就西而死，岂归东而生”“不至天竺终不东归一步”，尽管“五天四夜，滴水未进，几将殒绝”，但依然心无所惧一往无前，最终实现了从坚持到超越的伟大升华。

参赛队员将以团队结组的方式徒步穿越一百多千米的无人戈壁，通过“树立理想、采取行动、困境坚持、实现超越”的心路历程，唤醒内心深处最本真的渴望和需要，从而“激活生命，赋能心灵”，以更强大的内心迎接现实的挑战。这不仅是一场触及心灵的赛事，更是万千企业家的修道场、商学院之间交流互动的共生平台。

2006年至今，玄奘之路已经走过十六年，吸引了上千万中国商业精英的关注，引领了上亿中产阶级的健康生活，带动了赛事举办地的产业升级。

1）赛事口号与价值主张

赛事秉承“玄奘之路”精神，倡导重塑自我及“理想、行动、坚持、超越”之理念，通过浸入式的身心体验和团队协作来达成自我突破；赛事中广泛使用的“一起出发，一起到达”口号，传递了每位参赛者（戈友）对团队精神的切身感受，并鼓励参赛戈友相互扶持、共同进退，弘扬团队合作、永不放弃的正向能量；多年来，赛事切实推进了院校和品牌之间的互动交流，成为商学院和品牌之间最广泛、最深入的交流互动、进步成长平台；赛事提倡“尊敬、平等、无障碍、环保”，戈友公益援助基金会以及各参赛院校成立的一系列公益组织及发起的各项公益活动，彰显了赛事的包容性与精英企业家切实履行社会责任，回报社会的企业家精神。

2）赛制指导原则

赛事的官方语言为中文普通话，辅助语言为英语；所有参赛队员有责任读懂赛事的规则、标记和指引，并要求能清楚听懂赛前或赛事进行时的任何口头指令。

赛事设定沙克尔顿奖关门时间，在关门时间后未到达营地，须按裁判指定的交通方式前往当日营地。

裁判判决尊重赛事事实，依照公平公正原则，对侵犯参赛队公平权益行为，要求违规者改正并给予处罚。对任何违反赛事章程规定及赛事宗旨的参赛队伍，赛事裁判保留警告、罚时或取消参赛资格的权利（判罚加时的方法：扣除不公平得益后，把罚时加在完成竞赛的时间上，以达到罚时之效）。

竞赛成绩取决于完成整个赛程所用的时长加上罚时，用时越短排名越靠前，赛事官方时间以官方专用计时器为基准。

赛事期间（赛事体验日零时起至参赛队员赛事终点冲线打卡）全程禁酒，赛事营地全程禁烟，赛事期间（除终点戈壁清泉各校自主欢迎区）全程禁止使用明火，一经发现，裁判有权要求违规者改正并按照个人重度罚时处理（第一次罚时 30 分钟，第二次取消比赛成绩），同时按照团队中度罚时处理（第一次团队总成绩罚时 10 分钟，第二次团队总成绩罚时 30 分钟，第三次取消团队总成绩）。

赛事判罚以书面形式通知。参赛队员应自觉维护裁判工作区的秩序，如有妨碍情节严重者，裁判有权要求违规者改正并按照团队重度罚时处理（第一次团队总成绩罚时 30 分钟，第二次取消团队总成绩）。

赛事期间如发生争议，需首先与裁判长沟通。如有必要，可由领队继续提出内部仲裁申请，具体事宜见当届比赛公布的《仲裁委员会章程》。

如遇极端恶劣天气，组委会有权更改或推迟赛事时间。同时组委会保留因天气情况、安全等客观因素而临时更改竞赛路线、暂停或终止竞赛的权利。若路线在竞赛进行时有更改，赛事组委会有权因各队所完成路线的差异来调整相应竞赛时间。

3）队伍/队员总则

赛事精神：理想、行动、坚持、超越。

团队协作：和团队，一起赢。

公平竞赛：自觉遵守赛事章程，尊重竞赛公平。

团结互助：遇见紧急医疗事件应提供援助并及时通知工作人员，直至工作人员到达现场。

尊重环境：认真奉行环保公益的社会责任，打造绿色赛事，保护戈壁的脆弱生态。

保护文物：赛事途经多处国家级和省市级文物保护单位，队员需自觉保护文化遗产。

开放沟通：创建开放平台，倡导各参赛队之间积极沟通。

4）医疗及安全原则

参与本赛事的全体队员需要了解活动在医疗和身体上的风险，需要对自己的个人训练和准备活动负责。申请参赛时，要保证自己的身体条件满足高强度户外竞赛要求。参与本赛事的全体队员必须进行心脏平板运动测试，针对检察结果判断是否可以参赛，但这属于参赛者自己的行为，赛事组委会和院校及品牌不提供咨询及评估服务。为了更好地了解身体状况是否适合赛事，赛事组委会还建议进行：心电图、血压、血常规、血糖等常规项目的检查。

参与本赛事的全体队员承诺在赛事报名表上填写的病史和药物禁忌材料真实，并且针对病史准备了私人专属药品。赛事过程中，出于对参赛队员的安全考虑，赛事组委会医疗人员不提供私人医疗用品。

赛事医疗人员有权要求队员暂停竞赛，接受询问和身体检查；医疗人员有权根据检查结果，要求队员暂停比赛或离开赛道就医并终止当届比赛（医疗强制退赛），队员应遵照执行，否则自行承担由此产生的一切不利后果。

任何参赛选手禁止使用兴奋剂类药物或毒品，一经发现，该参赛选手将受到强制退赛的处罚并被终身禁赛，同时须承担必要的法律责任及检测费用。

赛事组委会将为每位队员购买特别定制的团体意外伤害保险，详细说明文件赛前将在赛事官网予以发布。队员可在报名后，针对个性化的保险需求，再为自己另行购买足额的商业保险。

5）营地

专属功能大帐是各组会议和临时休息用帐，不能作为夜间露营使用，参与本赛事的全体队员须自行扎帐篷夜间露营。

6）其他特别规定

（1）强制休息。A 队须在补给站停留 5 分钟进行休息和补给，即进站和出站均须进行打卡检录且时间差需超过 5 分钟，不足时间加入个人当日成绩。例如：某队员在补给站休息了 3 分钟，最终该队员的当日个人成绩则需增加 2 分钟。

（2）医疗强制退赛。经由医疗总指挥从专业和安全考虑，确认队员不能继续参加比赛，为医疗强制退赛。

（3）环保。环保公益是本赛事的核心主张，破坏环境的行为将受到批评。裁判有权要求违规者改正并按照个人中度罚时处理（第一次罚时 10 分钟，第二次罚时 30 分钟，第三次取消比赛成绩）。

（4）垃圾污染。赛事营地、起点、终点、检查点、补给站等均设有垃圾桶。全体参赛队员在赛道上产生的任何垃圾都不得随便遗弃,所有垃圾必须自行背负,并在指定地点放进垃圾桶。

(5)土遗址保护。赛事途中经过大量汉唐时期的土遗址文物区,包含世界文化遗产及国家级保护文物。人为破坏会加速风蚀剥离以及土遗址病害发育,因此赛事组委会倡导避免以下损害行为。

攀登和踩踏土遗址:会导致土层松动,使之极易被风化;

在土遗址上排泄尿液、粪便:会吸引动物挖掘,动摇土遗址根基。

如发生上述损害行为的,裁判有权要求违规者改正并按照个人中度罚时处理(第一次罚时 10 分钟,第二次罚时 30 分钟,第三次取消比赛成绩)。如因此组委会遭致第三方损害索赔的,相关全部团队成员应向组委会或组委会指定的机构共同承担连带损害赔偿责任。

赛事期间在赛道上发现任何文物,应通过组委会或直接上缴当地文物保护部门。

(6)戈壁植被保护。破坏戈壁植被将加速沙化,因此赛事组委会要求:不挖掘锁阳,不破坏红柳、骆驼刺等灌木。如有发现,裁判有权要求违规者改正并按照个人中度罚时处理(第一次罚时 10 分钟,第二次罚时 30 分钟,第三次取消比赛成绩)。如因此组委会招致第三方损害索赔的,相关全部团队成员应向组委会或组委会指定的机构共同承担连带损害赔偿责任。

(7)赛事公益活动。北京市戈友公益援助基金会(简称"基金会"),缘起于 2008 年,在当年的赛事(戈三)上,戈友们为感念地震中的同胞,自愿发起中国第一支企业家志愿救援队,是为基金会前身。2011 年 9 月,基金会于北京市民政局注册成立,目前在教育公益、助残融合、运动公益、文化和生态保护等方面开展公益活动。

基金会设立"戈友院校公益服务平台",为戈友参与公益、实现价值创造条件,汇聚影响力,促使戈友群体成为整个社会正向改变的驱动力,并从中收获自我成长的幸福。基金会致力于推动戈友公益事业发展,切实解决社会问题,为戈友企业、院校输送高质量公益项目,助力企业社会责任提升。

三、行知探索的使命和背后的故事

1. 行知探索的使命

行知探索文化发展集团(以下简称"行知探索")深耕跨界文化、体育、旅游、教育培训、大健康产业,是中国体验经济 2.0 时代的引领者。行知探索突破性地提出了从体验到转型的关键环节——Recreation,通过 recreate(重塑)的方式,持续激发生命创造力,宣示了体验经济对于个体、组织和区域发展的核心价值。

从 2006 年创办被誉为"商界奥运会"的赛事开始,行知探索和上万商界精英共同探索"Recreate:重塑自我、重塑组织、重塑社区"的社会使命。今天,玄奘之路已成为中国最有影响力的身心赋能品牌——超过三万名 EMBA 和行业领军企业高管曾走上玄奘之路；而荒无人烟的戈壁，也已成为组织行为学和领导力的真实道场，和新兴的深度户外体验旅行目的地。

秉承同样的使命，行知探索发起了开创国内南北极商业旅行之先河的旅行机构“极之美”，专注于个人发展和组织发展的深度体验式测评、培训、咨询机构“清泉学院”，400 千米不间断的超长距离极限越野赛“八百流沙”……为客户持续提供独特且具引领性的文化教育体验、生态体验、户外体验。

基于体验经济理论和实践，围绕着“Recreate”这一核心价值，行知探索致力于缔造“重塑自我、重塑组织、重塑社区”三大领域的 Recreation 生态（R 生态），为美好生活产业赋能。

2. 行知探索使命背后的故事

2009 年 8 月 31 日，曲向东一直记得那一天，他正式“回到”公司，全心投入公司经营的那一天。他用一种绝地重生的悲壮态度和基调，做了第一个关于公司战略的 PPT。他指着 PPT 对伙伴们说：教科书告诉我们，制定战略要研究组织环境，进行环境和自身资源分析，然后提出远景，设立目标，评估战略，最后还要评价——这是多么恐怖的一个过程！忘了它吧，我们假设企业是一个生命，想要不断生长下去，无非就是三个问题：我们是谁？我们想成为谁？我们如何成为他？

在这次战略会上，行知探索提出了一个复杂的、甚至有些费解的“战略定义”：行知探索是一家文化创意公司，致力于“与行走相关的、有独立品牌的、可持续的、大型社会活动的、创意实现”。曲向东说：“文化是个筐，什么都往里装”，不过他又用了一串看起来似乎并不那么具体的描述来限定这个“筐”。“与行走相关”，意味着行知探索的产品起源“玄奘之路”，也是曲向东一直倡导的“在现场”的体验感；“有独立品牌的”意味着这是一家对品牌有明确追求，致力于自我理念实现的公司；“可持续的”鲜明地标识公司的价值观，不仅仅是商业可持续，更是要促进文化、生态与人之间的可持续。

“最后是创意实现，这意味着我们的产品是从创意到实现的全流程生产的，无法执行就不是创意，没有实现就不是创意，在我们公司，单纯创意是不值钱的。我到今天也是这么认为的。”曲向东说。

这就是今日行知探索打造“深度文化体验产品的规划、设计、实施”创新平台的 1.0 版本。

致力于创意实现，必然要求一系列优秀的产品和品牌来收割口碑，这也是行知探索最擅长的事，产品经理曲向东带着大家死磕产品，塑造公司的产品线，立足于 EMBA 人群，让刚刚萌生的枝芽长成枝条，实现公司的重生。

直到 2013 年，每年的年会，他的确都是用 2009 年这个战略会的 PPT 开头。他总是要回答这三个问题：我们是谁？我们想成为谁？我们如何成为他？但随着不断的追问和行走，这三个问题也逐渐清晰起来。

首先是“玄奘之路国际商学院戈壁挑战赛”，参与院校和人数越来越多，赛制也日渐规范，户外长距离赛事中“四天三夜”的赛程，正在生成一个“无与伦比”的赛事运营体系，一个民间自发生长的赛事知识产权（IP）慢慢形成。当然那时还没有这个概念，曲向东的愿景是行知探索成为“中国最具影响力的心灵励志品牌”。

其次是高端旅行服务，经过几次成功及失败的尝试之后，2010 年，行知探索又创造了“极之美”品牌，从南北极、亚马孙到加拉帕戈斯，众多高品质轻探险旅行项目在生长。通过进一步专注和整合，将“南北极”作为攻坚点，进行体系化的延伸，极之美目前已有数十个包括极地探险、自然探秘、人文探索等主题的旅行项目，完成了从“南北极旅行专家”到“轻探险主题旅行专家”再到“环球旅行助理”的业务生长。

最后是参加过赛事的企业家戈友越来越多，他们希望能带着家人、同事“组团”到戈壁体验“玄奘精神”的需求愈发强烈，玄奘之路品牌顺势向外延伸，开展针对企业高管领导力教育和培训的“刀锋领导力实践营”，开展针对青少年的“戈壁成人礼”“青年远征军”等系列活动。行知探索平台“体验式赛事”“体验式学习”“体验式旅行”三大产品体系初步成型。

第二节　陶冶户外：一生必走的九大线路

一、陶冶户外简介

陶冶户外成立于 2008 年，是一家户外体验式赛事服务平台，致力于让户外运动成为新的生活方式。陶冶户外面向 35~55 岁的企业家以及创业者等高净值人群，打造“一生必走的九大线路”，推出“挑战无人区”品牌赛事，让人们尽享户外的野性之美。陶冶户外开拓的九条线路包括敦煌丝绸之路、库布齐沙漠、呼伦贝尔大草原、丽江茶马古道、黄山、宝岛台湾等路线。

经过多年耕耘，“一生必走的九大线路”早已成为中国户外赛事领域知名的超级 IP（图 10-2）。陶冶户外的创始人吴大圣曾说，走完这九条线路，就能看遍中国所有主要的地形地貌。关于旅行和旅游这两个看似相同的概念，吴大圣认为，旅游只是观光，旅行才是用身体和心灵去感悟。而旅行和旅游的核心差距，就在于其是否令人沉醉其中，去伪存真。

陶冶户外已举办近千场顶级赛事，服务人次超过 10 万。对于未来的业务发展，陶冶户外正在筹谋更多的海外线路和更多的运动类型。

2015 年，陶冶户外开通了众筹模式，每名参与者可以收获身边朋友的支持与鼓励，会让他们得到更多的参赛和完赛动力。此举一方面解决了参赛者的资金问题，另一方面也有助于品牌传播、裂变，以及提前锁客，避免了退单行为。众筹过程会无形中起到传播品牌的作用，这种口碑传播方式扩大了陶冶户外的影响力，效果显著。

图 10-2　陶冶户外公司前台

二、一生必走的 9 大路线

2017 年，陶冶户外在《2017 中国高端户外越野赛事峰会暨陶冶 9 周年全球合作伙伴论坛》上正式发布“一生必走的 9 大路线”。“一生必走的 9 大路线”是由陶冶户外专注户外运动服务领域 9 年，依据中国丰富的户外地形地貌所打造的中国范围赛事领域最具知名度及体验价值的超级户外徒步 IP，包含戈壁行、沙漠行、古道行、山地行、雨林行、雪域行、草原行、宝岛行、朝圣行，9 种顶级的户外赛事体验路线（图 10-3）。

图 10-3　陶冶户外组织的挑战无人区活动

1. 甘肃·敦煌

敦煌,一方神秘圣土。有“一轮圆日半边天”的静谧,有“大漠孤烟直”的空荡,是多少人一生必去清单上的一项。穿越戈壁、湿地、河床、红柳林、盐碱地、黑戈壁、雅丹魔鬼城、荒漠、绿洲、玉门关、沙漠多种地形,探寻千年古城的神秘,感受历史文化的厚重。

来到戈壁,从放下现代社会文明的习惯、开始适应大自然,到在路上的坚持,到面对坎坷困难的突破和对审视自己与自然关系后的自我突破,再到实现自我潜能的发掘与更强大自己的发现。用一路的实践,实现古丝绸商路开拓精神与商界精神的高效契合。陶冶户外戈壁挑战赛宣传图见图 10-4。

图 10-4 陶冶户外戈壁挑战赛宣传图片

2. 云南·丽江

“古道悠悠韵尚留,马帮铃响过芳丘”,青石板上被马蹄踩踏出的深浅痕迹犹在,那些置生死于不顾的非凡经历和无畏精神,仍在吸引我们去探寻、发现和感知。跨越湿地、丛林、雪山、古道、高山草甸、纳西族古村落、玉湖水库(平均海拔 2 300~2 800 米),顺着古道,从脚下的路走向心里的路。

山高路险,然而沿途壮丽的自然景观却可以激发人潜在的勇气、力量和忍耐,使人的灵魂得到淬炼,使企业核心团队获取精神图腾,传承古道普济的价值精神,追求卓越,勇往直前。这是熔炼协作,超越自我,激发潜能的路线——茶马古道。

陶冶户外茶马古道挑战赛宣传图见图 10-5。

图 10-5　陶冶户外茶马古道挑战赛宣传图片

3. 内蒙古 · 库布其

库布其——“弓上的弦”，这里有高低起伏的浩瀚流沙，这里有绿洲再现、河流潺潺，这里有抬头仰望的星瀚苍穹，这里还有不一样的体验和无可估量的收获。

从无数道沙子涌起的褶皱如凝固的浪涛中行走，途经沙漠、沙丘、绿洲，深入沙漠无人区，不仅有坚韧不拔的毅力，还能镇定自若，沉着冷静，这种极致的精神正是人们需要历练的沙漠精神。

陶冶户外沙漠挑战赛宣传图见图 10-6。

图 10-6　陶冶户外沙漠挑战赛宣传图片

4. 山西 · 五台山

行走在大五台，朝圣之路，倾听心灵的回音。“五台山，名为紫府，常有紫气，仙人居之。”这是佛之圣地，这里四季清凉，更有群峰旖旎。穿越古道、庙宇、古村落等古迹，体验山地、森林、湿地、草原、草甸等不同地形地貌，放慢脚步，回归心灵，依心而行，顺心而为。

在这里，远离城市，让自己行在路上，遇见最纯粹的信仰，寻找最初的信任，相信生活不止眼前的苟且，发现人生不过是一场以脚步践行的修行。行走，在路上感悟自己。

5. 内蒙古 · 呼伦贝尔

行走在呼伦贝尔，辽阔草原，壮雄心自在；走天地辽阔，壮雄心自在，望断草尽处。从呼伦贝尔大草原源起的蒙古族人民的精神特征是由草原生活的点点滴滴积淀而成的，主要表现为勇敢、热情、爽直、豪迈的“天之骄子”性格，途经草原、绿洲，领略游牧民族的别样风情，在草原路上挑战自我，超越极限。

行走在呼伦贝尔，仿佛将爱放飞在碧草蓝天之间。一望无际的草原孕育着蒙古族人民独特的精神：勇敢、热情、爽直，辉映出“天之骄子”的豪迈。呼伦贝尔草原千年的文化印记随我们一并前行，秉承初心，相互扶持。

6. 宝岛 · 台湾

行走在台湾，锦绣宝岛，在行走中延续爱的足迹；台湾，一直以来就被誉为“宝岛”，自然风光、人情风土、美食文化，每一样都魅力非凡，“山高、林密、瀑多、岸奇”，浓缩着丰富的生态资源和鲜明的精神文化。

徒步环岛，在中部横贯公路亲触历经沧桑的破壁临渊，观合欢山的壮硕威武、秀丽多姿，在行走中找到真正的“慈”与“济”，穿越最美的海岸线去花莲，探寻台湾最后一片净土的神秘魅力。

7. 安徽 · 黄山

行走在黄山，山岳之巅，探寻数百年来的徽商精神；黄山，最脍炙人口的莫过于那句：“五岳归来不看山，黄山归来不看岳”。穿越山脉、古道、丛林、湖泊、峡谷、古道、古村落等户外资源，纵贯祁门、黟县，这里是徒步者的天堂，远行者的故乡。

在“原始 + 神奇 + 多样”的旅途中尽情放飞自我的徒步旅程，以环勃朗峰越野赛（UTMB）标准为热爱徒步运动的企业家和社会人员提供有保障。得天独厚的黄山、悠久厚重的徽派文化，融合古风墨韵，将给勇于挑战山路的行人，心灵层面上的珍贵馈赠！

8. 海南 · 三亚

行走在海南，热带雨林，和自然一起呼吸；海南犹如琼酿，多元文化交融发酵；行走犹如畅饮，在雨林中感受文化的微醺。途经香蕉园、木瓜林、河滩小溪、热带雨林、橡胶林、槟榔林、沙石路、酸荔枝林、大梧桐林，在一大片一大片的叶子中穿行，近万亩的广阔，直通海边，让所有的激情释放！让所有的感情升华！

探寻雨林价值，作为商界英豪、企业精英，每一次的行走，都代表着对中国商业精神的致敬，发现新时代的“互联网＋特色”，让雨林的商业精神得到张扬。

9. 牡丹江・林海雪原

行走在东北，林海雪原，壮志撼林海，雄心震雪原！

茫茫林海，皑皑雪原，遇见峥嵘奇崛、鬼斧神工的虎峰岭，走过昔年剿匪第一站——夹皮沟，落脚革命的红色村落——七里地（平均海拔 400~500 米），途经雪地、雪谷、雪丛、山地、树林等地貌。怀想英雄气概，放眼无限未来。

面对严寒中的皑皑白雪，这岂不也是资本寒冬之下，众多投资人、创业者要面临的局面？危机如影随形、严寒猝不及防，越艰难的旅程，越能打磨我们的内心，历史的硝烟令人不由地对生活得失更加淡然，唯有真实的自我，清晰的目标，笃定向前的脚步，才是迷茫中最需要的。

三、九大线路形象大使“独脚潘”

独脚潘原名潘俊帆，2015 年 3 月 18 日意外车祸导致他右小腿截肢，通过科学且艰苦的康复锻炼，独脚潘诞生（图 10-7）。从 2016 年 5 月到 2017 年的 12 月，他陆续在戈壁、沙漠、草原、雨林、雪原等九种地貌完成徒步，走过了大半个中国，在此基础上，形成并发布了陶冶户外“一生必走的九大线路”；2019 年，他在澳大利亚完成铁人三项“大铁”，成为全世界首位腿部截肢完成大铁的中国人；2020 年 3 月，他与搭档木子在 5 396 米的哈巴雪山，完成速攀＋滑翔的挑战；2020 年 9 月 9 日至 9 月 18 日，他独自一人自补给、自导航，完成 513 公里的极限越野，创造了腿部截肢者全新的世界纪录。2021 年 3 月，他连续 4 天时间，在中国的东南西北 4 个极点，完成了 4 场全程马拉松，总用时 94 小时 08 分，这也是历史上首次“中国四极马拉松”大满贯。他长期参与铁人三项赛事和户外极限赛，被称为中国版“刀锋战士”。

图 10-7　独脚潘

独脚潘从车祸截肢到坐轮椅,到站立,到行走,再到奔跑,仅用了六个月的时间。他携着一片单薄的纤维脚板走完了一生必走的九大路线,仅仅用了 21 个月。他跑步、爬山、拳击、潜水、滑雪,是历史上第一位在赛程规定时间内完成 108 千米戈壁穿越的截肢者。他说:"行走天地间,俯瞰壮美的河山,这是人生最大的享受!我也希望更多人可以加入其中,这是非常美好的体验!我们的生命是有限的,我们真的应该把有限的时间浪费在美好的事物里。"

独脚潘作为陶冶户外一生必走的九大路线的形象大使,正带领越来越多的人寻找生活之外的诗与远方。

第三节 钱永健:出版国内第一本拓展行业专著

一、人物简介

钱永健,北京大学副教授,素质拓展课教师,国家高级拓展培训师;北京大学拓展与户外研究中心主任,北京市高校素质拓展协会秘书长,北京市早教促进会体验教育专委会理事长,北京市营地协会副秘书长;国务院、教育部、体育总局、税务总局、团中央等机构团队体验领导力课程培训师;中国女子篮球队、中国蹦床队、中国冲浪队等团队建设活动特邀教练;北大、清华、人大等商学院与继续教育学院团队拓展领导力教师;北大创业训练营、海尔大学、联想学院、新华都商学院等客座教授、团队赋能教练和领导力培训导师;美国童军中国大使训练营领队、中国少年先锋队特聘辅导员、中国革命传统教育基地特聘教授等。

2003 年,钱永健成为我国首位在高校开展拓展训练课的教师, 2006 年在企业管理出版社出版国内第一本拓展行业专著《拓展训练》(已第 3 版); 2009 年在高等教育出版社出版其作品《拓展》,获得北京市精品教材奖;此外还出版专著《自助拓展培训》、翻译出版《365 种放松方法:头脑、身体和精神》,他同时也是《体育场馆开放条件与技术要求》拓展场地标准出版释义人,合编《休闲体育》《党员体验式活动教育研究》等书;发表体育产业、拓展训练相关论文十余篇。钱永健的主要研究方向为体验式教育、体验文化、团队文化和学校拓展训练,参与主持有关户外体验式学习国家级研究课题;策划组织三场全国高校户外团队挑战赛,组织十一届首都高校拓展运动会,参与近百场体育竞赛游戏化体验设计(图 10-8)。

图 10-8　钱永健在户外

二、行业内第一本专著

《拓展训练》是 2006 年由企业管理出版社出版的图书，是国内第一部关于团队精神拓展训练方面的专著。

该书是钱永健教授以原创的理论，亲历的案例，严谨的考证，详实的图片贯穿始终，考证了中国拓展训练的起源和发展，界定了拓展训练和国际上的 Outward Bound（外展训练）、Project Adventure（探索教育），以及体验式学习等教育模式之间的关系。书中对拓展训练的定义进行了细致的分析，详解了拓展训练的深刻内涵和理论基础，按照课程中八个环节的整体性，强调从过程中体验、感悟、回顾和提升的作用，力求避免拓展训练流于形式的发展误区。对于选择拓展训练机构，制定课程目标与安全实施，完成科学试验与效果评估等提出了中肯的建议，对于参训团体正确认识拓展训练，做到既有“好的效果”也有“好的结果”，有一定的借鉴作用。规范了实践部分的常用操作流程，将体会和见解与读者分享，这对认知拓展训练项目本身非常重要，对拓展教师也有很大的裨益。他以北京大学拓展训练作为例证，结合切身感受，介绍了学校拓展训练的开展，认为这种教学模式将是传统教育的有益和必要补充。书中插图与小贴士起到了画龙点睛的作用，技能培养将给读者一次特殊的体验，拓展故事生动有趣而又寓意深髓，可以借鉴用于生活。

附录一　拓展训练使用的各种表格

一、团队拓展训练学员健康状况调查表

健康状况调查表

1. 您现在是否患有非传染性疾病？这类疾病在情绪波动较大或高强度训练过程中有可能被诱发、病情加重或危及生命安全，如心脏病、哮喘、癫痫等。

□是　　　　□否

2. 您现在是否患有传染性疾病，如肝炎、水痘等？

□是　　　　□否

3. 您现在是否需要服用经医生开具处方、会影响神志清醒的药物？

□是，自_______年开始，受影响程度如下：____________________　　　　□否

4. 您现在是否在未经医生开具处方的情况下服用会影响神志清醒的药物？

□是，自_______年开始，受影响程度如下：____________________　　　　□否

5. 您曾否接受精神治疗或心理辅导？

□是，自_______年开始至_______年结束　　　　□否

6. 您曾否有酗酒习惯？

□是，时间________　　　　□否

7. 您在近期是否受到情绪困扰或有重大压力，以至影响您的精神状况和心理状态？

□是，受影响程度为：_________　　　　□否

8. 您现在若为怀孕期，是否不能参加可能引起情绪波动或高强度训练的体验式活动？

□是　　　　□否

声明书

学员姓名：

本人已如实填写上述“健康状况调查表”；

本人在集训期间不隐瞒任何身体不适的情况；

如因隐瞒上述实情所造成的相关责任和经济损失由本人自负。

声明人签名：

身份证号码：

日期：

二、团队拓展训练记录表

团队拓展训练记录表

队长	
小组长	
卫生员	
宣传员	
安全员	
其他成员	
队名	
口号	
队歌	
团队期望成绩	
本团队优势分析	
本团队劣势分析	
团队策略	

三、培训日志

请你将每一天的心得及时地记录下来,也许这样一个小小的工作会使你获得意外的收获。

培训日志 日期:

时间	项目名称	地点	主要过程	我的感受	主要收获

四、团队拓展训练思考提纲

团队拓展训练的目标是“挑战自我，熔炼团队”，那么如何才能最大限度地发挥个人的能力，如何才能建立一个真正的团队呢？我们不妨从以下角度再思考一下。

（1）我们的团队取得成功，成功在哪里？团队成功的经验是什么？

（2）我们的团队成绩不好是因为什么？失败的地方在哪里？失败是怎样造成的？

（3）我们每个人通过拓展训练学到了什么？

五、团队拓展训练总结提纲

受训者训练总结提纲如下。

（1）简要描述所在团队的基本情况。

（2）分析所在团队成败的关键。

（3）总结自己在团队中的得失。

六、指导教师评价表

成绩评定表（由指导教师填写）

<table>
<tr><td rowspan="2">出勤成绩
（10分）</td><td colspan="4" rowspan="2">按时到达实训地点，带齐所有需求物品，
没有迟到、早退现象，积极参加实训活动</td><td>小计</td></tr>
<tr><td></td></tr>
<tr><td rowspan="2">过程成绩
（40分）</td><td>个人提高</td><td>项目参与</td><td>活动表现</td><td>完成质量</td><td>小计</td></tr>
<tr><td></td><td></td><td></td><td></td><td></td></tr>
<tr><td rowspan="2">团队成绩
（20分）</td><td colspan="4" rowspan="2">取决于整个团队在整个实训过程中取得的竞赛成绩和个人在团队中的贡献等</td><td>小计</td></tr>
<tr><td></td></tr>
<tr><td rowspan="2">训练日记
（10分）</td><td colspan="4" rowspan="2">字迹工整、内容充分、能够结合个人实际情况、有个人真实感受</td><td>小计</td></tr>
<tr><td></td></tr>
<tr><td rowspan="2">总结报告
（20分）</td><td colspan="4" rowspan="2">字迹工整、内容充分、能够结合个人实际情况、有个人真实感受、自述不少于2 000字</td><td>小计</td></tr>
<tr><td></td></tr>
<tr><td>教师评语</td><td colspan="5"></td></tr>
<tr><td>总成绩</td><td colspan="2"></td><td colspan="2">指导教师签字</td><td></td></tr>
</table>

说明：

（1）缺勤三分之一成绩为零分。

（2）培训期间如违反学校有关管理规定，按学校有关管理办法执行。

附录二 团队精神拓展训练各种测量表

一、大学生团队精神调查问卷

尊敬的同学：

你好！

为了摸清当前大学生团队精神的培养现状，推动大学生综合素质的提高，更好地开展“团队精神拓展训练”课程，现特开展本次问卷调查，希望能够得到你的配含和支持，感谢你的帮助与配合！

1. 你的性别(　)

A. 男　B. 女

2. 你的学历(　)

A. 本科　B. 专升本

3. 你之前是否参加过拓展训练？(　)

A. 是　B. 否

4. 你是独生子女吗？(　)

A. 是　B. 不是

5. 你经常参加社团、学生会等团体活动吗？(　)

A. 参加　B. 不参加

6. 你参加团队活动的目的是(可多选)？(　)

A. 提高自身能力　B. 交朋友　C. 兴趣所在　D. 听别人说好，自己就跟着去了

E. 培养团队精神　F. 无聊　G. 其他

7. 你是否清楚什么是团队精神？(　)

A. 了解，是____　B. 不了解

8. 你了解团队精神的途径是什么？(　)

A. 课堂教学　B. 网络　C. 社团活动

D. 企业培训　E. 其他

9. 你是否学习过团队精神的相关知识？(　)

A. 学过马克思主义的相关知识　B. 没有　C. 不清楚

10. 你认为学习团队精神对个人发展有用吗？(　)

A. 有用　B. 没用　C. 介于二者之间

11. 学校是否应该开展团队精神拓展教育？（　）

A. 应该　B. 不应该　C. 介于二者之间

12. 你会为加强团队意识的培养而主动参加社团活动或实践课程吗？（　）

A. 会　B. 不会　C. 介于二者之间

13. 在竞争环境中，强调团队精神会吃亏吗？（　）

A. 会　B. 不会　C. 介于二者之间

14. 遇到学习、生活中的问题，你会跟老师、同学合作解决吗？（　）

A. 会　B. 不会

15. 在团队活动中，如果和同学发生争执，你会？（　）

A. 主动沟通交流，提出自己的观点　B. 埋在心里，坚持已见

C. 顺从他人　D. 不加理会

16. 团队精神与集体主义的关系你是否了解？（　）

A. 了解，是 ____　B. 不了解

17. 大学生团队精神的培养与家庭教育有关吗？（　）

A. 有关　B. 无关

18. 高校社团、班级、宿舍文化对大学生团队精神的培养有用吗？（　）

A. 有用　B. 没用

19. 社会实践对大学生团队精神的培养有用吗？（　）

A. 有用　B. 没用

20. 你认为拓展训练有助于大学生团队精神的培养吗？（　）

A. 有用　B. 没用

21. 当前大学生团队精神培养缺失的原因是什么？（　）

A. 大学生动机和取向不正确　B. 教学内容缺失　C. 功利主义的影响

D. 独生子女偏见　E. 其他

22. 你认为如何有效地培养大学生的团队精神？

____

二、大学生人际关系综合诊断量表

这是一份人际关系行为困扰的诊断量表，共 28 个问题，测试者应根据自己的真实体验和实际情况来回答。请认真作答。

下面有两个备选答案：

A. 是这样的　B. 不是这样。请将符合你的答案填在题后的括号内。

1. 关于自己的烦恼有口难言。（　）

2. 和陌生人见面感觉不自然。（　）

3. 过分羡慕和嫉妒别人。 ( )
4. 与异性交往太少。 ( )
5. 对连续不断的会谈感到困难。 ( )
6. 在社交场合感到紧张。 ( )
7. 时常伤害别人。 ( )
8. 与异性来往感觉不自然。 ( )
9. 与一大群朋友在一起,常感到孤寂或失落。 ( )
10. 极易受窘。 ( )
11. 与别人不能和睦相处。 ( )
12. 不知道与异性相处如何适可而止。 ( )
13. 当不熟悉的人对自己倾诉他的生活遭遇以求同情时,自己常感到不自在。 ( )
14. 担心别人对自己有什么坏印象。 ( )
15. 总是尽力使别人赏识自己。 ( )
16. 暗自思慕异性。 ( )
17. 时常避免表达自己的感受。 ( )
18. 对自己的仪表(容貌)缺乏信心。 ( )
19. 讨厌某人或被某人所讨厌。 ( )
20. 瞧不起异性。 ( )
21. 不能专注地倾听。 ( )
22. 自己的烦恼无人可申诉。 ( )
23. 受别人排斥与冷漠。 ( )
24. 被异性瞧不起。 ( )
25. 不能广泛地听取各种意见、看法。 ( )
26. 自己常因受伤害而暗自伤心。 ( )
27. 常被别人谈论、愚弄。 ( )
28. 与异性交往不知如何更好地相处。 ( )

评分标准:

选 A 记 1 分; 选 B 记 0 分

量表解释:

0~8 分 :说明你在与朋友相处的困扰较少。结论:你善于交谈,性格比较开朗,主动关心别人,你对周围的朋友都比较好,愿意和他们在一起,他们也喜欢你。而且你能够从与朋友相处中得到许多乐趣。

9~14 分 :你与朋友相处存在一定程度的困扰。结论:你的人缘一般。

15~28 分 :你在同朋友相处上的行为困扰较严重。结论:你不善于交谈,可能性格孤僻或者自高自大。

三、团队精神拓展培训心理适应力测评

姓名：　　　　年龄：　　　　性别：　　　　民族：

该心理测试每道题均有 5 个备选答案，对应 A~E5 个英文字母，请根据自己的实际情况，在题后填写相应的英文字母，每题只能选择一个答案：

A. 很符合自己的情况　　B. 比较符合自己的情况　　C. 很难回答

D. 较不符合自己的情况　　E. 很不符合自己的情况

1. 假如在考试时允许我们有一个安静的房间，在无人监考的情况下去答题，我的成绩肯定会好些。（　　）

2. 无论在多么紧张的情况下，我总是能保持镇静，不会丢三落四或因为紧张导致什么都忘记了。（　　）

3. 当家中其他人的朋友和同事来作客时，我总是尽量避开他们，离家外出或躲到别的房间去。（　　）

4. 即使是在非常吵闹的场合，我也能集中注意力去工作和学习，效果不会降得很低。（　　）

5. 在和别人争论时，我往往想不出反驳的话，事后又想起应该怎样反驳对方，但已经晚了。（　　）

6. 为了能和大家和睦相处，我常常放弃自己的意见以附和多数人。（　　）

7. 每次离开家到一个新的地方去，我总要生一点小毛病，如失眠、腹泻等。（　　）

8. 我不怕一个人走夜路。（　　）

9. 在陌生人面前或在大庭广众之下讲话，我会感到窘迫。（　　）

10. 我参加正式比赛的成绩比平时练习的成绩更好些。（　　）

11. 我在冬天比别人更怕冷，在夏天比别人更怕热。（　　）

12. 如果需要的话，我可以熬一个通宵，精力充沛地工作或学习。（　　）

13. 即使课下我把课本背得滚瓜烂熟，在课堂上当众背诵时我还是会出些差错。（　　）

14. 我在会上发言时，总是很镇静、自然，胜过大多数人。（　　）

15. 在检查身体时，医生说我“心动过速”，其实我平时脉搏很正常。（　　）

16. 到陌生的地方，即使饮食、睡觉等生活环境变化很大，我也能够很快地适应那里的生活。（　　）

17. 我在参加比赛时，赛场上气氛越热烈，我的成绩越是不如意。（　　）

18. 在课堂上回答问题或在开会时发言，我能够镇静自若地把自己事前想好的一切话说完。（　　）

19. 我希望工作时能独立进行,因为我独立工作比和大家共事效率高。 ( )

20. 我很容易与刚见面的陌生人攀谈起来。 ( )

评价与评分:

题号为单数的题目评分标准为:A 记 1 分,B 记 2 分,C 记 3 分,D 记 4 分,E 记 5 分。

题号为双数的题目评分标准为:A 记 5 分,B 记 4 分,C 记 3 分,D 记 2 分,E 记 1 分。

20 道题总得分与心理适应能力的对应关系如下:

20—35,很差;

36—51,较差;

52—68,一般;

69—84,较强;

85—100,很强。

你的测试结果得分:

四、团队精神拓展培训意志力测评

姓名: 年龄: 性别: 民族:

根据自我评定,作出判断,请在"□"内划"√"。请如实填写,它将帮助你更清晰地了解自己。

1. 我很喜欢长跑、长途旅行、爬山等活动,但并不是我的身体条件适应这些项目,而是因为它们能够使我更有毅力。

□ A 很同意 □ B 比较同意 □ C 可否之间 □ D 不大同意 □ E 不同意

2. 我给自己制订的计划常常因为主观原因不能如期完成。

□ A 这种情况很多 □ B 较多 □ C 不多不少 □ D 较少 □ E 没有

3. 如没有特殊原因,我能每天按时起床,不睡懒觉。

□ A 很同意 □ B 比较同意 □ C 无所谓 □ D 不大同意 □ E 反对

4. 我制订的计划应有一定的灵活性,如果完成计划有困难,随时可以改变或撤销它。

□ A 很同意 □ B 比较同意 □ C 无所谓 □ D 不大同意 □ E 反对

5. 在学习和娱乐发生冲突的时候,哪怕这种娱乐活动很有吸引力,我也会马上决定去学习。

□ A 经常如此 □ B 较经常 □ C 时有时无 □ D 较少如此 □ E 非如此

6. 学习或工作遇到困难时,最好的办法是立即向师长、同事、同学求援。

□ A 很同意 □ B 比较同意 □ E 无所谓 □ C 不大同意 □ D 反对

7. 在长跑时遇到生理反应,觉得跑不动时,我经常咬紧牙关坚持到底。

□ A 经常如此 □ B 较经常 □ C 时有时无 □ D 较少如此 □ E 非如此

8. 我常因读一本引人入胜的小说而不能按时入睡。

□A 经常有　□B 较多　□C 时有时无　□D 较少　□E 没有

9. 我在做一件应该做的事之前，常能想到做与不做的好坏结果而有目的地去做。

□A 经常如此　□B 较经常　□C 时有时无　□D 较少如此　□E 非如此

10. 如果对一件事情不感兴趣，那么不管它是什么事情，我的积极性都不高。

□A 经常如此　□B 较经常　□C 时有时无　□D 较少如此　□E 非如此

11. 当我同时面对一件该做的事和一件不该做却吸引着我的事时，我经常经过激烈的斗争，使前者占上风。

□A 是　□B 有时是　□C 是与非之间　□D 很少这样　□E 不是这样

12. 有时我躺在床上，下决心第二天要干一件重要事情，如突击学一下外语，但到第二天，这种劲头就消失了。

□A 常有　□B 较常有　□C 时有时无　□D 较少有　□E 没有

13. 我能长时间做一件重要但枯燥无味的事情。

□A 是　□B 有时是　□C 是与非间　□D 很少这样　□E 不是这样

14. 生活中遇到复杂情况时，我常常优柔寡断，举棋不定。

□A 常有　□B 有时有　□C 时有时无　□D 很少有　□E 没有

15. 做一件事之前，我首先想的是它的重要性，其次才想它是否使我感兴趣。

□A 是　□B 有时是　□C 是与非之间　□D 很少是　□E 不是

16. 我遇到困难情况时，常常希望别人帮我拿主意。

□A 是　□B 有时是　□C 是与非之间　□D 很少是　□E 不是

17. 我决定做一件事时，常常说干就干，绝不拖延或让它落空。

□A 是　□B 有时是　□C 是与非之间　□D 很少是　□E 不是

18. 在和别人争吵时，虽然明知不对，我却忍不住说些过头话，甚至骂他几句。

□A 时常有　□B 有时有　□C 有时无　□D 很少有　□E 没有

19. 我希望做一个坚强、有毅力的人，因为我深信“有志者事竟成”。

□A 是　□B 有时是　□C 是与非之间　□D 很少是　□E 不是

20. 我相信机遇，好多事实证明，机遇的作用有时大大超过人的努力。

□A 是　□B 有时是　□C 是与非之间　□D 很少是　□E 不是

评价与评分：

题号为单数的题目评分标准为：A 记 5 分，B 记 4 分，C 记 3 分，D 记 2 分，E 记 1 分。

题号为双数的题目评分标准为：A 记 1 分，B 记 2 分，C 记 3 分，D 记 4 分，E 记 5 分。

20 道题总得分与意志力的对应关系如下。

91—100：你意志力十分坚强。

你的评分很高，说明你的意志力十分坚强。俗话说，有志者事竟成，你有与困难做斗争并且将其克服的能力。

81—90:你意志力较坚强。

你的评分较高,有着较强的意志力。主动的意志力能让你克服惰性,把注意力集中于未来。在遇到阻力时,只要想象自己在克服它之后的快乐,积极投身于实现自己目标的具体实践中,你就能坚持到底。很多事情只要坚持,你一定能够成功。

61—80:你意志力一般。

你的意志力一般,但是也能够坚持下来。你知道付出努力能够有收获,然而只知道收获是不够的,最根本的动力来自改变自己形象和把握自己生活的愿望。道理有时可以使人信服,但只有在感情因素被激发起来时,自己才能真正加以响应。

51—60:你意志力比较薄弱。

你的意志力比较薄弱。事实上,意志力并非是生来就有或者具有不可改变的特征的,它是一种能够培养和发展的技能。坚强的意志不是一夜间突然产生的,它是在逐渐积累的过程中一步步地形成的,其间还会不可避免地遇到挫折和失败,所以必须逐步培养。所以不要担心自己没有较强的意志力,只要你努力,就能够坚持下来。

0—50:你意志力十分薄弱。

你的意志力十分的薄弱。对于每一个要克服的障碍,都离不开意志力的作用;面对着所执行的每一个艰难的决定,我们所依靠的是内心的力量。而你却十分欠缺。不过好在意志力也可以改变,从今天起不要与自我否定相混淆,把意志力应用于积极向上的目标,就会变成一种巨大的力量。主动的意志力能让你克服惰性,把注意力集中于未来。在遇到阻力时,只要想象自己在克服它之后的快乐,积极投身于实现自己目标的具体实践中,你就能坚持到底。

你的测试结果得分:

五、团队角色自测问卷

对下列问题的回答,可能在不同程度上描绘了您的行为。每题有 8 种描述(A~H),请将 10 分值分配给这 8 种描述。分配的原则是:最体现您行为的句子分最高,依次类推。最极端的情况也可能是 10 分值全部分配给其中的某一种描述。请根据您的实际情况把分数填入“自我评价分析表”中。

1. 我认为我能为团队作出的贡献是:

A. 我能很快地发现新的机遇;

B. 我能与各种类型的人合作共事;

C. 我一贯是爱出主意的;

D. 我善于发现对实现集体目标有价值的人;

E. 我能靠个人的实力把事情办成;

F. 如果最终能导致有益的结果,我愿面对暂时的冷遇;

G. 我通常能意识到什么是现实的，什么是可能的；

H. 在选择行动方案时，我能不带倾向性，也不带偏见地从众多方案中选出一个合理的方案。

2. 在团队中，我常常有这样的感觉或表现：

A. 如果会议没有得到很好的组织、控制和主持，我会感到很不痛快；

B. 只要他的意见确实有见地，我不在乎他的表达方式；

C. 集体讨论新问题时，我属于说得多的人；

D. 我的看法太客观，有时显得有些不近人情，使我与同事达成共识有困难；

E. 为了把事情办成，我有时的态度使人感到特别强硬以至专断；

F. 可能由于我过分重视集体的气氛，以至性格显得过于随和；

G. 我常常陷入突发的想象之中，而忘了正在进行的事情；

H. 我的同事认为我过分注意细节，总有不必要的担心。

3. 当我与其他人共同进行一项工作时：

A. 我有不施加任何压力就可以影响其他人的能力；

B. 我能敏锐地发现工作中的疏忽并及时给予纠正；

C. 为了确保会议不是在浪费时间或离题太远，我认为提出一些要求是必要的；

D. 我提出的见解常常有独到之处；

E. 我乐于支持与大家共同利益有关的积极建议；

F. 我热衷寻找最新的思想和新的发展；

G. 我相信我的判断能力有助于作出正确的决策；

H. 我能使人放心的是，对那些最基本的工作，我都能做得井井有条。

4. 我在工作团队中的特征是：

A. 我喜欢更多地了解我的同事；

B. 我经常向别人的见解进行挑战或坚持自己的意见；

C. 在辩论中，我通常能找到论据，推翻那些不甚合理的主张；

D. 我有推动工作运转的才能；

E. 我不在意自己是否太突出；

F. 对承担的任何工作，我都追求尽善尽美；

G. 我乐于与工作团队以外的人，进行联系；

H. 尽管我对所有的观点都感兴趣，但这并不影响我在必要的时候下决心。

5. 工作使我感到满足，因为：

A. 我喜欢分析情况，权衡所有可能的选择；

B. 我对寻找解决问题的可行方案感兴趣；

C. 我在促进良好的工作关系；

D. 我能对决策有强烈的影响；

E. 我愿意同那些思想有新意的人交往；

F. 我能使人们在某项必要的行动上达成一致意见；

G. 我有一种全身心地投入工作中去的气质；

H. 我很高兴能找到一块可以发挥我想象力的天地。

6. 如果突然给我一件困难的工作，而且时间有限，人员不熟：

A. 在有新方案之前，我可能会独自躲在房间里，先拟订出一个解脱困境的方案；

B. 我比较愿意与那些表现出积极态度的人一起工作；

C. 我会设法通过用人所长的方法来减轻工作负担；

D. 我天生的紧迫感，将有助于我们不会落在计划后面；

E. 我认为我能保持头脑冷静，富有条理地思考问题；

F. 尽管困难重重，我也能保证目标始终如一；

G. 如果集体工作没有进展我会采取积极措施加以推动；

H. 我愿意展开广泛的讨论，意在激发新思想，推动工作。

7. 我在团队工作中或与周围人共事时遇到问题：

A. 我容易对那些阻碍前进的人表现出不耐烦；

B. 别人可能批评我注重分析而缺少直觉；

C. 我过于追求做好工作的愿望，使我常常感到焦虑；

D. 我常常容易产生厌烦感，需要有激情的人使我振作起来；

E. 我会尽力寻求解决问题的办法，并努力付诸实施；

F. 对于遇到的复杂问题，我可能会提出很好的意见，但有时不善于加以解释和澄清；

G. 如果遇到自己解决不了的问题，我就会求助他人；

H. 当我与别人发生冲突时，我没有把握使对方理解我的观点。

这个问卷共有七道题，每道题有 8 种描述，每题 10 分，可以根据最能体现个人平时行为的状况进行选择。在这 8 个描述中你认为最像自己的描述，你就给高一点的分数。这七道题加在一起总共 70 分，这些分数必须分配完，即不能不够 70 分，但也不能超过 70 分。请把你的答案填入“自我评价表”中，并把这个表格中各列的得分相加，算出每一项上的得分是多少，得分最高的就是你最接近的角色。

（自我评价分析表对照第 3 章补充资料 2 即可对自我角色进行分析。）

自我评价分析表

题号		CW		CH		SH		PL		RI		ME		TW		FI
1	G		D		F		C		A		H		B		E	
2	A		B		E		G		C		D		F		H	
3	H		A		C		D		F		G		E		B	
4	D		H		B		E		G		C		A		F	
5	B		F		D		H		E		A		C		G	
6	F		C		G		A		H		E		B		D	
7	E		G		A		F		D		B		H		C	
总计																

附录三　产学研合力助推大学生团队精神培养

团队精神和团队合作能力是当今社会上不可或缺的一种素质和能力，也是大学生就业时必须具备的素养。众多高校都开始重视对大学生的团队精神的培养，团队精神的培养路径很多，除传统的日常培养以外，有些高校对部分专业开设了团队精神拓展训练实践课程。但由于团队精神拓展训练的有些项目对场地和教师要求较高，普通高校很难具备专业的场地和专业拓展师。大多数高校都是通过与拓展基地、专业拓展公司建立产学研合作来实现对大学生的专业拓展训练。

以下列举部分产学研合作机构。

1. 北京合声聚力管理咨询有限公司

北京合声聚力管理咨询有限公司（简称“WEETEAM”）是一家专门从事团队管理训练与发展的管理咨询服务型公司，致力于通过咨询式的体验式培训、探险式培训、主题活动、管理内训等，为团队的建设和成长因体裁衣、量身定制有针对性和系统性的解决方案。主营业务包括：体验式培训、企业内训、会议策划、趣味运动、主题活动、境外团建，及生涯规划、学生素质拓展、MBA/EMBA 建班、军事训练等高校合作项目。

WEETEAM 拥有行业内优秀的策划顾问、培训讲师以及丰富的资源，能帮助客户因体裁衣策划、定制、提供高品质培训产品及服务，让客户的团建变得简单、省心、出彩，成为客户真正意义上的团建一站式管家。所有课程均以“体验”为核心特色，具有高度的趣味性和实践性，包含团队基础、团队创新、团队沟通、团队领导力、团队运营管理、团队营销能力、团队通用管理技能、文化建设等领域。WEETEAM 专注以量身定制的咨询策划为先导，以规范细致的品质服务为核心，具有了解从略从略资源的咨询服务团队，提供团队建设整体解决方案，助力客户优化人力资源、塑造团队活力、促进团队成长，使团队成员与团队文化实现有机结合，从而提升团队凝聚力和团队竞争力，实现团队远景目标。

2. 人众人教育集团

作为中国体验式培训行业的缔造者和创导者，人众人教育集团（简称人众人）敏锐地捕捉到了社会对“体验化”产品日益增长的需求，“商战特训营”“体验式顾问课程”“好好体验”“真火”“学习港”和“G-Heart 心教练”六大全新系列课程应运而生，并从社会组织、企业团队不断涌现出来的问题的角度出发，逐步改进、完善各类课程体系，使之能够更加准确、有效地解决团队问题，服务团队成长。

人众人于2007年成立组织行为研究院（Organization Behaviour Institute，OBI），推出了OBI精品课程、个人解读报告、团队报告及发展咨询等系列产品，协助个人命与组织“发现个人天赋、打造优配团队”。人众人成立以来，一直致力于体验式培训的研究和推广，并于1996年正式创立了培训知名品牌拓展训练，结合中国特有的培训需求并在十多年的培训实践中逐步明晰了“团队成长”这一核心服务理念，打破了管理培训界难以形成规模的瓶颈，使体验式培训在中国得以迅速推广，使中国数万企业团队能够从中汲取养分，健康成长。

3. 北京倍浪舍体育发展有限公司

北京倍浪舍体育发展有限公司是一家集专业体育赛事策划执行一站式服务、体育产品营销、线上平台服务为一体的综合型体育、文化产业公司。创始人基于多年从业经验，深耕体育互动、文化活动营销近20年，为客户提供精准高效的体育活动、大型运动会、团队建设、裁判服务等咨询与服务方案。公司与国家体育局社会管理中心及其下属田径协会，以及北京的体育大学、北京大学等高校体育教研室建立了长期的合作关系。公司坚持以客户为中心，快速响应客户需求，持续为企业增强团队凝聚力，增加体育互动机会创造更多价值。

4. 上海天拓体验式培训机构

上海天拓体验式培训机构（简称“天拓”）是目前华东地区规模较大、综合实力较强的拓展公司。天拓成立于2010年，总部设立在上海，是以体验式培训、体验式活动为主的体验式培训机构。天拓始终秉承“专业、高效、诚信、感恩”的企业精神理念，致力于打造成为业内的知名品牌。在培训服务领域，天拓始终坚持“匠人精神”，致力于为每一个客户、每一个团队的建立和打造，提供优化的量身定制服务方案。

参考文献

[1] 经理人培训项目编写组. 培训游戏全案·激励 [M]. 北京:机械工业出版社,2004.
[2] 经理人培训项目编写组. 培训游戏全案·团队 [M]. 北京:机械工业出版社,2004.
[3] 经理人培训项目编写组. 培训游戏全案·沟通 [M]. 北京:机械工业出版社,2004.
[4] 哈里森·斯诺. 团队建设游戏教练手册 [M]. 陈飞星,译. 北京:企业管理出版社,2005.
[5] 盖瑞·凯朗特. 户外培训游戏大全 [M]. 陈平,等,译. 北京:企业管理出版社,2006.
[6] 肖余春. 团队行为学 [M]. 杭州:浙江大学出版社,2006.
[7] 斯蒂芬·P. 罗宾斯. 组织行为学 [M]. 孙健敏,李原,黄小勇,译. 北京:中国人民大学出版社,2012.
[8] 周三多,陈传朋,列子馨,等. 管理学:原理与方法 [M]. 7 版. 上海:复旦大学出版社,2018.
[9] 《管理学》编写组. 管理学 [M]. 北京:高等教育出版社,2019.
[10] 刘智强,关培兰. 组织行为学 [M]. 5 版. 北京:中国人民大学出版社,2020.
[11] 孙健敏,穆桂斌. 管理心理学 [M]. 北京:中国人民大学出版社,2017.
[12] 许明月. 人力资源管理心理学 [M]. 3 版. 北京:经济科学出版社,2018.
[13] 付亚和,许玉林. 绩效考核与绩效管理 [M]. 北京:电子工业出版社,2017.
[14] 刘凤霞,彭莹莹. 绩效管理:理论、方法与实务 [M]. 北京:中国人民大学出版社,2020.
[15] 郭霖. 大学生心理素质拓展 [M]. 武汉:湖北科学技术出版社,2006.
[16] 孟玉婷,张勇. 团队合作能力训练教程 [M]. 成都:西南交通大学出版社,2012.
[17] 约翰·纽斯特朗姆,爱德华·斯坎内尔. 团队建设游戏 [M]. 许济涛,译. 上海:上海科学技术出版社,2003.
[18] 杨林. 团队精神 [M]. 哈尔滨:黑龙江科学技术出版社,2011.
[19] 李慧波. 团队精神 [M]. 北京:机械工业出版社,2015.
[20] 陆建军,成杰 . 团队精神 [M]. 北京:中华工商联合出版社,2010.
[21] 张莉莉,麻桂新,孙珙娜. 团队拓展训练教程 [M]. 大连:东北财经大学出版社,2018.
[22] 宋怡. 心理拓展与团队训练 [M]. 合肥:中国科学技术大学出版社,2019.
[23] 钱永健. 拓展训练 [M]. 北京:企业管理出版社,2016.
[24] 拉博·斯兰迪. 有效执行:如何有效完成任务的学问 [M]. 红君,译. 延吉:延边人民出版社,2003.

[25] 理查德·哈格斯，罗伯特·吉纳特，戈登·柯菲，等. 领导学：在经验积累中提升领导力 [M]. 朱舟，译. 北京：清华大学出版社，2004.
[26] 罗伯特·爱波斯坦，杰西卡·罗杰斯. 激励游戏 [M]. 王永钦，译. 上海：上海科学技术出版社，2003.
[27] MINOR J，BOLD T J. Outward bound USA：grew not pawengen[M].New York：The Mountaineers Books，2002.
[28] BELBIN R M. Management teams：why they succeed or fail[M]. Oxford：Butterworth Heinemann，1984.
[29] 中国就业培训技术指导中心. 企业文化师 [M]. 北京：中国财政经济出版社，2007.
[30] 许湘岳，徐金寿. 团队合作教程 [M]. 北京：人民出版社，2011.
[31] 向桂芳. 从里约奥运会探求女排精神的形成过程和构成 [D]. 武汉：武汉体育学院，2019.